制度创新与
我国经济发展方式转变

INSTITUTIONAL INNOVATION AND TRANSFORMATION OF
ECONOMIC DEVELOPMENT MODE IN CHINA

李 中◎著

人民出版社

目　　录

前　言

　　新中国成立之初,我国面临着民生凋敝、百废待兴的社会经济残局,发展经济、满足人民群众的基本生活需要成为当时经济建设的主要目标之一。从历史看,参照苏联模式建立的计划经济体制在新中国成立后的一定时期内,在我国经济建设中的确发挥了重要作用,使我国能集中当时的财力物力迅速组织生产,搭建了较为行之有效的工业体系,奠定了我国工业的发展基础。但是,这种制度模式经过一段时期的运行后,其完全用政府功能取代和排斥市场功能的弊端逐渐暴露,在经济运行的效率、效益和结构方面不能满足社会主义先进生产力的发展要求。在这种背景下,为了发展繁荣社会主义经济,推动生产力的快速、健康、稳定发展,20世纪70年代末期,我国启动了市场经济导向的改革,拉开了制度创新的帷幕。

　　我国的经济体制改革的目标就是要建立社会主义市场经济体制,实现经济制度由计划向市场的转型。经济体制改革的本质就是制度更迭、转换与创新变迁过程,其中制度创新是最主要的特征,也是经济发展的最主要的动力。迄今为止,中国经济体制改革已取得了丰硕的成果,其中制度变革和创新起着极其重要的作用。尽管中国的改革从总体看是成功的,但由于人的有限理性以及其他因素的制约,制度创新也产生了人们意料不到的结果,也带来了新的问题和矛盾,而这些问题的解决需要深化改革,需要制度的进一步变革和创新。经济发展的过程是问题的产生与化解交替运动并螺旋式上升的过程,这与历史辩证唯物主义的矛盾运动论是一致的。因此,从制度创新层面,对中国

1

经济体制改革进行系统分析,厘清中国经济体制改革的动因、演进、成就和不足,积极探索深化改革的步骤及进行制度创新的途径,并形成今后中国进一步政治经济体制改革的基本制度框架,具有重要的理论价值和实践意义。它不仅将丰富新制度经济学理论,而且通过对经济体制改革的历程进行系统全面的考察,将进一步明确今后制度创新的重点和方向,为今后深化改革提供有益的借鉴和指导作用。

在研究方法上,本书以马克思主义政治经济学为指导,在坚持马克思主义辩证唯物主义和历史唯物主义的同时,有选择地吸收、借鉴了新制度经济学的一些理论和方法,来对转变经济发展方式进行研究。合理运用产权、制度变迁、国家等理论工具,以中国经济体制改革进程中的制度变迁为主要脉络,通过制度分析和比较的方法,对中国经济体制改革的历史背景、发展动因、演进历程、成就和不足进行研究,绘制出了今后中国经济体制改革的制度框架,并试图制定出相应的制度创新路线和推进策略。总的来说,本书的主要特色和创新之处,主要体现在以下几个方面。

一是运用新制度经济学的理论和方法,从制度层面系统研究了中国经济发展取得的成就以及面临的主要矛盾。以制度变迁理论为研究工具,以经济体制改革的制度变革和创新为研究脉络,以改革参与主体的行为与市场机制的运行为研究立足点,这种研究方法能够保证经济体制改革问题研究的深度,有助于透过制度变迁中的现象,把握中国经济体制改革的基本规律,从深层次把握住问题的根源,有助于进一步的制度创新的实现。此外,在经济转型时期制度往往是阻碍生产力发展的最重要的因素,抓住了制度等于抓住了问题的主要矛盾。

二是除了运用新制度经济学的基本理论和最新研究成果,对我国经济发展中的制度变革进行理论分析外,更重要的一大特点就是基于我国区域市场制度创新的实证研究,能够把理论研究和我国的经济发展以及转变经济发展方式问题进行有机结合。本书除了对有代表性的区域制度创新进行整理分析和理论归纳之外,更重要的是通过理论研究和实地考察,提出了一个系统的转变经济发展方式的制度创新框架,为我国今后制度创新指明了重点和方向,实现了政策建议体系创新。

三是重点研究了非正式制度对我国转变经济发展方式的影响。认为制度创新的成败关键在于外来的正式制度与本土的非正式制度的融合程度,如果二者的匹配存在问题或形成冲突,将会导致制度移植失灵,最终出现制度陷阱。同时对非正式制度创新的主要内容、基本特征、主要功能和作用进行了分析,对影响我国市场经济体系培育的非正式制度进行了研究,弥补了我国以往在制度创新研究中正式制度研究有余而非正式制度研究不足的缺陷,这无疑对于我国不断加强社会主义市场经济体系和制度建设,加快我国经济发展方式的转变具有重要的意义。

借助新制度经济学的分析方法和研究范式,对我国经济体制改革中的制度创新问题进行研究是本书的一大特色,但囿于新制度经济学还属于新兴学科,本身仍处在发展完善之中,从这个角度看,本书也只是一种有益的尝试和探索。此外,新制度经济学的致命弱点在于难以量化验证,毕竟经济制度是复杂的,难以定量观察,即使在可度量的方面,数据也很难收集齐全、准确。尽管本书研究力求量化,用数据反映实际问题,也难免会出现实证性略显薄弱的问题,犯了新制度经济学的"通病",显然,这方面的研究还有待进一步深入。

第一章　制度及制度创新相关理论

第一节　马克思关于制度创新的理论

马克思主义理论是新制度经济学的重要理论来源之一,马克思较早地意识到了制度在经济发展中所起的重要作用。在对经济发展的动态研究中,他从经济运行的内在矛盾演化着手,加入了新古典主义经济学所忽视的制度、所有权、国家、意识形态等要素,揭示了经济发展过程中制度更迭的规律,确立了制度变革与人类社会经济发展、社会进步发展之间的内在联系。和新古典经济学的研究方法相比,马克思主义理论将一种对长期变革的更复杂的分析纳入其研究框架,并运用制度分析方法建立了一个完整的经济理论体系。虽然马克思主义理论没有直接阐述和分析经济制度理论,但其对制度及其历史演进行了重点研究,其中隐含了不少与制度变革与创新的相关理论和研究方法。[①] 马克思主义认为制度与经济发展的研究逻辑在于资本积累促进的资本有机构成不断提高推动了技术变革,从而破坏了既有的经济秩序,造成了发挥新技术潜能与现在所有权体系之间的紧张关系,这需要相应的制度变革为新技术潜能正常发挥扫清障碍。马克思主义理论运用历史辩证唯物主义,以资本主义社会总生产过程为基本研究对象来研究制度,这与西方的制度经济学研究有明显区别。

---

① 参见顾珏民:《马克思主义制度经济学》,复旦大学出版社 2005 年版,第 6 页。

一、制度的起源、本质与构成

（一）制度的起源

马克思主义政治经济学反映了马克思主义理论对制度问题的研究,其研究内容主要包括生产力和生产关系的属性和特征、经济社会生活中的运行规则以及基于特定的经济基础而形成的上层建筑,如法律制度、意识形态、政治结构等。对此,林岗、张宇认为:"马克思从人类与自然界的矛盾出发,制度起源首先经历的第一个层次是生产力的发展,即社会生产关系的形成过程;通过历史的演变及发展,从社会生产关系中不同集团和阶级的利益矛盾和冲突出发,制度起源的第二个层次则演变为社会生产关系,即包括政治、法律、道德规范等在内的上层建筑。"①李省龙(2003)认为,"制度产生的根源及其构成决定了应先在生产力和与生产力相适应的生产关系的社会制度研究基础上,方可对政治、法律法规、意识形态等上层建筑进行研究。因此,经济制度往往表现为生产关系的第一层次而在社会制度中起到决定性、基础性作用。"②马克思主义认为,经济制度的本质内涵就是一种生产关系,这种生产关系对经济社会中人的行为活动进行了限制和规范,并通过法律的形式予以确认和确定。

以经济制度,即生产关系为核心内容的马克思主义制度经济理论,主要基于两个假设:一是生产是社会的生产,而不是孤立的个人的生产。这一假设表明制度并不是起源于人的主观安排,而是在不同阶段的社会性质的社会大生产过程中。程恩富认为,马克思主义制度起源于生产力水平十分低下的原始社会时期,在该时期由部落的整体利益构成的社会生产关系形成了原始社会的经济制度,这不是由人们的主观安排造成的,而是人们在特定时期为了维持生存而自发形成的以保护社会利益为核心的意识形态。二是在社会生产过程中,人与人之间存在利益矛盾和冲突。这一假设说明制度的出现,是为了解决人们之间的利益矛盾和冲突而制定出来的用来规范人们经济活动的安排。也就是说,制度就是一种规范性安排,这种安排在一定的制度规范下,可以促使

---

① 林岗等:《马克思主义与制度分析》,经济科学出版社2001年版,第275页。

② 李省龙:《马克思主义制度分析理论的总体构成》,《经济学动态》2003年第5期。

社会生产的发展适应生产力水平。

（二）制度的本质

从制度的起源、形成来看，制度是一种对人与人直接的经济活动（生产关系）所设立的规范性安排。马克思主义理论对资本主义社会的分析是以生产力和生产关系为线索而展开论述的，对于抽象的生产力，马克思把它解释为人与自然的关系，人类利用自然界、改造自然界的能力；而生产关系则界定为在社会经济生活当中人与人之间的关系，是在社会生产、交易、分配、消费和再生产过程中的社会成员关系的总和。马克思认为，制度的形成是为了更好地处理、协调这些关系，因此，制度属于生产关系的范畴，尤其是生产和分配领域的制度。生产资料所有制是社会基本经济制度的核心，是资本主义制度与社会主义制度最本质的区别所在。马克思在揭示资本主义制度产生、确立、发展和必然灭亡这一客观规律的同时，也揭示了制度的起源、本质和构成。马克思主义认为，制度的本质反映的是不同社会主体之间的利益关系，而这种关系也会影响人们的生产生活方式以及日常的许多行为选择。可见，马克思把制度的本质看作是用来处理人与人之间的利益关系，同时又对经济活动效率产生影响的一种规范性安排。制度对不同社会主体的利益具有重要的保障作用，因此，制度是由在社会经济中一些具有优势、实力较强的集团、阶级为维护自己的利益而构建起来用于规范从事经济活动中的个人、集团、阶级，使之在社会经济中获得既定的利益，这种制度既包含经济制度，也包含政治制度、法律制度，它是在经济基础上构建起来的意识形态。

（三）制度的构成

按照马克思主义政治经济学的分析，从狭义的角度来看，制度被划分为了两个层次：一是基本的经济制度，它是指人类社会发展到一定阶段后所形成的社会关系的总和，也就是我们常说的经济基础。二是以政治、法律以及意识形态为主要内容的制度，也就是人们通常所说的上层建筑。从广义的角度来讲，马克思主义政治经济学的制度既包括一个国家或社会的基本经济制度，也包括对人们日常行为进行规范的各项具体的经济制度，它涉及宏观和微观两个层面的制度安排。马克思认为经济制度具有很强的层次性，主要体现在三个方面:一是经济制度最根本的层次,即生产资料所有制,它是形成不同经济制度的基础;二是各项具体的产权制度,主要用于处理生产要素的权、责、利关系;三是资源配置调节机制,它是与经济运行各环节相关的具体规则。马克思通过对商品经济和资本主义经济制度运行机理进行深刻剖析,认为正是因为有了商品的生产、交换,才使得研究人与人之间关系和制度显得有意义、有必要性,社会分工形成了不同的利益群体,这些利益群体对制度创新具有重要的影响。

二、制度对经济社会发展的作用机制

马克思主义理论重点研究了以资本主义私有制为基础的经济制度,主要包括生产资料所有制、经济制度与经济增长的关系、市场制度对于社会发展的作用、资本主义制度的发展规律以及本质等内容。

马克思强调了制度对经济增长的双重效应。马克思把制度视为影响经济社会发展的重要因素,并以生产力和生产关系的研究为切入点,分析了资本主义所有制的形成发展,认为资本主义社会生产力的发展是以资本主义私有制为前提的,并肯定了私有产权制度对于经济社会发展的积极作用。马克思还指出,生产力和生产关系的相互适应性对经济社会的发展起着决定性的作用,即如果生产关系符合生产力的发展要求,则必然能够有效地促进经济增长,推动经济社会向前发展。如在资本主义社会发展初期,资本主义社会生产方式主要是以雇佣劳动及生产资本家私有为特征,所有权归少数资本家所有,这时,受剩余价值的诱惑,资本家容易改进机器设备,扩大生产规模和提高生产效率。随着以资本主义生产资料私有制为基础的市场机制的确立,城乡之间、产业之间、部门之间的要素开始流动,资源配置的有效性提高,大大地促进了经济增长。另外,马克思又指出,随着生产力的不断发展以及社会化大生产规模的日益扩大,资本主义的生产关系与生产力之间的矛盾日渐突出,彼此越来越不适应,此时资本主义的私有制反而成为制约经济增长和社会发展的关键因素,阻碍着生产力的发展和技术的进步,在这种情况下,制度因素又成为经济增长和社会发展的减函数。

马克思把生产力与生产关系之间的矛盾解释为制度创新的动力,并看到了一定社会经济增长与发展、生产力进步与否和社会经济制度之间的辩证关系。社会生产力不断向前发展，生产关系必须适时调整才能适应生产力的发展，这应该是制度创新最有力的解释。从社会生产关系的选择来看，马克思认为，社会经济制度是社会发展一定阶段上占主导地位的社会生产关系的总和，而生产关系反作用于生产力，因此社会生产关系的选择对经济增长极为重要。马克思认为，生产关系对生产力的发展和经济增长作用是相对的，人类通过不断的选择更替变化中的生产关系，以适应所在时期的生产力。因此，一旦社会生产关系这种制度选择适应了生产力的发展要求，往往容易促进经济增长；相反，一旦社会生产关系这种制度违背了当期生产力的发展要求，经济发展则会停滞不前，甚至倒退。

三、制度变革和创新的主要根源

马克思强调制度是可变的，认为制度变迁或变革的根源在于生产力的发展和变化，把生产力的发展看作是诱导制度变迁的根本动力。马克思认为，制度变迁和制度变革是两个不同的概念。他认为，制度变迁是在基本经济制度不变的情况下，对微观、局部、具体的经济制度的修改、补充和调整；而制度变革是社会基本经济制度的更替与彻底改变。马克思认为经济制度具有历史性，当一个国家或社会的生产力发展到一定阶段，便会与其所对应的生产关系产生不相适应，随着生产力的不断发展，两者的矛盾不断积累。作为生产关系范畴的制度也是有生命的，它也要经历产生、发展以及在一定条件上灭亡的一系列过程。一般而言，随着经济基础的变化，全部庞大的上层建筑也要发生变化。在马克思的经典著作《资本论》中，他深入分析了资本主义经济制度的产生、形成、发展繁荣以及走向衰亡的过程，认为在生产社会化与资本主义私人占有制的矛盾推动下，资本主义经济制度也必然从自由竞争走向国家垄断。马克思认为生产力与生产关系、经济基础与上层建筑是一个国家或社会的基本矛盾。同生产关系相比，生产力是最革命、最活跃的因素，生产力的发展与变化要求相应的生产关系也要做相应的调整和改变。

马克思认为，随着资本主义生产的扩展，科学因素第一次被有意识地和广泛地加以发展，并应用到生活当中，这表明科学技术的引进及技术创新将进一步促进作为经济基础的生产力的发展;而经济基础的这种变化又进一步引起原有的上层建筑的不适应,要求上层建筑作出相应的调整。在马克思看来,矛盾的存在和运动引起了制度变迁,随着矛盾的不断积累和深化,最终导致了经济社会的制度变革。可以看出,只有两个层次的制度相互配合,才能最大化地发挥制度体系的积极作用。也就是说,制度变迁具有两个深层次的含义:一是社会的基本制度由低级向高级转变;二是某种具体制度的产生和发展、变迁,如资本主义信用制度的形成和发展、公社土地所有制向家庭联产承包制的转变、家庭工坊向现代企业制度的转变等。对马克思主义政治经济学的研究,使得我们找到了政治体制改革要与经济体制改革相配套的理论基础和理论依据。

四、马克思关于制度研究的基本方法

马克思主义理论的基本研究方法是历史唯物主义与辩证唯物主义相结合的研究方法,它既尊重人类历史发展的客观规律,以研究对象的历史发展作为研究的横坐标,同时又以研究对象的未来发展作为研究的纵坐标,用发展、联系、运动和矛盾的观点来解释问题形成、发展和灭亡的基本原因,认为任何社会制度不是一切历史时期所共有的社会关系,其形成与发展都和一定的历史条件有关。它既是以往历史发展的结果,同时也是许多次经济变革的产物,是一系列陈旧的社会生产形态灭亡的产物。

从历史唯物主义角度来看,马克思主义关于制度分析的理论框架是以对人类社会历史的总体性解释框架,即历史唯物主义为基本方法论的。马克思认为,人类在其所生活的社会中所发生的生产关系的总和构成社会的经济结构,并形成政治、法律的现实基础。在资本论中,马克思把社会及制度的变迁过程看成社会基本矛盾的运动过程,他的制度分析是从物质生产出发,运用历史唯物主义的研究方法阐明了制度的运动性、历史性和更替性,同时运用历史辩证唯物主义方法辩证分析了生产力与生产关系、经济基础与上层建筑、制度创新与技术进步之间的关系。从这个意义上来讲,历史唯物主义根本方法论成为构建马克思主义制度理论的基础。

在历史唯物主义与辩证唯物主义方法的基础上,马克思主义的制度分析逐步形成了本质分析、具体分析和动态分析三种方法。一是本质分析。与西方经济学所研究的"生产什么,生产多少,如何生产,为谁生产"的资源配置问题所不同的是,马克思主义的制度经济理论在整个研究过程中,是从全局、整体、宏观的层面来对研究对象加以把握的。它更着重于分析特定的资本主义生产方式与其相适应的生产关系和交换关系。马克思关于制度研究是从分析商品的二重性,即价值和使用价值出发的。这种制度分析的原理及基本方法从其深层次来看,是一种本质分析法,它在于揭示物质的本质。马克思关于制度的研究是以社会基本经济制度为对象,通过高度抽象形成的经济范畴的演绎来解释社会经济制度的运动发展规律,进而以此为基础来深入分析人类社会发展的基本规律。二是具体分析。马克思主义对制度的具体分析包括研究制度创新的主体、过程以及制度创新的评价。而无论是制度的哪方面,其个体总离不开人,如制度的创新主体是以人为本,而制度变迁过程又始终贯穿于人类发展过程中,制度的优劣是根据是否有利于人的发展为标准的。三是动态分析。马克思认为,导致经济制度变迁、演进的动力在于社会生产力与生产关系的矛盾运动。生产力与生产关系、经济基础与上层建筑总是在不断的适应、不适应、再适应过程中发展起来的,一旦生产力的发展与生产关系不适应,就产生了制度的变革。每个制度都是一种动态变化的过程,总要经历从低级到高级、从形成到发展再到灭亡的过程。

第二节　西方经济学中的制度创新理论

在国外,有不少代表性的学者和著作对经济发展中的制度因素进行研究,如凡勃伦(Veblon T.B)的《有闲阶级论》,康芒斯的《制度经济学》,柯武刚和史漫飞的《制度经济学——社会秩序与公共政策》,杰克·J.弗罗门的《经济演化——探究新制度经济学的理论基础》,约翰·N.德勒巴克等编的《新制度经济学前沿》,萨缪·鲍尔斯的《微观经济学:行为、制度和演化》,科斯等的《财产权利与制度变迁》,冯·哈耶克的《个人主义与经济秩序》、《通向奴役的道路》,熊彼特的《经济发展理论》、《经济发展理论——对于利润、资本、信贷、利息和经济周期的考察》等。这些著作大多是以西方发达国家在经济发展中的制度研究为背景,对经济发展中的制度因素进行解释。

对发展中国家的制度创新研究,比较有代表性和影响力的人物是道格拉斯·C.诺斯和约瑟夫·E.斯蒂格利茨。道格拉斯·C.诺斯用有效的市场经济理论模式对中国计划经济体制改革的进程进行了分析,认为中国的市场化之路还要走很长的路。他认为,中国国有资产的产权制度需要进一步明晰和完善;以知识产权为核心的产权保护问题需要尽快制定完善相关规则和法律;要构建独立的司法体系,切实保护经济运行中出现的纠纷,保障公民的合法权利,维护社会的稳定。约瑟夫·E.斯蒂格利茨通过对东欧、俄罗斯以及中国经济市场化进程中政府职能、集权与分权、产权改革、公司治理、金融体制、分配制度、道德风险、信息不对称、垄断与竞争等一系列问题进行研究,对发展中国家的制度创新目标、模式以及实现路径提出了政策建议,并在此基础上对转型国家的目标模式、转型取向、改革思路提出了政策性建议。他认为,产权制度的改革不是为了私有化,而是为了建立有效的激励约束机制,经济的活力来源于有效竞争;私有化虽然能够满足经济运行的效率问题,但苏联、东欧的私有化进程表明,私有化还要兼顾一定的社会目标,否则经济体制改革难以达到既定目标;在进行市场制度移植、创新的同时,务必要加强非正式制度的培育,否则正式制度会因严重的"水土不服"导致制度创新失败;个人和组织必须加强学习,主动适应新的不断变化的环境,积极应对改革中出现的各种问题,尤其是信息不对称问题,防止保守势力对改革进程进行阻挠和破坏。

从总体上看,尽管国外相关理论研究已达到了一定的广度和深度,但是,由于我国和西方国家在社会、经济、文化、历史等方面的较大差异,许多经济理论的研究前提大不相同,因此国外的经济理论在解释我国经济社会发展过程中的问题方面缺乏说服力,甚至彼此之间相互矛盾。对国外的有关研究我们只能借鉴,绝不可能完全照搬,只有这样才能有效地解决我国经济发展中的问题。

一、制度经济学的制度理论

西方经济学中关于制度创新的理论主要集中在旧制度经济学(以凡勃伦

和康芒斯为代表）、新制度经济学、公共选择理论和演进经济学（以哈耶克为代表）等学派的研究中，其中最有代表性、理论最为丰富的是新制度经济学派。以科斯、诺斯为代表的新制度学派，主要运用交易成本的概念，强调市场交易和产权等因素，同时，注重从意识形态和国家理论等方面去分析制度并强调制度的效率。20世纪70年代以后，新制度经济学在对制度的分析中，运用了新古典经济学的基本理论和研究思路，在西方经济学界掀起了一场革命。20世纪90年代以后，该学派的理论内容符合我国转轨时期的国情，在我国得到迅速传播。

制度经济学一般被划分为旧制度经济学和新制度经济学，两者是相对而言的。旧制度经济学代表人物有托斯坦·凡勃伦、约翰·R.康芒斯、维斯雷·米契尔等人，他们主要考察了社会惯例、习俗对制度变迁的影响，奠定了制度规范和习惯在经济学研究中的重要地位，但由于缺少明确的分析范式，没有提出实证的学说，再加上很多观点是反古典经济理论的，因此旧制度经济学未能留下什么理论工具供后人去发展。新制度经济学代表人物如R.科斯、道格拉斯·C.诺斯、威廉姆森等，他们开创了用经济学的方法来研究制度，并建立了一套有效的制度分析范式。科斯首先提出了交易费用理论，威廉姆森在其研究的基础上，建立了交易成本经济学，形成了一个从契约角度来看待和研究经济组织的新制度经济学分支；德姆赛茨和阿尔钦寻着科斯的思路，创立和发展了产权经济学，其主要内容是研究产权的安排和效率在经济运行中的作用；诺斯和戴维斯通过对经济史的研究，总结出了近代经济增长的制度原因以及制度变迁的规律。同旧制度经济学相比，新制度经济学在以下几个方面有所创新：一是坚持逻辑实证主义方法论，把传统微观经济学的边际均衡分析方法与制度分析方法结合起来。二是以资源配置为主体，改变了其他制度主义者过于宏大和杂乱的状况。三是创立了交易费用范畴，重视制度均衡分析，并在需求—供给框架下研究制度变迁。

（一）旧制度经济学的制度理论

1. 凡勃伦的理论思想

凡勃伦对于制度理论研究的一大贡献是他开创性地把习惯、习俗纳入了经济学的研究框架之中,认为对制度的研究应当包括习惯和习俗的发展,同时还应以物质环境以及人类特征中天生的和不变的倾向作为背景,"广泛存在的社会习惯","制度实质上就是个人或社会对有关的某些关系或某些作用的一般思维习惯"等,都是凡勃伦对制度的看法和定义。① 对于制度的起源,他认为制度的形成要受思想和习惯的影响,而思想和习惯又产生于人类的本能,这种本能又是人类在自然选择过程中进化出来的一种能力,很多本能脱离了习俗和社会化的作用将很难显示出来。正如凡勃伦所言,"类似于其他动物,人也是根据生存环境所赋予的刺激进行活动的主体。与其他物种一样,人也是具有习惯和倾向的生物。但比其他生物更为高级,人类的理智可以在其他行动的指导下了解习惯的内容,并意识到这些习惯和倾向的发展趋势。通过自然选择的作用,人类被赋予了有目的的倾向,同时也在这种特性的引导下进行活动"。② 对于本能与习惯的关系,凡勃伦认为两者并不相悖,而是相互补充、相互作用,人类活动既要受社会环境的影响,同时也不能完全排斥本能的支配作用。

对于制度的演化,凡勃伦用达尔文的进化论思想进行了解释,他认为自然演化与社会演化具有很多相似之处,主要区别在于演化的主体不同,因此,变异、遗传与选择等概念同样也可以在社会领域应用。凡勃伦认为达尔文的进化过程有三个要点:一是在众多的物种群落中,变异特征一定可以得到保存。变异可能是随机的,也可能是有目的的,没有变异,自然选择无法实施。二是存在某种遗传或连续的机制,即必须存在某种机制,使得个体特征得以在代际间传递。三是自然选择要通过某种方式得以实施,适者生存往往会是具有优势的变异或基因得以存活。基于达尔文的进化论,凡勃伦认为文化发展是一个习惯积累的序列,但每一次新的变迁都创造了新的情况,于是又产生了相应的习惯方式更进一步的变异,每一种新的变异,都是受特定历史过程影响的结果。关于制度的遗传机制,凡勃伦认为制度是历史进程的产物,更多地与过去

---

① 参见[美]凡勃伦:《有闲阶级论——关于制度的经济研究》,商务印书馆 1964 年版,第 139 页。

② [美]杰弗里·M.霍奇逊:《制度经济学的演化》,北京大学出版社 2012 年版,第 153 页。

的环境相适应,与现实需要并不完全一致。制度演化是在一个新的社会环境下,对习俗、观念的选择适应过程,也是一种选择的过程,人类思想习惯的选择过程,都是以适应度的获得力为基础的。可见,在凡勃伦眼里,制度的演进过程也是人类的思想和习惯的自然演进与淘汰的过程,或者说是人类心理为了适应外界环境而采取的适应性变化过程,环境的变化必然要求制度也做相应的调整,制度的变迁和变革过程也就是社会的变迁和发展过程。

凡勃伦开创性地把习俗纳入经济活动的研究分析框架中,将制度视为经济演化过程中的选择单元,但他并没有完全清楚地阐述制度选择的背景、原则和机制,尽管他也试图融合人类意志与因果联系的问题,但由于他没有发展出一种演化分析的方法论,因此也就未能创造出一种系统的演化理论来解释制度是如何在习俗环境中演化的,也未能解释经济活动与制度结构会发生什么样的相互作用,这为后人留下了广阔的研究空间。

2. 康芒斯的理论思想

康芒斯比较注重习俗在塑造个人行为中的重要作用,认为习俗的约束力在于对预期的稳定性,反复的行为有助于人们对未来形成稳定的预期。在选择问题上,康芒斯强调人工选择重于自然选择,认为习俗和制度既不是上帝的眷顾,也不是自然选择的垂青,而是人类的杰作。康芒斯以人的行为作为研究切入点,把制度看作是集体行动对个体行动的控制,并认为集体行动的内容十分广泛,既包括无形的传统文化、价值观念以及一些风俗习惯,也包括有形的微观的具体制度,比如国家制度、企业制度、行业制度等,把制度看作个人意志的组织结构,在法律制度的框架中演化发展,在制度体系中,往往是一个个人意志的霸权集团使他人顺从,即制度本身具有凌驾于所有个人意志之上的意志。他还从资源的稀缺性角度出发,认为资源的稀缺性引起了不同行为主体间的利益冲突,而制度变迁可以消除利益冲突。此外,经济增长也会引起制度变迁的发生。

从整体上看,凡勃伦、康芒斯建立系统的制度经济学理论方面未能取得重大突破,由于缺少一个可行的理论体系,在与其他经济学理论相比过程中一直处于劣势,不可避免地受到了其他经济理论的打压和排挤。但即便如此,由于他们开创性地指出了制度主义与社会经济政策密切相关,强调了文化、习俗和制度的重要性,因此在经济学的发展历史上还是具有不朽的意义。20世纪二三十年代,制度主义一直具有较强的声势和影响力,为后来的新制度经济学发展奠定了基础。

(二)新制度经济学的制度理论

新古典主义经济学的研究体系缺少对制度的研究,研究是基于社会无摩擦的、一切都通过完善运转的市场机制进行,忽视了制度与经济发展之间的内在联系,因此新古典主义经典理论无法解释经济体制改革中的经济发展问题。20世纪80年代以来,新制度主义学派开始尝试把制度变量考虑进来,对发展中国家的经济发展进行分析,批评了新古典经济学的无摩擦的行为假设,在对"生产的制度结构"的研究基础上,建立了经济发展与制度结构之间的内在联系。在继承和运用新古典分析方法的基础上,新制度主义经济学运用制度分析将产权、交易成本、不完全信息和有限理性等纳入了新古典经济学的分析框架,在此基础上建立了分析经济发展的制度框架,增强了对现实经济生活的解释力。

1. 制度的定义

基于旧制度经济学的研究思想和成果,新制度经济学对制度的内涵进行了更进一步的探索和研究。安德鲁·斯考特认为制度是一种支配人们行为方式的内容和规则,这些内容和规则为人们所普遍接受和认同,要么被人们自觉地遵守执行,要么通过国家的强制力量予以实施,是经济社会正常运转必不可少的东西。瓦尔特·C.尼尔基于制度特征的研究,认为制度是指一种可观察的且为人们所必须遵守的事务安排,而且这种事务安排具有特定的时间和空间特征。而在T.W.舒尔茨看来,"制度是一种行为规则,这些规则涉及社会、政治及经济行为"。[①] 可见,舒尔茨认为制度是服务于人类社会的政治经济活动的,基于这一认识,他对制度类型进行了划分,把制度划分为交易制度、管理制度、控制制度、生产以及分配制度等。作为新制度经济学的代表人物,道格拉斯·诺斯对制度做了进一步的明确和定义,它把制度看作一系列的风俗习

---

① [美]R.利斯等:《财产权利与制度变迁》,上海三联书店,上海人民出版社1994年版,第253页。

惯、行为规则、道德标准以及意识形态等内容,是社会的博弈规则,是人类设计的用来规范和限制人们彼此之间的交流和往来的约束集合。制度通过对人们日常行为的规范而降低了人们交往中的不确定性,稳定了人们的行为预期,制度变迁决定了人类历史中的社会演化方式,因而是理解历史变迁的关键。可以看出,不管是新制度经济学,还是旧制度经济学,他们关于制度研究的核心都是"规则"问题,即制度是对人们的基本行为进行限制和规范的规则,它可以将人们的行为带入可以预期的轨道。

2. 制度的基本内涵

新制度经济学是真实世界的经济学。主要表现在新制度经济学对新古典经济学的进一步修正和完善上:在人类行为的假设上,新古典经济学是完全理性,而新制度经济学是有限理性;在交易费用上,新古典经济学认为交易费用为零,而新制度经济学认为交易费用为正;在产权上,新古典经济学假设产权不变或既定的前提,而新制度经济学认为不同产权安排下绩效是有差异的;在契约上,新古典经济学主要是完全契约,而新制度经济学则强调不完全契约;在企业上,新古典经济学假定企业是一个生产函数,而新制度经济学则强调企业的治理;新古典经济学强调竞争,而新制度经济学则注重合作的研究等。这些都表明,新制度经济学更接近现实,是真实世界的经济学。此外,新制度经济学家还从不同角度对制度进行定义,并赋予了制度更加丰富的内涵。

(1)制度对人们行为制约和规范的特性。在一个国家或社会的经济活动中,制度对于引导、规范和约束人们的行为具有重要的作用,人们追求自身利益最大化的前提是必须遵守一定的规则和条件,否则只能带来经济社会的混乱和无序。制度约束包括两个方面:要么禁止人们从事某种活动,要么则界定在什么样的情况下,谁可以被允许从事某种活动。规则可能是正式的,也可能是非正式的,但无论违反哪种规则,都需要受到处罚,即犯规是有成本的。从中我们可以看出,制度提供了人们彼此间相互影响的框架,并确立了经济社会中各主体之间的竞合关系。

(2)制度具有公共产品的特殊属性。制度的作用对象是社会中的所有人,而非某一个人,从这点来讲制度是一种公共产品。但制度作为一种公共产品,又与其他公共产品有所区别:一是有形和无形的区别。制度是无形的,制度要么表现为经济社会的法律制度,要么表现为人们的风俗习惯;而其他公共产品大多是有形产品。二是在排他性方面的区别。制度的排他性具有一定的范围,因为一些依据少数服从多数原则形成的制度,并不是对所有的人都有利;而一般公共物品不具有排他性。

(3)制度与社会组织之间的区别。"制度是一个社会的游戏规则,更规范地说,它们是为决定人们的相互关系而人为设定的一些制约。"①组织的本质是一个群体,从这一点来看,它又是和独立存在的微观个体相对应的一个范畴,这个群体中的成员往往具有共同的目标和愿景,用来最大化其财富、收入以及其他一些由社会制度结构所提供的机会所限定的目标。其中,经济组织如企业、商会等,政治组织如政党、议会等。通过比较,不难看出,制度是经济社会中人们所必须遵守的游戏规则,而组织和个人一样,是社会游戏中的参与者。简而言之,制度是游戏规则,而组织是游戏中的角色,往往在追求其目标的过程中,逐渐地改变着制度结构。

3.制度的分析层次

(1)非正式制度。新制度经济学认为非正式制度是指经济社会中广泛存在的发挥着不可替代作用的具有非文本形式特征的规则,它更多地来源于一个国家或社会的传统文化。在人类社会的发展史上,最早是通过非正式制度来协调人们彼此之间的关系的,即使在现今制度高度发达的社会形态中,正式制度也只是整个社会约束很少的一部分,非正式制度仍然影响着人们的日常行为。非正式制度主要包括传统文化、习俗观念、道德标准、行为准则以及意识形态等内容。在所有的非正式制度中,意识形态的作用比较特殊,也比较重要。这是由于意识形态作为一种非正式制度,它不仅可以包含特定的思想观念和价值取向,还在一定程度上是某种正式制度形成的理论基础。

人们不可能对所有的经济行为都进行思考后再采取行动,日常行为大多是按照一种惯性来进行的,这也是非正式制度产生和存在的一个重要原因。

---

① [美]道格拉斯·C.诺斯:《经济史中的结构与变迁》,上海三联书店1994年版,第3页。

非正式制度蕴含了人们过去的经济活动中成功的经验,在一定程度上还是人类社会长期社会变迁的连续性的重要来源。尽管从文化习俗中衍生出来的非正式约束不会立即对正式规则的变化作出反应,但是已经改变了的规则与持续存在的非正式之间的紧张关系,却对制度变迁效果具有重要影响。

(2)正式制度。与不成文的非正式制度相对应,正式制度则是指经由人们广泛认可和共同遵守的一系列规则,这些规则对于规范人们的行为具有重要的作用。从本质上来讲,正式制度与非正式制度之间,只存在程度上的差异。从禁忌、习俗、传统到成文法律,与社会从简单到复杂的演进过程相似,其间都会经历一个漫长、波折的单向演进过程,并且这种演进很显著地是与复杂的专业化分工联系在一起的。

正式制度既包括以国家、政府为主要内容的各种政治活动规则,也包括与人们日常生产经营活动密切相关的经济规则。这些规则明确了人们在社会分工中的权利、责任和义务,确定了每个人能做什么、不能做什么,以及相应的惩罚措施等。新制度经济学认为政治规则往往决定着经济规则,而效率并不是政治规则制定的出发点,政治规则的制定要受特定的政治、军事以及相应的意识形态的影响。

(3)实施机制。作为规范和约束人们行为方式的规则,它的健全和完善程度对制度效率具有重要的影响,但除此之外,用来保证制度实施的相关机制的建设也会影响制度效率,脱离了恰当的实施机制的制度只能是摆设,无法发挥制度应有的作用。从博弈论角度来讲,当博弈双方都具有完全的信息,而且博弈是无限延续的,那么自我实施的合作就可以达到,毕竟新手交换条款对双方都是有利的。然而,现实中这些假设条件几乎就不存在,常见的则是市场交换的广泛性、市场交易的复杂性,交易者之间的信息不对称,人的有限理性以及机会主义行为等,这些现实条件都要求建立强制性的某种形式的第三方实施机制。强有力的实施机制将大幅提高违约者的成本,减少人们的违约行为,以保证国家或社会的政治经济活动的顺利开展。

正式制度和非正式制度的区别主要有三个方面。一是制定、变更的难易程度不同。非正式制度超出人类集体选择的能力,人类难以在结构上对其加以构造,而更多的是遵守和服从;而正式制度则是人类随时都可以进行判定、选择和调整的。二是形成过程的区别。非正式制度的形成是一个漫长的过程;相比之下,正式制度可以瞬间形成或废除。三是可移植性的差异。非正式制度是一种传统文化的遗留和积淀,难以在不同的国家和地区进行移植;而正式制度则可以轻松地在不同国家或地区进行移植。可以看出,非正式制度、正式制度和实施机制是一个有机的整体,彼此之间相互联系、相互影响、相互制约,它们的共同作用保证了经济社会的正常运转。

4. 制度的主要功能

制度作为一系列规则,它使得人们的日常生产经营活动正常开展,经济社会运转正常进行。概括来讲,制度主要具有以下功能。

(1)降低交易成本。商品交换在本质上是产权的交换,产权的这一转移过程是要花费成本的,这就是新制度经济学所说的交易成本,它主要包括一次性的交易成本以及维持一定制度结构的成本。前者如发现市场交易机会、进行洽谈及签约的成本,后者如国家或政府为了维持国家机器正常运转所需要的成本。新制度经济学认为,只要有交易成本,制度就会产生作用,而降低交易成本是制度的主要功能之一。

(2)减少机会主义行为。新制度经济学通过对人的行为属性进行研究,认为和传统的经济人属性类似,现实中的人具有明显的嬗变、投机、逐利的行为倾向,这导致人在追求自身利益最大化的过程中,难免采取比较隐蔽的手段或欺诈的伎俩,这给将来的市场交易带来较大的不确定性,并很有可能带来经济社会生活的混乱和无序,降低了经济社会的运行效率。而要克服这些不足,唯有通过制度提高人们的违约成本,减少人们的机会主义行为,才能达到维持社会经济秩序稳定的目的。

(3)提供激励机制。在对西方资本主义国家崛起的原因分析当中,诺斯认为当时社会经济组织的作用非常重要,它通过对以所有权为核心的一系列制度进行调整,对人产生了一种激励,并能将个人的活动积极性和辛勤付出化为私人收益。在这样的制度安排下,人们积极工作,努力探索,就是因为能够实现其个人收益的最大化。可见,好的制度可以提高人的生产生活积极性,使人保持不断创新、勇于开拓进取的持续动力。

5. 重要的理论创新

新制度经济学是在批判传统的新古典经济学和福利经济学的一些根本缺陷的基础上逐渐形成的。新古典经济学认为,在私有制的基础上,完全竞争的市场机制能够实现资源的最优配置。福利经济学针对市场暴露的种种弊端,指出由于外部性的存在,市场机制不是万能的,要解决外部性问题,必须进行国家干预。新制度经济学对上述理论假说提出了挑战,认为外部性是市场失灵的主要表现,而产权的界定不清是外部性产生的根源。因此,经济学分析要把产权界定引入进来,经过科斯、阿尔钦、德姆赛茨等学者的研究和发展,初步形成了一个研究交易费用、产权制度与经济效率的理论体系,极大丰富了西方经济学产权理论。

(1)对新古典工具理性假设的否定。新古典理论的工具理性基本假设认为:行为人拥有必要的信息,能正确地评估各种备选方案,因而能作出正确选择来达到他们想要的目的。事实上这种假设所暗含的是:存在这一套特别的制度与信息。如果制度的作用纯粹是被动的,它们不能约束行为人的选择,并且行为人拥有作出正确选择所必需的信息,那么工具理性假设就是一个正确的基石。另外,如果行为人拥有的信息是不完全的,他们凭借其主观模型来引导选择,即使通过信息反馈也不能很好地修正其模型,那么程序理性的基本假设才应该是新古典发展理论的根本基石。退一步讲,工具理性假设是在西方世界高度发达的、有效率的市场背景下演化出来的,并成为分析这类问题的一个有用的工具,但这是以极低或可以忽略不计的交易费用为前提的。然而,现实中由于信息不对称的存在,交易费用是决不可以忽略的。

(2)交易费用理论。科斯并没有给出交易费用的明确定义,只是在其1937 年一篇名为《企业的性质》论文中提高了这一概念,即"为了进行交易,有必要发现谁希望进行交易,有必要告诉人们交易的愿望和方式,以及通过讨价还价的谈判缔结契约,督促契约条款的严格执行等"。[①] 可见,科斯只是把经

---

① 　[美]科斯:《社会成本问题》,上海三联书店 1994 年版,第 157 页。

济制度的运行成本,或者利用市场价格机制运行所需要付出的费用统称为交易费用。科斯还认为,节约交易费用是企业存在的主要原因,如果没有企业,每个独立的商品生产者在社会上进行交易活动,一对一的谈判、讨价还价、结果签订、合同执行、违约制裁等环节都需要大量的费用,而有了企业,上述环节可以"内化"为企业的内部生产经营活动,从而替代市场交易,客观上节约了交易费用。交易费用的提出,扩展了新古典经济学的基本假设,使得经济学从零交易费用的无摩擦世界走进了正交易费用的有摩擦现实世界,从而拓展了经济学的研究领域,增强了经济学对现实经济问题的解释力。然而,交易费用概念过于抽象和笼统,凡是鲁宾逊经济里所没有的成本,都被划为交易成本,显然概念有些宽泛过度。更为重要的是,交易费用难以量化、无法测量,这就使得该理论在实际应用中的可操作性大打折扣,更多停留在分析框架意义上,难以为现实经济活动提供有价值的指导依据。

(3)产权理论。在交易费用基础上,新制度经济学家分析了交易费用和产权之间的内在联系,并通过交易费用范畴,将产权问题引入到了经济分析当中。对于产权的定义有很多,但影响比较大的主要有这样几种。一是英国戴维·皮尔斯主编的《现代经济学词典》中对产权的定义:"财产权与资源、商品和劳务的准许使用有关。拥有一项资产通常包括以下权利:使用这项资产,改变它的形式和本质,通过出售而转移所有权利。占有一项资产并非不受约束,因为私人的契约或法律一般会施加某种限制"。[①] 在《新帕尔格雷夫经济学大辞典》中,对产权的解释是:"产权是一种通过社会强制而实现的对某种经济物品的多种用途进行选择的权利。……这种强制有赖于政府的力量、日常社会行动以及通行的伦理和道德规范"。[②] 以上是词典收录的产权定义,目前在实际中,比较有影响力的产权定义应该是阿尔钦的产权定义:"产权是一种通过社会强制而实现的对某种经济物品的多种用途进行选择的权利。"产权分两类,私有产权和共有产权,属于私人的产权成为私有产权,属于政府、国家、

---

① [英]戴维·皮尔斯主编:《现代经济学词典》,上海译文出版社 1988 年版,第 490 页。

② [英]约翰·伊特维尔等编:《新帕尔格雷夫经济学大辞典》第 3 卷,经济科学出版社 1996 年版,第 1101 页。

公共团体的产权称为共有产权。科斯及其追随者的产权理论主要讨论的是私有产权,他们主要强调产权是一组权利,如占有、使用、转让等。

(4)路径依赖。新制度经济学认为制度变迁源自变化着的相对价格与偏好所致,制度变迁的力量来自那些根植于制度框架内的激励作出反应的组织。制度变迁的过程一般是渐进的,通常由对构成制度框架的规则、规范和实施的复杂结构的边际调整所组成。通常制度是稳定的,在正式规则与非正式约束的共同作用下,与实施方式一起,形塑着人类的日常生产、生活,尽管此时的制度不一定是富有效率的。制度变迁的过程往往是均衡—失衡—均衡的交替,是制度均衡不断被打破,然后重新建立的过程。制度均衡意味着既定条件下,任何一方都不能通过投入资源来重构合约而获益,即改变现存规则,从成本收益角度来看,对任何一方来说都不划算。而制度变迁则提供了这样一种可能,价格的相对变化,使得一方感知到改变规则将能使一方的处境得到改善,在这种情况下,有希望改进自身谈判地位的一方就极有可能投入资源去重构更高层面的规则。

在制度变迁的过程中,初始禀赋状况会深刻影响制度变迁的路径,即制度变迁的路径一旦被设定在一个特定的进程上,网络外部性、组织的学习过程以及得自于历史的主观模型,就将强化这一过程,这将有助于一条有适应性效率的路径在不确定条件下的选择实现最大化,能为人们尝试使用不同的选择方式留出空间,并形成一个有效的回馈机制,以鉴别那些相对无效率的选择并淘汰之。广义的路径依赖意味着,历史是重要的,不去追溯制度的渐进性演化过程,我们就无法理解今日的选择。狭义的路径依赖,意味着一旦一个国家或地区沿一种轨迹开始发展,改变发展道路的成本非常高。尽管存在着其他的道路选择,但已建立的制度会阻碍对初始的改变。

路径依赖,对同样的价格变化在不同的社会却产生了不同的影响给予了较为充分的注解,即在不同的社会,相对价格变化都会产生出边际上的适应性调整。对于需要调整的部分,究竟采取何种办法,则取决于特定社会环境下参与者的相对谈判力量。由于在不同的社会中,各集团的谈判力量不尽相同,因此各社会的边际调整也是不同的,最终会导致政策选择也不尽相同,尽管起点相似。这可以从英国和西班牙的经济社会发展看出来。从起源来讲,无论是英国还是西班牙,都受共同的意识形态影响,然而它们的经济社会发展结果却有较大差异。前者形成了一种促进非人际关系化交换的制度框架,最终促进了政治、经济、社会的发展;而后者受人情关系影响,人际关系交换依然大量地参与到政治经济交换当中,历史表明,这种人情交换关系主导的制度演化,既不能带来政治的稳定,也不能使现代技术的潜力得到持续的发挥。可见,导致制度变迁差异的不是源自个人偏好,而是脱胎于历史的社会环境给人们提供了一整套不同的机遇和激励。①

关于路径依赖产生的原因,戴维认为一方面是制度协同博弈的结果,在这一博弈过程中多重预期总是存在的,而这些预期又无一例外地根植于初始条件,于是制度变迁必然是初始条件依赖的。另一方面是组织要实现的目标和任务彼此之间不可避免地交错性和相关性,新目标的附加具有时间上的继起性,因此,它们总倾向于在既定的路径中发展。而诺斯则认为路径依赖的原因来自两个方面:一是制度的报酬递增。二是由显著的交易成本所决定的不完全市场,认为制度变迁与技术变迁一样,也存在着显著的报酬递增,而报酬递增又会导致路径依赖的自我强化。制度变迁自我强化机制主要有三种形式:首先是制度的初始成本。设计一项制度需要大量的初设成本,而随着这项制度的推行,单位成本和追加成本都会下降。其次是学习效应。制度变迁的速度是学习速度的函数,但变化的方向取决于不同知识的预期回报率,行动个体所具有的思维模式形成了对其回报率的预期。现有制度框架提供竞争激励,迫使人们和组织进行学习,获得技术和知识以求生存,而这些技术和知识与组织取得这些技术知识的方法将逐渐地改变现有制度。最后是适应性预期。它是指随着以特定制度为基础的契约盛行,将减少这项制度持久下去的不确定性。近年来,诺斯、格雷夫、皮尔森等人又把自我强化机制的分析进行了扩展,并给出了其他几种新的自我增强机制,即正式的法律约束、非正式的文化约束、人们的主观理解、既得利益约束和解决问题的能力。事实上,这几个自我增强机制并非是完全互斥的,而是彼此影响,以复杂的方式建立起一个决定性

---

① 参见[美]罗伯特·帕特南:《使民主运转起来》,江西人民出版社2001年版,第211页。

的动力,推动路径依赖向纵深发展。

二、创新、技术创新与制度变迁

(一)创新和制度创新的定义

对于什么是技术创新,国内外学界并没有统一的定义。熊彼特是经济学史上第一个提出创新概念的人,他认为创新就是要建立一种新的生产函数,把一种从来没有过的生产要素和生产条件的新组合引入到生产体系之中,是提高竞争力和推动经济增长的重要因素。在熊彼特眼里,创新可以体现在新产品、新工艺、新市场、新材料甚至是新的组织方式。虽然熊彼特的创新理论也对制度创新有所涉及,但他并没有系统地对制度创新理论进行研究。美国经济学家曼斯菲尔德认为,一项发明当它首次应用时,可以称之为技术创新。另一位经济学家谬塞尔在1985年对300余篇有关技术创新的文献整理后,发现75%的论文对技术创新的界定为:当一种新的思想和非连续的技术活动经过一段时间后,发展到实际和成功应用的程序,就是技术创新。在此基础上,他又对技术创新进行了重新定义,认为技术创新是以其构思新颖性和成功实现为特征的有意义的非连续性的实践。可见,不同定义之间的分歧主要集中在非技术性的创新活动能否列入技术创新的范围以及技术创新对技术变动的强度有无限定和在什么程度上限定。

与古典经济学家注重用技术创新来解释经济增长不同,制度经济学家则更相信国家制度、产权制度以及意识形态等因素对经济增长的影响,并构建了系统的制度创新理论,从制度变迁和创新的角度对人类社会的经济增长和社会进步进行了解释。在制度经济学家看来,制度创新的本质就是用一种效率更高、效益更高的制度代替旧的制度,由于制度创新是有成本的,因此一项制度变革是否能称为创新,关键是要看该制度变革能否实现更高的收益。"制度创新的实质就是在一定的制度环境下,创新主体为了获得更大化的潜在利润而设计并实施的一项新的制度安排,制度创新的过程本质上是制度的供求状态由均衡到不均衡,再由不均衡到均衡的过程"。[①] 而这种均衡的制度安

---

① 何自力:《比较制度经济学》,南开大学出版社2003年版,第294页。

排,是指在既定的条件下,现有制度安排的任何改变,都不能给经济活动中任何人带来额外的收入。

(二)技术决定论

该理论认为,技术是经济社会发展过程中的关键性力量,制度知识被动地或滞后地调整。换言之,技术是自主的,技术变迁是技术内在逻辑的产物,并且技术变迁决定制度变迁和社会发展。典型代表人物如凡勃伦,其技术决定论主要包括三个方面:一是物质环境决定制度,他认为制度是对环境引起的刺激发生反应时的一种思想的习惯方式。二是物质环境是不断变化的,制度是以往过程的产物,更多与过去环境相适应,无论如何变化也赶不上天天变化的环境。三是制度具有保守的倾向,除非是出于环境的压迫而不得不改变,一般总是想无限期地坚持下去。法国的技术决定论者埃吕尔在其《技术的社会》和《技术的规则》中认为,技术是自我决定的,能够自我增长,并且是不可逆的;技术能够导致社会变革,但政治经济不是技术发展的条件。

技术决定论者认为,技术变迁在经济社会发展中起决定性作用,它们并不强调制度对经济增长的贡献。丹尼森在对发达国家的经济发展情况进行分析后,指出教育水平的提高和技术的改进与资本、劳动数量的增加相比,已成为更重要的经济增长源泉。据他估计,1909—1929 年间,劳动和资本投入对美国 GDP 增长贡献率约 65%,改进教育与技术的贡献在 25% 左右;然而,在1929—1957 年间,劳动和资本投入量的增加对美国经济增长的贡献降到了42%,相比之下,教育和技术改进的贡献则提升到了 47%。这无疑表明了,随着一个国家的经济发展,技术进步的作用会越来越重要。而且,技术进步还是使经济结构发生变化的最重要的决定性因素。随着技术的不断进步,新产品、新工艺、新材料的出现,涌现出了一大批新的产业部门,对产业结构产生了深刻的变化,推动着经济社会向前发展。然而,从历史的角度看,技术决定论是有其局限性的,因为其不能解释人类经济社会发展过程中的一些现象,即人类历史上有不少时期并没有出现大的技术进步,或没有技术变迁,但仍然存在生产率提高、成本下降等现象。

（三）制度决定论

该理论认为尽管技术存量规定了人类活动的上限，但其本身决定不了人类能否成功，而高效率的制度安排才是改善生产效率和要素市场的历史原因，产权、组织和市场因素为技术创新提供了激励，并最终带来技术进步、经济增长与社会变迁。制度决定论者认为，没有要素投入的增加，而只有制度创新的情况下，也可以实现经济增长。17—18世纪，海洋运输业的效率大幅提高，但交通工具并没有显著的技术进步，就足以证明这一点。此外，制度决定论者还认为有效率的经济组织是增长的关键。诺斯在《西方世界的兴起》一书中，认为近代的经济增长之所以发生在欧洲，而不是那些历史文明更悠久、资源更为丰富的国家，就是因为在欧洲率先建立了一套能激励人们进行生产性活动的一套经济制度，即"西方世界兴起的原因就在于发展一种有效率的经济组织。有效率的经济组织需要建立制度化的设施，并确立财产所有权，把个人的经济努力不断引向一种社会性的活动，使个人收益率不断接近社会收益率"。[①]即使在管理学大师小阿尔弗雷德·钱德勒看来，美国工业在20世纪中叶发生的管理革命，更多的是市场机会扩张所诱致的制度变迁的产物，而非技术变迁的结果。20世纪80年代以来，随着制度经济学的广泛传播，越来越多的经济学家认识到，不同国家经济发展的初始制度结构大相径庭，发展路径势必也有所区别；世界上不存在单一的成功发展模式，但对于任何国家的任何时期，经济发展中的首要选择是制度，即在经济发展中，制度至关重要。然而，辩证地看，制度决定论也有其一定的局限性，就是经济发展是不是始终由制度决定？对于这个问题，制度经济学家并没有明确的结论。此外，制度对于经济绩效的影响很难测度，这一问题目前已成为制度经济学亟待破解的难题之一。

（四）制度创新与技术创新的相互关系

对于两者的相互关系，新旧制度经济学的不同代表人物有不同的看法。凡勃伦主张技术创新决定制度创新，认为制度创新是人们出于环境的压迫而不得不改变原有制度，是人们面对外部压力的无奈之举，正如他在《有闲阶级

---

① ［美］诺斯：《西方世界的兴起》，华夏出版社1999年版，第1页。

论》的论述:"不管怎样,人们在为了符合改变了的形势的要求而调整思想习惯的时候,总是迟疑不决的,总是有些不大愿意的,只是在形势的压力下,已有的观点站不住脚的时候,才终于这样做","制度与习惯观念因环境改变而作出的调整,是对外来压力的反应,其性质是对刺激的反应"。① 凡勃伦的追随者埃尔斯更加坚信技术创新决定制度创新,在其重要著作《通向理性社会:工业文明的价值》一书中,明确指出技术本质上是不断发展的,而社会的制度结构本质上是静止的,抗拒变革的。而许多新制度经济学家,如诺斯则深信"制度决定论",认为制度创新决定技术创新。在诺斯《西方世界的兴起》一书中,诺斯对"制度决定论"进行了详细的论述。诺斯认为对技术创新的知识产权制度的建立和完善,才是激励技术创新长久发展的重要原因。好的制度能够促进技术创新,是产权制度和市场制度的完善引发了技术创新,才导致了现代的西方工业文明。与凡勃伦和诺斯的观点不同,拉坦提出了"互补决定论",在拉坦的《诱致性制度变迁理论》一书中,他从制度变迁的需求和供给两个角度对技术创新与制度创新的原因进行了论证,认为引致两种创新产生的原因是相似的,两种创新之间不存在孰轻孰重或者说谁决定谁的问题。在马克思的论著里没有直接提到技术创新和制度创新,但他提出的生产力的概念就包含着技术创新的内容,而马克思的生产关系则与制度创新也具有一定的对应关系。从他的"生产力决定生产关系,生产关系对生产力具有反作用"的著名论断中可以看出,马克思认为制度创新和技术创新之间也是一种相互作用的辩证关系。

事实上,技术创新与制度创新两者是相互影响、相互促进的,它们都是创新系统中不可或缺的组成部分,共同推进着经济社会向前发展。由于技术创新是生产力中最活跃的因素,因此在实践中,往往是生产力的发展对制度创新提出要求,从而导致制度变革,而制度变迁又为新的技术创新提供了更为广阔的创新空间和宽松的创新条件,激励进一步的技术创新。可见,是技术创新的

---

① [美]凡勃伦.《有闲阶级论 关于制度的经济研究》,商务印书馆 1964 年版,第139 页。

需求拉动了制度创新,制度本身有很大的惰性,一旦形成,没有足够的压力和刺激,人们不会考虑改变它;而技术则不同,它总在积极主动地变化,因为人们为了生存和发展,总是会积极地去改造自然。因此,制度之所以成为技术创新的瓶颈或桎梏,显然是制度创新滞后所致。两者的运行规律大致是这样的:技术创新总是连续地进行,起初技术是稳定的,并且在既定的制度框架之内。然而当技术创新发展到一定规模和水平,必然要求制度发生变迁,以适应技术创新的需要。可见,技术创新是制度创新的源泉和动力,也是制度创新的前提,而制度创新又是技术创新的必要准备。正是两者的矛盾运动,构成了创新系统的不断发展,创新系统螺旋式上升过程导致技术创新和制度创新的水平也不断提升。总之,两者在创新系统中的地位和作用,不能一概而论,它们分别在不同的时间、不同的地点、不同的发展阶段,扮演着不同的角色。从这角度看,马克思生产力与生产关系的论述,实际上间接阐述了技术创新与制度创新的关系,即技术创新是形成生产力的直接因素,但技术创新需要一系列诱导机制,这些诱导力量则来自制度创新。

三、其他学派的制度问题研究介绍

(一)演化经济学的主要观点

演化经济学对新古典经济学来说,是个彻底的颠覆者。他强烈反对新古典经济学的方法论,从多方面抨击了新古典经济学的效用主义、理性选择、均衡和市场主义意识形态等缺陷,坚持以制度—历史—社会结构分析框架,来替代主流经济学的理论—个人主义—均衡世界观。在演化经济学里,没有完全理性,也没有利润最大化,其整个分析框架建立在演化论的三个机制上:变异、复制与选择。从最微观层次上的人类理性和行为方式的进化,到企业创新、知识演化、国家创新体系乃至社会制度的历史解释,演化经济学都强调了系统的选择、复制和变异的作用。

制度—经济研究范式在演化经济学中居于重要地位,现代演化经济学高度重视制度在经济发展中的作用。该学派认为,如果缺乏相应的制度转变作为支撑条件,经济的发展方式变迁将难以取得实效,这缘于每种经济发展方式都是与特定的制度体系相互联系和彼此适应的。因此,任何转变经济发展方式的行为都将导致新的发展方式与既有的制度体系之间表现出紧张失调态势,只有通过相应的制度创新来适应新的经济发展方式,才能消除这种紧张失调的状态。可以看出,演化经济学派认为经济发展方式的转变必须要考虑相应的制度体系的变迁。演化经济学对制度的研究主要集中于企业家在制度演化中的作用、知识与制度的演化关系、人们的认知模式与制度之间的关系等方面。除此之外,还在制度和经济发展方式的相互影响机制方面进行了研究。例如,诺斯认为路径依赖是经济持续增长或贫困的重要原因,纳尔逊把经济增长的动力归结为制度与技术的协同发展。哈耶克提出了"合作的扩展秩序"以来解释制度创新。他认为制度创新不是人类有意设计的产物,受其引导的人们通常也不知道自己为何会如此行事,哈耶克认为制度的形成是一种人类自发的扩展秩序。经济制度创新的重要前提条件之一就是创造一个能够使人们进行自由和公正交易的环境,也就是说要重视市场体系的建立和完善。

(二)公共选择理论的相关观点

该学派以传统经济学的视角和理论分析了政治领域的选择和决策问题。该学派将"经济人"的假设引入到了政治行为的分析之中,认为公共选择者也具有追求利益最大化的倾向,政治家和官僚们的行为也是带有自利性质的。还强调政治活动也要相互尊重契约双方的利益,认为这也是政治秩序得以正常运转的前提。

以布坎南等人为代表的公共选择理论认为选择不同的规则会形成不同的政治制度,进而决定社会财富的不同分配机制。公共选择学派比较强调和重视制度创新过程中的理性设计和选择。曼瑟尔·奥尔森在《集体行动的逻辑》、《国家的兴衰》和《权力与繁荣》中对组织和社团集体行动的深入分析,对于研究制度创新过程中的利益集团具有重要的价值。他认为,由于集团内普遍存在"搭便车"的行为,因此具有经济人属性的个人在制度创新过程中,一般不会主动走在前列,进行先行探索,而是普遍抱着坐享其成的心态对待制度创新,结果就导致了利益集团的利益不可避免受到损失,出现了"个人的理性行为导致集体的非理性行为"的局面。利益集团是制度创新主体之一,研究制度创新自然少不了对利益集团进行相关的研究,因此公共选择学派的相关理论在制度创新的研究中具有重要的地位。

（三）发展经济学的制度研究

发展经济学诞生于20世纪40年代，主要研究对象是经济落后或以农业为主的发展中国家在工业化、现代化探索过程中经济起飞和经济发展问题，对发展中国家现实问题解释力以及政策效果决定了其发展的成败。20世纪五六十年代，结构主义在发展经济学中占据主流地位。结构主义强调政府干预，提倡以政府直接管制取代市场机制，对国际贸易和国际收支进行限制，通过价格管制、商品结构控制等手段来减轻贫困和改善收入状况。在研究方式范式上，发展经济学也采取制度—经济的研究范式，理论渊源来自于经济增长理论，但它更加注重对发展中国家经济制度和结构转变的研究，注重其转变的策略和途径，其市场经济范式以制度为中心，以合作博弈为制度建设的目标，主张通过制度来规范市场各主体的行为，从而建立有效的市场秩序。

发展经济学关于"发展"的内涵是在不断变化的。20世纪中叶，发展主要立足于经济层面，与经济增长含义基本相同。而之后的有关文献，赋予了经济发展更多的内涵，认为增长仅指人均产量的增加，是量的变化，而发展则涵盖了人均产量的增加、经济结构的变化以及人们生活质量的改善、社会福利的增进、人与自然的和谐等内容，即发展等于经济增长加结构的改变和优化。可以看出，发展经济学在尊重经济增长规律的前提下，更加注重经济结构转变与经济增长的相互关系的研究，力图通过经济结构的改善和优化实现国民经济和社会的可持续发展。

（四）转轨经济学的主要观点

转轨经济学认为在经济体制转型过程中，经济体制的转变与经济发展问题相互交织、相互影响、相互推动。转轨经济学在吸纳和融合新制度经济学、发展经济学、公共财政理论以及博弈论等多种经济学理论和方法的基础上，更加注重对经济转型的动因以及在经济转型过程中所涉及的重大问题的研究。制度—经济发展方式研究范式代表了当前主流转轨经济学的发展方向。传统的经济增长理论无法解释苏联、东欧以及我国经济转型中的绩效问题，而制度因素则为上述转型国家的绩效能给出较好的解释，因此，转型经济学以制度为基础确定了对经济发展问题进行分析的框架,并分析了旧体制中阻碍经济社会发展及经济发展方式转变的部分,初步得出了如何通过克服旧体制中的制度障碍以实现经济发展方式的转变。

第三节　国内关于转变经济发展方式的研究

一、经济增长与经济发展的基本内涵比较

20 世纪 40 年代末到 60 年代初,虽然在表述贫穷落后国家的经济运行情况多用"发展"一词,表述一些发达国家的经济运行情况多用"增长",但当时经济发展与经济增长基本上具有相同的内涵,只是表述形式有所差异罢了,人们更多的是考虑如何做大经济"蛋糕"问题,并认为经济发展是资本积累、技术进步、人力资本改善等因素综合作用的结果。然而,尽管发展中国家大规模投资以及工业化的高速发展使本国的国民生产总值不断攀升,但也带来了许多社会问题,比如失业人数的增加、贫富差距的扩大、政治生活的腐败、生态环境的恶化等,这不得不使人们重新反思这种发展理论的正确性。20 世纪 60 年代中期,理论界对经济增长与发展进行了界定,认为经济增长仅代表人均产品量的增加,而经济发展则有更多的内涵,它既包括人均产量的增加,也包括经济结构的优化和人民生活质量的改善。

关于经济增长方式并没有明确的解释和定义,通常认为经济增长方式是指实现经济增长的要素投入和组合方式,也就是经济增长通过什么样的途径来实现。而对经济增长方式类型的划分有很多种,但基本上都可归结为粗放型和集约型两种经济增长方式。前者指主要依靠生产要素的投入来获得经济的增长,比如大量投入资金、劳动力、原材料来保持经济的增长,但这种增长方式要受生产要素的边际收益递减规律的制约,快速经济增长往往和资源的大量消耗相伴而行,因此,高投入、高消耗、低产出、低效益的情况不可避免。而集约型的经济增长则主要依靠技术改进、管理改善和劳动者素质的提高等手段来实现经济增长,由于这类生产要素不受生产要素的边际收益递减规律的支配,因此在长期的经济活动中,经济增长具有明显的低消耗、高产出、高效率

的特征。关于集约还是粗放的标准,主要是基于全要素生产率对经济增长率的贡献度来进行划分。转变经济增长方式的实质就是实现经济增长方式由粗放到集约的转变,也就是应当遵循"持续协调增长、投入产出效益增加、满足社会需求"的原则,不断优化经济结构、改善社会环境。

"经济发展方式与经济增长方式密切相关,它不仅包括经济增长、结构优化、经济运行质量和效益的提高,还包括降低消耗、改善资源和生态环境的状况以及经济社会自然发展的协调与和谐等各个方面。"①可以看出,经济发展方式包含经济增长方式,但不等同于经济增长方式。经济发展方式反映了经济增长的数量、质量、结构和制度的根本性变化的总体特征。经济发展方式转变的目的是要降低消耗,减少污染以及资本投入,不单纯依靠要素投入获得经济增长,而是依靠经济结构的优化、经济质量的提高来推动经济的可持续发展。经济发展方式本身是一个动态的概念,没有固定的内涵,不同阶段、不同地域对应的经济发展方式是不一样的。对于我国来说,不同的经济发展阶段具有不同的发展方式是有一定合理性的。因此,我国经济发展方式的转变必须要尊重所处的历史情境、经济发展的约束条件,并选择与之相适应的发展方式,才能实现经济社会全面、协调和可持续发展的目标。

二、转变经济发展方式中的路径依赖因素

转变经济发展方式是我国经济社会领域的一场深刻变革,是一种综合性、系统性、战略性的转变与调整。从这个意义上讲,转变经济发展方式是对原有经济发展方式的一种革命,会使整个社会经济发展的水平、状况和性质等发生深刻变化,进一步破除各种原有的不合时宜的思想观念,改变人们的活动方式、交往方式、生活方式,对整个社会都会发生极为广泛而深刻的影响。转变经济发展方式必须要准确把握经济发展中存在的主要矛盾,正确处理好人治与法治、公平与效率、政府与市场、集权与分权之间的关系。显然,对于这样一场复杂的缺乏成功经验可循的制度变革,必然具有革命的艰巨性、长期性与复

---

① 吴树青:《转变经济发展方式是实现国民经济又好又快发展的关键》,《前线》2008 年第 1 期。

杂性。

从制度分析的角度来看,我国转变经济发展方式的难点在于对原有经济发展方式的路径依赖。诺斯在 1990 年出版的《制度、制度变迁和经济绩效》中,首先指出了制度变迁中存在的路径依赖问题。他指出制度也具有报酬递增的性质,在现实经济运行中,政治规则往往对经济规则起决定性作用,而政治不是基于效率原则来发展,它要受到政府官员的自身利益、意识形态以及其他军事、文化的影响。因此,制度变迁中的路径依赖是指在制度演进过程中存在一种惯性、一种自我强化机制,人们过去作出的选择决定了他们现在可能的选择。而沿着既定的路径进行制度变迁的结果,既有可能使经济社会的发展进入良性循环的轨道,也有可能使经济社会的发展沿着恶性的路径继续下滑,最终被锁定在一种缺乏效率的状态之下,使经济社会的发展濒于停滞。

我国经济发展方式的演进中也同样存在路径依赖的问题,粗放型的经济发展方式具有自我强化的机制,并且具有沿着既定方向演进的惯性。这种路径依赖主要表现在以下几个方面。一是利益固化效应。经济发展方式转变涉及利益的重新调整与分配,随着原有经济发展方式形成与演进,利益格局、利益关系也随之形成,并产生相应的利益群体、利益阶层、利益集团。作为原有经济发展方式的利益既得者,即使新的经济发展方式更加具有效率,对社会、对国家更为有利,他们也不愿意从根本上改变原来的经济发展方式。二是学习强化效应。原有的经济发展方式是在特定的历史条件下的理性选择,对经济发展起过积极作用,在一定程度上认为是成功的经济发展方式。这种经济发展方式逐渐被社会广泛的学习、接受、实行,使得原来的发展方式沿着本身的发展轨迹得以不断强化、固化。三是风险规避效应。尽管原有经济发展方式存在缺陷,但成本与收益是显性的、确定的。然而转变经济发展方式、进行一系列制度创新是需要付出成本和代价的,而且面临许多不确定性因素,包括转变经济发展方式成本的类型确定与度量以及对经济增长、财政收入、就业水平以及各市场主体的影响等。制度变迁主体对这些风险的规避,在一定程度上延缓了经济发展方式的转变进程。这种路径依赖正如学者张晖(2011)所研究的,经济发展中路径依赖的强化主要由规模报酬递增、学习效应、协调效应、适应性预期、转换成本、利益集团阻扰以及地方政府行为等因素导致,使得经济发展模式一直维持原始的劳动、资源密集型产业发展路径,而要摆脱路径依赖的长期束缚,必须进行强制性制度变迁。

我国经济发展方式的形成并非一日之间实现的,是经过长期的实践和摸索的结果。尽管现在这种经济增长方式有诸多问题,但在过去特定历史环境下,这一增长方式虽然不是最佳选择,但至少是个不坏的选择。正因如此,投资驱动的增长方式才通过规模效应、学习效应以及协调等效应不断强化,构成了现今转变经济发展方式的障碍。所以说,通过制度创新转变经济发展方式,首先要克服前期的制度选择对现今的制度选择的影响,也就是要克服制度变迁过程中的路径依赖。然而,现实中存在的阻碍因素,比如思想观念的转变、新的富有效率的制度安排的收益评估、成本识别都不是轻易就能实现的,这又增加了转变经济发展方式的复杂性和困难。

三、我国经济发展方式转变问题的理论演变

（一）我国政府对转变经济发展方式问题的认识

准确地讲,转变经济发展方式的概念是在中国共产党十七大报告中正式提出的,但这种思想由来已久,在党的许多重要会议和文件中都能找到相关表述。1982 年十二大的"提高经济效益的轨道"、1987 年十三大的"贯彻执行注重效益、提高质量、协调发展、稳定增长的战略"、1992 年十四大的"提高科技进步在经济增长中的含量,促进整个经济由粗放经营向集约经营转变"、1995年的"经济体制和经济增长方式转变"等。尤其是进入 21 世纪后,2002 年党的十六大提出"新型工业化道路、人与自然的和谐、生产发展、生活富裕、生态文明",与后来的转变经济发展方式的内涵越来越接近。党的十七大前夕,胡锦涛总书记在中央党校省部级干部进修班的一次重要讲话中,首次提到了"转变经济发展方式",在之后的十七大报告中,正式确立了"转变经济发展方式"的概念,认为实现未来经济发展目标,关键在加快转变经济发展方式,转变经济发展方式是关系国民经济全局紧迫而重大的战略任务。报告还指出,在转变经济发展方式问题上,要坚持走中国特色新型工业化道路,坚持扩大国内需求特别是消费需求的方针,在需求结构、产业结构以及要素投入方面实现

"三个转变"。

党的十七大正式提出转变经济发展方式,标志着转变经济发展方式成为我国面向新时期,推进我国国民经济和社会发展所必须围绕的一条主线,也标志着经济发展方式转变在我国经济发展中所面临的形势越来越紧迫。这种紧迫性,从中央决策层的一些会议精神的传达中能够清晰地看出。2007年明确提出转变经济发展方式;2008年遇到了国际金融危机;在2009年国际金融危机的应对中,国家采取了一系列方法和手段,取得了显著的成效,也带来了一些问题,在2009年底的中央经济工作会议中,用了"刻不容缓"来强调转变经济发展方式的紧迫性。2010年2月,在中央党校专门举办了"深入落实科学发展观,加快转变经济发展方式"的省部级专题研讨班。与以往相比,此次专题班具有非同寻常的意义。一般的研讨班,大都由中央党校的专家、学者授课,但这次研讨班,讲课的却是中央领导。在2010年2月3日的开班式上,胡锦涛总书记做了"加快转变经济发展方式的八点意见"的报告,2月4日温家宝总理做了"发展社会事业改善民生的几个问题",2月5日李克强副总理做了"调整经济结构 促进持续发展"的主题报告,2月7日结业式上习近平副主席做了围绕"科学发展切实加强和改进党的建设 为加快经济发展方式转变提供有利保证"的主题报告。从非同寻常的师资阵容足以看出,转变经济发展方式问题的紧迫性以及我国政府对转变经济发展方式问题的高度重视。

2011年11月,在亚太经合组织第十九次领导人非正式会议上,胡锦涛在会上发表了题为《转变发展方式实现经济增长》的重要讲话,在讲话中重点强调坚定不移地加快转变经济发展方式。2012年第十二届全国人民代表大会上,温家宝总理代表国务院向大会作政府工作报告,在部署2012年工作时,表示要加快转变经济发展方式,解决发展不平衡、不协调、不可持续的问题,关键在于加快转变经济发展方式,推进经济结构战略性调整,这既是一个长期过程,也是当前最紧迫的任务。

党的十八大以来,习近平同志围绕加快转变经济发展方式提出了许多新思想、新观点、新论断,认为加快转变经济发展方式,是我国经济社会发展面临的重大战略任务,多次强调加快推进经济结构战略性调整是大势所趋,刻不容缓。国际竞争历来就是时间和速度的竞争,谁动作快,谁就能抢占先机,掌控制高点和主动权;谁动作慢,谁就会丢失机会,被别人甩在后边。此外,经济发展方式还是经济资源配置方式、发展要素组合方式以及经济运行调控方式的集合,是一个涉及经济体制、经济结构、经济组织的有机系统,转变经济发展方式须运用系统思维,多管齐下。一是要以调整优化经济结构为主攻方向,遵循市场规律,以调整优化经济结构为抓手,以调整产业结构为首要任务,以构建现代产业体系为主要内容,加快形成支撑质量型发展的新的经济发展方式。二是要以深化改革为强大动力,深化改革是转变经济发展方式的必由之路,推进经济发展方式转变必须以深化改革为抓手,加快破除制约经济社会科学发展的体制机制性障碍。三是要以建设"两型社会"为着力点,转变经济发展方式是建设"两型社会"、生态文明的必然要求和必由之路,建设"两型社会"、生态文明是转变经济发展方式的方向和目标,两者密切联系、有机统一。四是要以保障和改善民生为根本出发点和落脚点,转变经济发展方式必须解决好人民最关心最直接最现实的利益问题,不断提高人民生活水平,努力让人民过上更好生活。

(二)国内学者对转变经济发展方式问题的研究综述

经济体制改革是一个对既有制度进行变革和调整的过程,其中制度变迁贯穿整个改革过程的始末。基于此,国内学者以制度创新为线索,深入研究了制度变迁在经济发展中的作用,揭示了制度创新是我国改革开放以来经济发展的主要内生动力,并论述了政府在制度创新中的作用。宋栋(1999)归纳了制度创新的初始条件:政治结构、经济结构、组织结构、产权结构、文化传统以及区位条件等因素。周振华(1997)提出了基于中央政府、地方政府和企业家庭组织的三层制度创新运行体系,其中中央政府是政策层次的创新主体,地方政府是组织层次的创新主体,而企业和家庭组织等是操作层次的创新主体。还有不少学者对于中国经济体制改革中的制度变迁方式进行了探讨,在新制度经济学的强制性制度变迁和诱致性制度变迁基础上,国内学者杨瑞龙(1994)提出了中国经济体制改革中新的制度变迁方式:以地方政府为主体的中间扩散性制度变迁方式,并强调随着改革的深入,必须由诱致性制度变迁方式替代强制性制度变迁方式。在对中国经济体制改革的解释中,产权理论得到了广泛的运用,国内学者从产权制度方面分析了改革与发展的动因、矛盾、演进和未来发展趋势,尤其是分析了国有企业在产权制度改革中所面临的深刻矛盾。

在对今后中国经济体制改革走向的研究方面,国内学者通过对中国的改革历程进行回顾和总结,指出了中国今后在制度创新方面所面临的障碍。杨松林(2011)指出,实现可持续发展是转变发展方式的原因,加快经济发展方式转变的难点在于改革开放阶段促成经济高速增长的很多方式和措施,恰好是目前经济难以实现可持续发展的主要因素,转变经济发展方式、创新正式制度和非正式制度是关键。在对转变经济发展方式的难点分析方面,刘伟(2006)从分配角度对转变增长方式进行了研究,认为增长方式转变的实质是效率问题,而解决效率问题必然要涉及公平问题。除外,其他研究则主要围绕经济体制框架的四个主要环节,即政府管理体制、财税体制、价格体制和企业体制等展开。卫兴华、侯为民(2007)提出了通过科技创新和体制创新转变经济发展方式,吴敬琏(2006)把我国经济发展方式转变推进缓慢的原因归结为体制性障碍、GDP 增长导向的考核机制、促进自主创新的机制不健全。王一鸣(2010)认为加快推进经济增长方式转变,从根本上取决于体制创新,关键在于增进市场配置资源的功能。姜作培(2008)认为地方政府执行力是影响乃至决定一个地区经济方式转变过程和效果的关键因素,应创新政府制度,着力推进地方政府执行力建设。

在通过转变政府职能破解转变发展方式难的问题上,杨瑞龙(2011)认为改革中出现的问题必须依靠深化改革,通过制度创新来解决;林毅夫、苏剑(2007)认为转变发展方式,应该首先调整我国经济增长的目标模式,建立与我们资源禀赋相匹配的要素价格体系;张卓元(2005)提出了建立"有效政府"的政策建议;蒋伏心(2008)认为政府职能应该提供高品质的公共服务转型;另外杨青(2006)提出应该对领导干部的政绩考核和提拔任用机制进行改革;吕政(2006)认为转变政府职能应该把行政性审批制度改革作为改革的切入点。在财税体制创新方面,宋立、刘国艳(2007)等分析了财税机制阻碍经济发展方式转变的作用机制;贾康(2007)提出了通过弱化地方政府盲目追求产值和税收增长的激励机制来减少财税体制对经济发展方式的转变阻力;学者王一鸣(2007)、张卓元(2007)从税种、税收结构的改善方面进行了研究。在企业和市场机制研究方面,许经勇(2010)研究了非公有制经济对于转变我国经济发展方式的影响,认为非公有制经济在调结构、转方式中具有不可替代的作用,而技术创新和制度创新是增强非公有制企业竞争力的有力途径。张卓元(2005)从企业治理结构、垄断行业改革以及非公有制经济发展方面进行了研究;曾培炎(2007)研究了以科技创新体系建设以及科技成果转化能力建设为核心的企业核心竞争力建设问题;林毅夫(2007)认为应该加大对中小企业的扶持力度,通过金融支持帮助中小企业完成产业结构升级,通过技术创新提高其自身竞争能力。

(三)国内学者基于制度变迁视角对转变经济发展方式的研究

目前,国内学者与制度相关的主要研究范式是基于马克思和西方经济学的制度研究成果,以我国的改革开放为分析背景,密切联系各地区经济发展的实际情况而得出的分析和结论。如果说马克思和西方经济学的制度理论为本书的制度研究提供了基本的分析框架的话,那么国内一些学者的研究结果,对本书研究更具有启发和借鉴意义。

对于制度创新的含义,董志强认为,"博弈参与人策略集发生了变化,从而潜在的均衡集合也发生改变,制度从现有均衡变化到一个新的均衡上"。[①]何自力认为制度创新是人们为了获取在现存制度结构内无法实现的潜在收益,寻求、设计并建构一种用以替代现存安排结构的新的制度安排。

黄少安提出了政府通过行政手段来推进市场化进程的观点,并以此来解释我国经济快速发展的原因。黄少安认为政府是推动我国经济制度变迁和创新的重要力量,在以市场化为导向的经济体制过程中,改革符合政府自身的利益,改革目标和方向能够满足政府自身的目标函数,因此,政府有动力推进我国的市场经济体制改革,致力于培养和发展相应的市场经济体系,

---

① 董志强:《制度及其演化的一般理论》,《管理世界》2008 年第 5 期。

逐渐放松政府对经济社会的管制,推动整个经济社会向前发展。① 张宇燕认为制度变革的动力来源于政府的财政压力,非公有制经济组织在制度释放的环境下迅速成长,政府与非公经济组织的合作博弈促进了我国经济的长期增长。

杨瑞龙对我国的制度供给问题进行了深入的分析后认为,"我国的改革深化固然受制度需求的影响,但在更大程度上受制于权力中心在既定的政治经济秩序下提供新的制度安排的能力和意愿"。② 同时,他还结合地方政府的行为和企业行为的研究,通过对我国制度供给现状的分析,提出了供给主导的制度变迁方式,认为在这种制度变迁方式下,地方政府在制度变迁的特定阶段扮演着第一行动集团的角色,对于我国经济体制改革的推进具有重要的意义。杨瑞龙认为以地方政府为主体的中间扩散型制度创新路径是具有中国特色的制度创新模式。

汪丁丁认为制度的严格定义是"社会博弈"的均衡,并认为导致制度创新的因素可以分为环境与行为两大类,在特定人群内部的因素又可以分为两类:一是使人们的行为偶然偏离均衡行为模式的因素,二是使人们偶然改变对均衡行为模式的阐释的因素。此外,汪丁丁还指出政府与市场微观主体的合作是制度创新的重要前提,制度传播的速度主要取决于三个因素:(1)制度创新的利润;(2)新制度偏离"传统"的大小;(3)新制度所占的比重,即被政治家或者企业家们所接受的程度。

盛洪在《生产性努力的增长》一文中,提出了"生产性努力"和"分配性努力"的概念,并把两者与制度的创新和形成相结合,指出制度在生产领域和分配领域的重要作用,认为经济发展的重要原因在于"生产性努力的增长","若要实现生产性努力的增长,就须实现作为度量技术替代手段的制度的进步。这种制度进步会带来对生产性努力的产出更准确的度量,其实质就是单位度量费用的下降","市场制度是替代度量技术的制度的进步的结果","市场制

---

① 参见黄少安:《关于制度变迁的三个假说及其验证》,《中国社会科学》2004 年第 4 期。
② 杨瑞龙:《论我国制度变迁方式与制度选择目标的冲突及其协调》,《经济研究》1994 年第 5 期。

度的发展以它自身的发展为条件"。①

张曙光运用了传统经济学中的"均衡"与"非均衡"的概念对制度变革问题作了系统的分析。他认为,"制度变革的根源存在于该项制度结构的内部,存在于该制度下生活的各行为主体的利益矛盾中,外部条件的变化一般只是通过对内部因素的影响,加速或延缓了制度变革的过程,以及变革时机的选择"。②

林毅夫提出了强制性制度变迁的观点。其论证逻辑来源于制度安排不能获取专利,诱致性制度变迁会碰到难以克服的外部性或者说是"搭便车"问题,因此制度变迁需要国家干预来弥补这一不足,并称这种通过国家干预,由政府合法引致的制度变迁为强制性制度变迁,强制性制度变迁发生与否取决于这一制度变迁的收益和成本的比较。同时,林毅夫还认为制度变迁这一现象在经济社会的发展过程中是不可避免的,并重点强调了意识形态在制度变迁中的作用,还指出了引起诱致性制度变迁的四种主要原因:一是制度选择集的改变;二是技术的改变;三是制度服务需求的改变;四是其他制度安排的改变。接着,林毅夫还对强制性制度变迁进行了政治经济学分析,着重研究了制度供给失败的问题,认为统治者的偏好、意识形态刚性等因素都会影响制度供给。最后他还阐述了文化传统和政府在经济增长中的作用。

吴敬琏对我国的制度创新理论研究产生了重大的影响,他提出的"制度重于技术""制度安排决定科技发展"等论断先后成为我国学术研究和国家政策制定的理论依据。在其《制度重于技术》一书中,吴敬琏明确指出我国高新技术产业发展不太成功的主要原因在于过度强调技术创新,而对制度创新有所忽视,并对"科技发明是推动高新技术产业发展的主要力量,认为只要投入足够多的人财物去开发和引进各种高新技术,就能够实现高新技术产业的快速发展"的观点进行了严厉批判。"一个国家、一个地区高新技术产业发展的快慢,不是决定于政府给了多少钱,调了多少人,而是决定于是否有一套有利于创新活动开展和人的潜能充分发挥的制度安排、社会环境和文化氛围",并

---

① 盛洪:《中国的过渡经济学》,上海三联书店 1994 年版,第 95 页。
② 张曙光:《论制度均衡和制度变革》,《经济研究》1992 年第 6 期。

反复强调,"制度安排的作用重于技术演进本身。只有建立充满活力的新体制,才能实现经济增长方式的转变,才能真正做到自主创新,才能最终建成创新型国家"。①

小　　结

本章分别以马克思主义政治经济学、西方经济学的制度研究为主线,概述了国内外与制度创新相关的基本理论。对于前者,重点介绍了马克思对制度、制度起源、制度本质和制度构成的定义和基本概念,考察了马克思主义政治经济学视域下,制度(生产关系)与生产力之间相互影响、相互促进的辩证关系,即一旦社会生产关系这种制度选择适应了生产力的发展要求,往往容易促进经济增长;相反,一旦社会生产关系这种制度违背了当期生产力的发展要求,经济发展则会停滞不前,甚至倒退。对于后者,重点介绍了制度经济学、发展经济学的相关制度创新理论,考察了西方经济学主要流派中制度创新与经济发展的相互关系。

梳理完国外相关理论后,对国内关于转变经济发展方式的研究进行了归纳和整理,辨析了经济增长、经济发展的关系,指出了经济发展中的路径依赖问题,认为转变经济发展方式是我国经济社会领域的一场深刻变革,是一种综合性、系统性、战略性的转变与调整,不会一蹴而就。回溯了自党的十二大以来,我国政府关于转变经济发展方式问题的相关表述,如十二大"提高经济效益的轨道",十三大"贯彻执行注重效益、提高质量、协调发展、稳定增长的战略",十四大"提高科技进步在经济增长中的含量,促进整个经济由粗放经营向集约经营转变""经济体制和经济增长方式转变",一直到十七大正式提出转变经济发展方式,整个过程表明我国政府在对转变经济发展方式的认识上不断深入,同时也在一定程度上揭示了转变经济发展方式问题的重要性。

---

① 《制度安排重于技术演进——访著名经济学家吴敬琏教授》,《企业改革与管理》2006 年第 10 期。

第二章 我国经济发展中的
制度变迁与演进

第一节 20世纪50年代经济恢复之
现实选择——计划经济

一、计划经济模式的必然选择

20世纪50年代,我国计划经济体制的选择除了受马克思主义政治意识形态信仰的影响外,还深受当时的经济社会发展状况、经济发展战略以及国际环境的制约和影响。

(一)计划经济体制有助于我国国民经济的迅速恢复

新中国成立之初首要的任务之一便是恢复国民经济,保证经济社会的基本稳定。当时经过多年的战乱,我国的经济发展水平急剧下降,1949年的经济发展状况和解放前的最好年份相比,第一产业的总产值下降达20%以上,而第二产业的总产值下降高达50%以上,粮、煤、油、棉等物品均处于严重短缺的状态,而且工业布局极不合理,70%以上的工业集中在沿海,内地连30%的份额都不到。在这样的经济状况下,恢复国民经济显然成了当时经济工作的中心任务,党的工作重心也由军事逐渐转向经济建设,加大财政对重点工业项目的支持,对水利、交通运输以及以煤、电、钢铁为主的工业建设进行重点投资。但资源的短缺是我国当时经济社会发展所面临的主要矛盾,经济发展型短缺这一特定历史现实决定了我国的国民经济恢复、工业化发展路径不能走西方传统的工业化道路,而计划经济体制能够实现低消费高积累,可以集中社会资源来进行重点项目建设,有助于当时我国国民经济体系的迅速重构,因此高度集中的计划经济体制成了当时发展经济的理想手段。此外,出于统一财政收支、稳定物价水平的考虑,也亟须建立全国一盘棋的经济管理体制。

(二)计划经济有助于我国独立的工业体系的建立

全国一盘棋的计划经济管理体制能够帮助我国构建独立的工业体系,以加速实现我国从新民主主义向社会主义制度的过渡。新中国成立初期,我国工农业发展还面临着如何彻底摧毁帝国主义和封建主义的经济基础,面临着如何改造半封建半殖民地的经济,使我国快速完成从新民主主义社会向社会主义社会的过渡,完成从传统农业大国变成现代化工业国家的历史使命。党的七届二中全会着重分析了我国从新民主主义经济制度向社会主义制度过渡的必要性和实现途径。同时还指出当时的旧中国是一个经济落后、社会发展停滞的国家,一个明显的特征就是第一产业和第二产业在国民经济中的比重不合理,处于严重失衡的状态。从全国范围来看,现代工业约10%,而农业和手工业竟高达90%,这显然是半封建半殖民地的社会的经济特征,而改变这种状况是新中国成立以后相当长时期的一段时间内开展经济工作的出发点。可见,建立独立的工业体系,促进我国的经济快速发展,实现由落后的工业国变为先进的工业国,不仅是新中国成立之初经济社会发展的伟大目标,也是当时我国从半封建半殖民地的农业国家走向独立自主的经济发展的必经之路。而这一目标的推进需要建立集中统一的经济体制。

(三)复杂的国内外环境下经济发展的必然选择

建立独立自主的工业发展体系既是我国从1840年鸦片战争以来饱经帝国主义列强的侵略和掠夺的事实中得出的深刻教训,也是新中国成立初期所面临的恶劣的国际形势和不利的国内环境的必然产物。新中国成立之初,在国际上鲜有国家承认我国的独立地位,只有苏联、东欧以及亚洲的一些国家承认,直到1950年10月新中国成立一周年,国际上也只有25个国家承认新中国的合法地位,但这些国家并未全部和我国建立外交关系,只有17个国家同我国建立了外交关系。而以美国为首的西方发达国家明确表示拒绝承认社会主义新中国,同时还百般阻挠其他国家承认新中国,阻挠新中国在联合国的席位的获得以及合法地位的恢复。最重要的是这些西方国家对我国实行全面封锁和禁运,从经济上进行压制。与此同时,我国当时的国内形势也十分复杂,朝鲜战争、国内的匪患以及国民党残余,都是当时的政治经济社会发展所面临的困难和挑战。可以说当时内外交困的时局使得我国的经济恢复和发展工作没有更多的选择,注定了建立独立自主的工业体系是我国当时经济社会发展的首要目标,不利的国内外环境也决定了我国的经济社会发展只有通过内部循环、自力更生、走优先发展重工业的道路来达到这一目标,而通过建立高度集中的计划经济体制,以集中全国有限的人才、资金和原料进行重点建设则成了一个合乎历史逻辑的选择。

总之,我国计划经济管理体制的选择,无论从理论来源还是从实践需要的角度,都是新中国成立之初在当时历史环境下的必然选择,这一点早已为后几十年的经济发展事实所证明。

二、计划经济体制的制度构成

新中国成立后,为了尽快构建我国独立的工业体系,迅速恢复我国的国民经济,我国通过对苏联计划经济体制的模仿,建立了计划经济体制。这套体制是由一系列相互联系、相互作用的制度安排构成的,包括国家所有的产权制度、人民公社制度以及其他具有计划性质的企业、金融、财政、就业、外贸等制度。

具体来讲,生产资料的所有制是计划经济体制的核心,在计划经济体制中,生产资料完全归国家或集体所有,个人不拥有任何生产资料。人民公社是在农业合作社基础上建立起来的农村经济合作组织,它肩负着经济组织和政治组织的双重职能,在广大农村地区组织和开展生产建设以及社会管理工作。在计划经济体制里,企业不是一个生产经营单位,完全是政府机构的附属物。企业不以营利为目的,其生产完全依据计划指标进行。在就业制度方面,当时针对我国劳动力资源丰富的特点,实行了用计划手段来安排就业的制度,政府对劳动者进行统一调配。在这种就业制度下,劳动者对工作没有选择的权利,劳动力也无法实现自由流动,工资按人的等级进行发放。对农产品实行统一收购、统一销售的制度,这种制度把分散的农产品资源进行集中,优先用来满足国家的重点项目需要以及城市居民的日常需求。这种统购统销的制度对农产品的价格进行了强制压低,通过工农产品在价格方面的"剪刀差"实现了资本积累。在金融制度的运行方面,银行对金融资源的调配也完全依据计划来进行,整个社会的金融活动是围绕国家所制定的国民经济计划展开的。银行内部实行统存统贷的信贷管理制度,信贷规模和结构都以指令性计划下达,以保证信贷资金能够满足国家经济建设需要。货币不是真正意义上的交易媒介,引导资源或生产要素及产品流动的是国家的指令性计划,在金融领域不存在价格机制的调节作用。在财政制度方面实行统收统支,地方政府的财政收入全部统一上缴中央,而所需的财政支出再由中央财政统一拨付。在这种财政制度下,由于收支两条线不挂钩,地方政府仅有非常少的财力。在外贸制度方面,国家对外贸实行了统一管理的制度,通过国营的外贸公司来负责我国的外贸活动的开展。

总之,政府在经济活动中发挥着决定性的作用,享有绝对的生产资料、物质产品支配权力,比如政府拥有大多数土地和资产,有权力决定就业和工资水平,有权力决定国家的储蓄和投资,也有权力决定商品生产的种类和价格。由于公有制是所有制结构的主要构成,个人决策在经济活动中起不到任何作用,政府对市场的替代,致使现实中的私有经济严重边缘化,从总量上微乎其微,对国民经济的贡献和作用几乎可以忽略。

三、计划经济体制的内在缺陷

新中国成立之初,我国为了建立独立完整的工业体系,实现我国的工业化发展,利用具有强大社会动员能力和高积累机制的计划经济无疑是最有效的手段,这一点已为历史的发展所证明。但随着计划经济体制的推进,以抑制消费、强制实现高积累为特征的计划经济体制的弊端开始显现,对经济社会的发展的阻碍作用日趋显著,这使得人们不得不对计划经济进行重新审视,正确看待计划经济体制的缺陷。

首先,计划经济难以实现对经济资源进行合理配置。在计划经济体制下,一切生产经营活动均按计划进行,货币不是真正意义上的交换媒介,因此无法引导生产资料进行合理流动,企业也没有权力和条件依据消费者的需求组织生产,在这种情况下,消费者的需求无法得到满足,企业的资源利用效率也不能保证最优。其次,计划经济体制容易造成供需失衡。从理论上讲,计划经济不应该存在失衡,因为它是计划进行生产的,在制定计划之初是对需求进行过充分考虑的。但在实际操作中,国家在供给和需求信息的获取方面存在着许多困难,不能保证所需信息的真实性、全面性和及时性,再加上信息统计手段的瑕疵,导致最终的总需求信息不能反映真实的需求,而按这种错误的需求信息组织生产,结果只能造成供需的失衡。再次,计划经济无法对社会成员提供有效的激励。人们的收益和自己的劳动付出无关,在收入分配方面,机械地执行统一分配制度,干多干少一个样,干与不干也一个样,这样的收入分配制度无法激发人们的生产积极性,对人们无法进行生产激励。最后,在计划经济体制下,技术进步和创新受到了严重抑制。在计划经济体制下,企业不是自负盈亏的生产组织,它完全按计划进行生产,不存在产品销售、库存积压的问题,因此它没有动力去通过技术进步对现有的生产活动进行改造。此外,企业是政府行政机构的附属物,这一属性决定了企业虽然有厂长经理,但他们只是计划的执行者,而非真正意义上的企业家,所以他们不会主动地去进行技术创新。

第二节 20世纪80年代初经济发展的
内在要求——市场经济

毋庸讳言,计划经济的推行使我国找到了一条在维护民族独立的同时,又能依靠内部积累、自力更生实现工业化资本原始积累的发展道路,并为新中国成立后的国民经济体系的迅速恢复和发展提供了重要的制度保障。但是随着经济社会的发展,计划经济体制的弊端也愈显突出,并集中表现为动力机制的缺乏和高度集权下的信息与决策机制的僵硬,这一问题在计划经济后期明显地表现出计划经济已经不能完全满足社会主义现代化建设的客观需要,显然,国民经济和社会的进 步发展亟需制度创新。

一、经济体制创新的主要内容

改革开放后,我国不断探索适合中国实际的经济体制,通过在农村和城市范围内对生产关系进行不断调整,逐步实现了由计划经济体制向市场经济体制转变。为增强社会主义市场经济体制的生机和活力,需要加快体制机制创新的步伐。改革开放以来,我国经济体制创新的主要内容在于推进了具有中国特色的层次性的市场经济体制改革,进行了以基本经济制度、宏观经济制度、微观经济制度三个层面的制度安排为主要内容的制度创新。

(一)基本经济制度创新

30多年来,我国经济体制改革在很多方面进行了制度创新,取得了令世人瞩目的成就,初步形成了以公有制为主体、多种所有制经济共同发展的基本经济制度;在分配制度方面,突破了以往的按劳分配原则,构建了以按劳分配为主体、多种分配方式并存的收入分配制度。

1. 所有制结构的创新

以公有制为主体、多种所有制经济共同发展的基本经济制度是我国在社会主义初级阶段的基本制度,是我国社会主义市场经济制度的重要组成部分,主要包括公有制经济和非公有制经济两大部分。所有制结构的变革是我国改革开放以后在意识形态领域最具革命性质的创新,它突破了我国在向市场经济体制改革过程中的最大理论难点。新中国成立以来,我国所有制结构经历了多种成分并存的新民主主义过渡期,到单一公有制再到公有制为主体、多种经济成分共同发展的制度变迁。改革开放以来,我国所有制结构不断深化变革和创新,取得了巨大的成就。

(1)改革单一公有制,发展"主导补充"结构。1978年以来,随着城乡经济的逐渐恢复,以个体所有制为形式的"三资企业"出现。1981年党的十一届六中全会通过的《关于建国以来党的若干历史问题的决议》,提出了把个体经济作为公有制经济的补充,这是我国所有制结构的第一次飞跃,即实现了单一公有制向所有制主导转变;1982年党的十二大明确提出了坚持国有经济为主导,发展多种经济;1984年,党的十二届三中全会再次明确了我国今后的经济体制改革方向和内容,所有制结构的体制创新更上了一个新的台阶,"三资企业"成为补充,"全民、集体和个体经济"成为该时期的所有制的重要组成部分;1987 年党的十三大进一步对我国的所有制结构进行了改革,确立了私营经济在我国经济建设中的地位,以国有经济为主导,个体、私营以及"三资企业"为补充的所有制结构基本形成。

（2）明确地位,发展主体补充结构。1992 年党的十四大按照社会主义市场经济的要求,对公有制经济和非公有制经济作了重新定位,再次明确提出了以公有制为主体,个体经济、私营经济、外资经济为重要补充的所有制结构。

（3）确立社会主义初级阶段的基本经济制度,发展"主体多元"结构。党的十五大以来,在所有制理论上进行了一系列的新突破,提出了以公有制为主体、多种经济成分共同发展的方针,这成为我国所有制结构创新的第三次飞跃,所有制结构不合理现象逐步消除,进一步解放和发展了生产力,同时社会主义初级阶段的基本经济制度得以确立。党的十六大进一步创新改革所有制结构,提出了"两个毫不动摇"和"一个统一"。党的十七大进一步完善和明确了所有制结构。党的十八大进一步强调要完善公有制为主体、多种所有制经济共同发展的基本经济制度。十八届三中全会认为公有制为主体、多种所有制经济共同发展的基本经济制度,是中国特色社会主义制度的重要支柱,也是社会主义市场经济体制的根基。公有制经济和非公有制经济都是社会主义市场经济的重要组成部分,都是我国经济社会发展的重要基础。必须毫不动摇巩固和发展公有制经济,坚持公有制主体地位,发挥国有经济主导作用,不断增强国有经济活力、控制力、影响力。必须毫不动摇鼓励、支持、引导非公有制经济发展,激发非公有制经济活力和创造力。要完善产权保护制度,积极发展混合所有制经济,推动国有企业完善现代企业制度,支持非公有制经济健康发展。所有制制度是建立在"三个有利于"基础上的基本经济制度,是马克思主义所有制理论在中国的创新和发展。

2. 收入分配制度创新

收入分配改革是我国经济改革的起点,没有分配的公平,就难以有社会主义的公平。改革开放以来,我国经济发展速度加快,但城乡差距也逐步扩大,居民收入水平不断分化,因此,收入分配制度的改革和创新一直是我国经济体制改革的重要内容,也在不断地深化和变革。

(1)打破平均主义"大锅饭"。收入分配改革初期,旨在打破平均主义"大锅饭"的分配关系,恢复和逐步实施按劳分配制度,提高人民从事劳动的积极性。

(2)提出多元化分配制度。1987年党的十三大明确了我国以按劳分配为主体、多种分配方式并存的基本分配制度,凭债券获取利息、按股分红、风险补偿等开始出现,合法的非劳动收入也得到允许。然而,在当时计划经济占主要地位的情况下,其他分配方式所占的份额非常小,并没有完全予以明确。

(3)引入市场分配制度。1993年党的十四届三中全会在分配制度的原则方面提出了兼顾效率、共同富裕的要求。在效率优先基础上,就业制度、农民增收减负长效机制、最低工资制、工资增长机制以及多层次社会保障制度逐步开展,社会公平在效率基础上逐渐完善。党的十五大明确指出了在社会主义初级阶段,实行按劳分配与按生产要素分配相结合,鼓励各种生产要素参与收入分配。2002年党的十六大在上述分配制度基础上,再次明确了各生产要素按贡献参与收益分配的原则,进一步鼓励资本和技术等重要生产要素参与到生产经营活动中来,并按贡献获得相应的报酬,以满足市场经济的内在要求。

(4)逐步调整多元化分配制度,强调二次分配的公平。党的十七大进一步提出要在分配问题上处理好一次分配和二次分配的关系,要协调好效率和公平的关系,第二次分配要更加注重社会公平。此次分配原则的调整,意味着我国的收入分配制度日趋完善。党的十八大提出发展成果由人民共享,必须深化收入分配制度改革,努力实现居民收入增长和经济发展同步、劳动报酬增长和劳动生产率提高同步,提出"着重提高两个比重",即提高居民收入在国民收入分配中的比重,提高劳动报酬在初次分配中的比重。十八届三中全会更加注重税收、补贴等政策手段在收入分配中的调节作用,拟在完善收入分配调控体制机制和政策体系基础上,形成合理有序的收入分配格局。

(二)宏观经济制度创新

在宏观经济制度创新方面,首先引入了货币政策和财政政策,初步构建了具有中国特色的社会主义市场经济宏观调控体系,继而进行了以财税制度、金融制度、投资制度为核心的一系列宏观经济制度改革,在参与国际分工方面,继续推进积极的改革开放政策,初步形成了全方位对外开放的经济格局。

1.宏观调控体系构建

宏观调控体系是指国家调控整个国民经济运行的目标、手段、方法的总称。我国社会主义市场经济体制的逐步建立,客观上也要求我国不断完善以财政政策和货币政策为主的宏观经济管理手段。经过多年的探索,我国初步形成了具有中国特色的社会主义市场经济宏观调控体系。我国宏观经济调控方式的建立,使政府对经济的管理摆脱了纯粹的干预,逐步实现了由直接管理为主向间接管理为主的转变,由微观管理为主向宏观管理为主的转变,由项目审批、分钱分物向规划、协调、监督和服务的转变,由指令性计划为主向指导性计划为主的转变。

(1)宏观调控方式的逐步形成。宏观调控手段不同于计划,它要求对经济的调节采取间接调控的方式,即政府通过有效的经济政策来对市场经济活动进行调节,它所调控的对象是反映市场经济运行的一些变量和经济指数。宏观调控更多的是采取经济手段,而非行政手段,但在必要的情况下,也可以通过法律或行政手段对一些不正当的市场行为进行干预,以确保宏观经济的运行稳定。

(2)宏观调控手段的不断丰富。同计划经济时代的经济管理手段相比,我国的宏观调控手段显得相对灵活、有效,对经济社会发展的负面影响要小。过去三十余年的经济发展,为我国宏观调控积累了宝贵的经验,尤其是几次比较大的经济波动,以及1998年亚洲金融危机乃至2008年的全球经济危机,都为我国宏观调控手段的运用提供了良好的契机,使我国对宏观调控的各种手段有了充分的认识,这是我国今后在宏观调控中调控手段日趋娴熟的重要保障。

(3)宏观调控政策体系的不断完善。宏观调控必须辅之以必要的宏观经济政策体系,政府通过这一政策体系实现对国民经济的管理和调节。具体而言,宏观调控的政策体系包括财政政策、货币政策、投资政策、分配政策等内容,其中财政政策和货币政策是宏观调控政策体系的核心,国民经济的总量和结构的调整更多地依靠这两者的配合来实现。

宏观调控作为我国市场经济建设过程中出现的经济现象,经过多年发展逐渐形成了以"一元化的调控主体,二元化的调控目标、任务,以及多元化的手段体系"为核心的三位一体操作功能框架。其中,一元化的主体是指宏观调控的主体是中央政府,地方政府的经济管理权限仅限于管理调节地方经济的发展。二元化的调控任务是指宏观调控的任务既包括总量调节,也包括结构调整,其目标是短期经济运行的总量平衡和长期内经济社会发展的结构优化。多元化的手段体系是指宏观调控的手段包括经济手段、法律手段和行政手段等其他必要的手段。在这三位一体的操作功能框架作用下,我国国民经济发展的整体性、稳定性、独立性得到了有力保障,客观上促进了我国经济社会的顺利转型与健康发展。

2. 财税体制改革

(1)利改税,放权让利。从改革开放到1993年的有计划商品经济时代,我国财税改革主要围绕原有财税制改革,高度集中、统收统支的体制被打破,利改税和工商税制的全面改革,以放权让利为起点的财税体制改革开始进行。这一时期,涉外税法得到健全,并推行了以税种划分、分级包干、层层落实的基本预算管理制度,这一财税制度调整削弱了中央政府对宏观经济的调控能力,调动了地方的积极性。基于这一情况,1993年的全国财税工作会议决定调整并不断完善既有的分税制度。

(2)体制转轨,财税体制体系建设加快。在向社会主义市场经济转轨时期,我国财税体制改革依据社会主义市场经济体制的要求,以市场为基础,努力发挥财税的宏观调控作用,税收制度改革全面展开,分税制财政管理进一步推进,财税法律法规进一步完善和健全。在税收制度改革方面,工商税制改革进一步深化,与社会主义市场经济相适应的税收法规体系初步形成,税收进一步简化、高效。分税制改革方面,1994年开始实施分税制财政管理体制,收入增量向地方倾斜,这种财税管理制度使得国家财力过于分散,中央财政占比重不断下降。为此,1998年确立了公共财政框架体系,财税体制改革集中了支出管理改革,政府转移支付制度不断完善,国家预算法制体系的健全完善,预算管理不断规范化、法制化。

（3）财税法制建设，公共财政框架形成。1999年以后全国财税改革中心转移到公共财政框架的建设当中。1999年通过了《关于加强中央预算审查监督的决定》。2001年，明确提出了进一步深化"收支两条线"改革，预算制改革逐步开展。2002年开始，企业所得税、个人所得税向共享税转变。2002年通过了《政府采购法》，出台了《关于完善省以下财政管理体制有关问题》，教育、科技、卫生等公共服务投入不断加大，公共基础设施投资增加。2005年，提高了对工资薪金所得税前扣除标准，同时废除了农业税。2012年2月，国务院常务会议部署了2012年的财税体制改革主要在于完善分税制和财政转移支付制度，健全县级基本财力保障机制，扩大增值税改革试点，全面推进资源税改革。2014年10月8日国务院发布的《关于深化预算管理制度改革的决定》，进一步细化了预算法的有关规定，把一般公共预算、政府性基金预算、国有资本经营预算和社会保险基金预算纳入了政府预算管理范围之内，加大了对四本预算的统筹力度，显然这有利于财政资金的合理配置，确保财政政策目标实现，更好地发挥财政保民生的作用。一系列的财税体制的改革，标志着我国财税法制体系建设步伐不断加快，财税体制改革进一步深化以及城乡要素平等交换、公共财政、社会保障制度的日益完善。

3. 金融体制改革

作为现代市场经济的核心，金融活动对社会经济生活的各个方面有着广泛的影响。1976年，伴随着十年动乱的结束，我国金融体制改革进入全面调整、整顿时期，1977年公布了《关于整顿和加强银行工作的几项规定》，金融业在改革前夕的两年内，基本理顺了行业运行秩序，为1979年的金融体制改革奠定了基础。

（1）金融机构体系的改革与构架的建立。1978年党的工作重心转移到经济建设当中，金融业作为经济的核心，其改革浪潮也随之铺开。1978—1985年，随着改革开放步伐的加快，我国恢复及成立了四大商业银行。1985年，金融市场初步发展，同业拆借开始兴起。1986年开始，商业银行准入逐步放开，股份制银行得到快速发展。同时，非银行金融机构得到进一步发展，证券公司、保险公司、信托公司、城市信用合作社在各地开展,外资银行机构也纷纷进入我国金融业改革浪潮。1978—1993年间,我国初步建立了以中国人民银行为中央银行,国家专业银行为主体,银行与非银行金融机构并存的多元化金融机构体系。

(2)以市场为基础的商业化金融体制改革。在初步建立了金融机构构架后,1994年我国加快了银行业的改革步伐,在强化人民银行的金融活动管理职能后,先后组建了国家开发银行、中国进出口银行和中国农业发展银行等几家政策性银行,来负责专门的政策性金融投资活动,在银行系统内部实现政策性业务和商业性业务分离。1995年《中国人民银行法》正式明确了分业经营、分业监管的金融监管体制。1997年人民银行组建了货币政策委员会,以加快货币政策体系和制度的不断完善。此后,货币政策的操作手段逐步由以贷款规模直接控制为主,转变为运用多种货币政策工具调控基础货币为主。

(3)金融秩序整顿,监管加强,金融风险防范。1998年,央行机构进行重大调整,改革中国人民银行管理体制,同期成立了中国保监会和中共中央金融工作委员会,国有金融机构领导垂直化开始实行,各国有商业银行与所属信托投资公司、证券公司和其他经济实体彻底脱钩。2003年成立了中国银监会,央行职责调整为制定和执行货币政策、维护金融稳定以及提供金融服务,金融监管职能逐步从央行分离出来。随后几年,商业银行纷纷上市,商业银行股份制改革逐步完成。此外,外资银行及业务范围不断拓展,2002年开始,银行间市场成员的进入由审批制转变为核准制。2003年,外汇产品种类不断增加、丰富,交易制度不断创新,双向交易开始发展。2005年,人民币汇率形成机制开始实行市场化管理,不再盯住美元。2006年12月起向外资银行全面开放人民币零售业务,外资银行境内分行改制为外资法人银行。2007年,人民银行颁布了《同业拆借管理办法》,2008年发布了《信息披露管理办法》,拆借利率逐步市场化。

(4)非银行金融体制改革进一步深化。非银行金融机构体系的改革包括证券公司、保险公司、信托公司以及基金管理公司。2003年,我国开展了券商综合治理,中国人民保险公司、中国人寿以及中国再保险三家国有保险重组改制基本完成。2004年以来,证券业务、经营方式以及组织不断创新。2008年,国务院明确融资融券业务实行集中化模式,证券金融公司成立,2010年沪深交易所开始试点融资融券交易。此外,基金管理业也正朝着多元化的发展态势发展,监管层在完善立法、严格执法的同时,对基金公司业务范围、投资范围适当放松,投资管理业的市场准则进一步放开。

4.投资体制改革

随着我国市场经济体制的逐步建立,市场在资源配置中的作用日趋明显,这迫切要求我国进行投资体制改革,构建多元的投资主体、拓宽投资渠道、丰富投资方式,不断健全投资管理模式。2004年,国务院出台了《国务院关于投资体制改革的决定》,提出了投资体制改革的指导思想、目标和具体措施,明确了谁投资、谁决策、谁收益、谁承担风险投资原则,确立了企业在投资活动中的主体地位;颁布了《政府核准的投资项目目录》,建立了政府投资责任追究制度。这些改革不仅把投资决策权归还企业,同时放宽了企业投资尤其是社会资本的投资领域,合理界定了政府投资范围,加快推行"代建制",这体现了市场经济条件下投资者与决策者的内在一致性,有利于改善投资环境和改进投资宏观调控方式,有利于促进经济的持续发展。在"十二五"以及今后更长一段时期,我国投资体制改革将逐步深化,更加注重建立健全完善配套的投资管理统筹协调体制与机制,努力实现政府投资项目实施模式的创新,政府投资和经济结构调整的关系的完善。在投资主体上,更加注重发挥民间投资的作用,使政府投资与民间投资比例将更加合理;在投资范围上,政府投资将更多地向民生领域倾斜,彰显社会公正与进步。

党的十八大以来,以激活社会资本为重点的投融资体制改革不断取得新突破,市场能量得到强有力释放,并卓有成效地推进经济转型升级。2013年5月,国务院批转国家发展改革委《关于2013年深化经济体制改革重点工作的意见》强调,投融资体制改革方面,抓紧清理有碍公平竞争的政策法规,推动民间资本有效进入金融、能源、铁路、电信等领域。7月,发布《关于金融支持经济结构调整和转型升级的指导意见》,明确提出尝试由民间资本发起设立自担风险的民营银行。8月国务院发布《关于改革铁路投融资体制加快推进铁路建设的意见》,强调多方式多渠道筹集建设资金,以中央财政性资金为引导,吸引社会资本投入,设立铁路发展基金,同时向地方和社会资本开放城际铁路、市域(郊)铁路、资源开发性铁路等的所有权和经营权。9月国务院印发《关于加强城市基础设施建设的意见》,强调深化投融资体制改革,在确保政府投入的基础上,充分发挥市场机制作用,吸引民间资本参与经营性项目建设与运营。2014年,在经济增长下行压力加大,以往的投融资经济发展模式难以持续的情况下,2014年10月国务院常务会议决定进一步创新重点领域投融资机制,大力创新融资方式,积极推广政府与社会资本合作(PPP)模式,使社会投资和政府投资相辅相成,为社会有效投资拓展更大空间。这一改革显然有助于弥补市场对未来预期的不确定性,尤其是在近年来经济形势不断下滑的情况下,有利于进一步激发微观主体投资活力,形成政府、企业、社会资本多元投入格局,加快补上经济社会发展的短板、拉动有效投资,同时还有利于改善民生、推动创新创业,发挥一箭双雕的作用,继续保证新常态下我国经济社会的稳定发展。

5. 对外贸易制度创新

经济体制改革以来,我国在对外经贸制度方面走出了一条成功的渐进式梯度开放的道路,实现了从闭关锁国到利用"两种资源、两个市场"全方位对外开放的历史性转变,对外开放经济体系逐步完善。

(1)统一认识,对外开放(1979—1983年)。党的十一届三中全会到1983年,我国关于对外经贸制度的创新首先在思想上形成了改革开放、积极参与国际分工的共识,修正了以往闭关锁国、独自搞经济建设的经济发展战略,确立了利用国外可利用的资源来推动我国社会主义经济建设的经济发展思路,鼓励外商来中国投资,兴办企业。

(2)发展经济特区,"四沿战略"逐步开展(1984—1998年)。1984年2月,邓小平在肯定了经济特区的重要作用的基础上,作出了扩大经济特区范围的指示。之后,辽东半岛、山东半岛、海南、上海浦东新区等地区先后实行经济技术开放区和某些经济特区的政策。随后,中央又系统地提出了对外开放的"四沿战略",即沿海,是指侧重发展从渤海湾到北部湾的整个沿海地区;沿边,是指重点发展新疆、内蒙古和黑龙江的边境地区,开通通往南亚和东南亚的商路;沿江,是以浦东开发为龙头,着重推动重庆以下长江流域地区的开发开放,以此贯通东西,辐射南北;沿桥,是指作为连接欧亚"大陆桥"的一部分,在中国境内从东边的连云港及其他港口到新疆阿尔泰山口的这段铁路的沿线地区。经济特区面积和开放力度日益扩大,逐步形成了"多层次、有重点"的对外经贸开发格局。

(3)全方位对外开放格局形成(1999年至今)。随着对外开放力度的不断扩大,在比较优势理论基础上,国外市场资源和要素逐渐被引进来。2001年底,中国加入世界贸易组织,这是中国政府面对经济全球化的一个战略决策,使中国经济的运行环境将会更加公开、公正、法制化,为中国融入全球经济一体化打开了大门。2010年中国—东盟自由贸易区的全面开放,区域经济一体化格局更加明显。自党的十七大把自由贸易区建设上升为国家战略后,十八大提出要加快实施自由贸易区战略,十八届三中全会进一步提出要以周边为基础加快实施自由贸易区战略,形成面向全球的高标准自由贸易区网络,自贸区建设步伐显著加快。自2013年上海自由贸易区挂牌运营,成效显著后,我国加紧了对第二批自由贸易区的筹划工作,2014年底,广东、福建、天津三地自贸区得以批复。伴随着科技兴贸政策的推行、开放型产业经济的进一步发展和全球化进程步伐的加快,我国"走出去"与"引进来"战略全面开展,全方位对外开放格局形成,对外经贸制度与政策日臻完善。

(三)微观经济制度创新

在微观经济制度创新方面,主要开展了产权制度改革,初步构建了现代企业制度,并对国有经济的经营范围进行战略调整;在"三农"领域,继续推进"三农"改革,推进城乡一体化发展;在市场经济秩序方面,加大相关法律法规的建设,努力营造良好的市场经济氛围。

1. 国有企业制度改革

在我国的社会主义市场经济建设和改革开放过程中,国有企业的改革以及国有经济的战略性调整先后经历了放权让利、制度创新以及全面推进现代企业制度等阶段。

(1)放权让利,国有经济的战略性调整。1979 年 7 月,国务院通过文件的形式扩大了企业自主权的范围。1983 年实施了"利改税",推行放权让利。1984 年,股份制改革开始试点,政企分开、所有权和经营权分离的改革开始实施,国企向市场主体转变,国企改革向独立经济主体改变。1986 年,国务院发文全面推行《厂长经理责任制》,国家全面推行放权让利,国有企业开始探索实施多种形式的经营责任制。1987 年承包制开始盛行,到 1987 年底,全国国有大中型企业普遍实行了承包制。1992 年经历了两轮承包,98%的国有大中型企业都实行了不同程度的承包。

(2)制度创新,建立现代企业制度。1993 年党的十四届三中全会提出了建立现代企业制度的目标。1994 年选择了 100 个国有企业进行公司制改制试点。1995 年国有企业开始战略性改组与经济布局调整。党的十五大报告进一步强调要调整国有经济布局,明确指出,国有经济起主导作用,主要体现在控制力上,同时肯定了股份合作制。1996 年后,国有企业出现不同程度的亏损,为实现国企扭亏,国家采取了"债转股"方式,防范化解金融风险。2000年,最后确定了对符合条件的 580 户国有大中型企业实施债权转股权,涉及债转股总金额 4050 亿元。鉴于国有企业分布在国民经济的各个行业,战线长、分布广、经济效益低下,1999 年国家提出了国有经济的战略性调整,把国有经济定位于关系到国家命脉的以及一些公共服务行业,逐渐退出竞争性领域。同时,通过股份制改造推动企业经营机制的转换,鼓励有条件的企业上市,到2010 年底,已有 2000 多家上市公司。

(3)纵深推进,全面深化。党的十六大之后,国有资产管理体制改革进一步深化。2002 年成立了专门的国有资产管理机构,国有资产流失问题得到改善。2003 年,《企业国有资产监督管理暂行条例》等法规规章相继出台,国企兼并重组、整合纷纷开展。2002—2010 年间,国资委所管辖的央企由 236 家减少到 123 家。党的十六届三中全会提出了"建立健全国有资产管理和监督体制"和"建立健全现代产权制度",明确了产权是所有制的核心和主要内容,外商资本和社会资本逐步被引进国有企业当中,产权实现多元化。"十一五"末,一批大型国企先后在境内外资本市场上市,央企中公司制企业所占比重已达 70%。十八届三中全会提出了进一步改革国有资产管理体制,强调以管资本为主加强国有资产监管,改革国有资本授权经营体制,组建若干国有资本运营公司,支持有条件的国有企业改组为国有资本投资公司;对国有企业实行分类监管,在准确界定不同国有企业功能基础上,对竞争性企业、垄断性企业辅之不同的管理,对于公益性国有企业,要通过改革加强监管的方式,成为市场经济中受专门法律约束和监管的特殊企业;对于竞争性的国有企业,要依托资本市场,发展混合所有制经济,成为市场经济中规范的公众公司。

2. 继续实施"三农"改革

农村经济体制改革是我国经济体制改革的重要组成部分,我国的经济制度改革和创新也发端于农村。我国是世界最大的农业经济体之一,2010 年我国农业增加值占 GDP 比重为 10.9%,远远高于世界 3%的平均水平。无论是改革初期还是新时期,"三农"问题始终是我国经济发展的重要问题,"三农"改革始终是我国经济体制改革的核心问题。从 20 世纪 70 年代末开始,我国一直致力于农村经济体制的改革和创新,并取得了伟大的成就,为我国农业和农村经济发展提供了体制保障,促进了农民增收。

(1)家庭联产承包责任制:中国经济体制改革的起点。以"吃大锅饭"为主要特征的人民公社制度,降低了农民积极性,农业劳动激励极其不足,严重制约了农业的生产。1982 年全国农村工作会议指出了家庭联产承包责任制在社会主义集体经济中的地位;1983 年中央明确指出家庭联产承包责任制是党领导下的全国农民的伟大创造,随后这种经济体制在全国全面推行;1991年,党的十三届八中全会提出了家庭联产承包责任制作为我国农村集体经济基本制度,并确立了"以家庭联产承包经营为基本、统分结合的双层经营体制"。通过"包产到户"和"包干到户"的制度创新取代人民公社制度,改变了农村的分配方式,有效地调动了农民生产的能动性,进一步解放了生产力,逐步解决农民温饱问题。

(2)农村流通体制改革:实现计划经济向市场经济跨越。1984 年粮食大丰收,卖粮难及"打白条"问题严重,农产品统购统销制度受到质疑。同年,逐步推行农产品流通体制改革,"双轨制"农产品价格调控机制及粮食"合同订购"制度全面开展,放开粮食销区、调整产业结构等方面的体制创新,逐步把市场机制引入农村经济体中,为农业农村市场化奠定了基础。

(3)农业产业化经营:社会主义市场经济体制的基本框架初步形成。在家庭联产承包责任制基础上,工业化、城市化、农业现代化的步伐加快,市场机制全面取代计划手段,农产品依靠市场机制的调节方式基本确立,农产品买方市场逐步形成。

(4)社会主义新农村经济建设。1998 年《关于加强农村工作若干问题的决定》提出要从政治、经济和文化三个方面建设社会主义新农村;2005 年党的十六届五中全会指出"建设社会主义新农村是我国现代化进程中的重大历史任务",并提出了新农村建设的要求。接下来的中央一号文件,都提出了农村经济体制改革的内容和方向,农村经济体制改革逐步向农村综合改革和新农村建设转变,农业税费改革、支农补贴、农村社会保障机制以及城乡统筹发展综合改革全面推行,逐步建成了"以工促农,以城带乡"的农村经济长效增长机制,推进了农村经济社会生活的全面发展。

3. 整顿市场经济秩序

进入 21 世纪后,地区或行业的行政性乱收费已经对我国国民经济的运行构成了负面影响,为保持良好的市场经济秩序,财政部在 2000 年后加大了整治乱收费的力度,以打破地区保护主义、行业垄断为重点,着力整顿和规范各市场主体的竞争行为。

信用是市场经济的宝贵资源和重要基础,良好的信用制度对于中小企业融资、发展至关重要。2001 年,国家发布了《关于加强中小企业信用管理工作的若干意见》,开启了我国企业信用体系的建设工作。2001 年 4 月,国家经贸委等 10 部委联合发布《关于加强中小企业信用管理工作的若干意见》,标志着以中小企业为主体的社会化信用体系建设开始启动。2001 年 4 月召开了全国整顿和规范市场经济秩序工作会议,颁发了《国务院关于禁止在市场经济活动中地区封锁的规定》和《国务院关于特大安全事故行政责任追究的规定》,逐步打破地区保护主义,确定了建立特大安全生产事故行政责任追究制度的重要作用。同年 5 月,国务院发布了《国务院关于整顿和规范市场经济秩序的决定》,确定了"十五"整顿市场经济秩序的主要内容,包括打击假冒伪劣、偷漏税、走私等犯罪活动,同时整顿金融市场秩序,逐步建立"全国统一领导,地方政府负责,部门指导协调,各方联合行动"的工作格局。安全生产管理,整顿和规范金融秩序,严肃经济纪律,打击走私、乱收费等工作取得了初步成效。2002 年,党的十六大提出了"健全现代市场经济的社会信用体系"的战略任务,党的十六届三中全会明确要求形成"以道德为支撑、产权为基础、法律为保障"的社会信用制度,国务院提出了"标本兼治,着力治本"的方针,指出了专项整治、诚信体系建设及法制建设的重要性,食品安全、"毒鼠强"危害、采供血液和单采血浆、知识产权保护等专项工作得到整治,法律法规进一步健全。据统计,2001 年以来,共制定和修订了与市场经济秩序有关的法律16 部、行政法规 45 个。2004 年,商务部等 7 部门联合下发了《关于清理在市场经济活动中实行地区封锁规定的通知》,有效地打击了地区封锁。2005 年,国家发展改革委员会大力整治了价格和收费秩序,价格监督进社区活动积极推进,同时印发了《进一步推进经营者价格诚信建设工作的意见》,编制了《2005—2007 年整顿和规范市场价格秩序工作规划》,价格诚信建设进一步推进,市场价格秩序进一步整顿、规范。2006、2007 年,围绕提高食品安全水平、强化知识产权保护、严厉打击传销活动及各种商业欺诈行为,市场监管的法律体系和执法体制进一步完善。2009 年,我国建立了全国整顿和规范市场经济秩序部际联席会议制度,提出了打击借"家电下乡"等名义制售假劣产品专项整治,建立了开展整规工作长效机制,对加快形成统一、开放、规范、有序的现代市场体系发挥了重要作用。

在党的十六大、十六届三中全会明确了社会信用体系建设的方向和目标后,2007 年全国金融工作会议进一步提出,以信贷征信体系建设为重点,全面推进社会信用体系建设,加快建立与我国经济社会发展水平相适应的社会信用体系基本框架和运行机制。十八届三中全会又进一步提出"建立健全社会征信体系,褒扬诚信,惩戒失信"。为了贯彻落实党的十八届三中全会关于"建立健全社会征信体系"的要求,配合《征信业管理条例》实施,当年人民银行颁布实施了《征信机构管理办法》,对征信机构的设立条件、征信机构退出征信市场进行了规范。2014 年国务院又下发了《社会信用体系建设规划纲要（2014—2020）》，旨在加快建设社会信用体系，构筑诚实守信的经济社会环境，把诚信建设贯穿于经济、政治、文化、社会和生态文明建设的全方位，以增强全社会诚信意识，改善经济社会发展信用环境，构建经济社会发展良好秩序。

二、经济体制创新的主要特征

（一）制度创新的内生性与供给的滞后性

经济体制创新从表面上看是创新主体的推动所致，但从本质看制度创新源自经济生活对经济体制的内在需求，是人们出于环境压迫而不得不改变原有制度，是人们面对外部压力的一种本能反应。很明显，制度作为一种公共物品，如果在现实的经济生活中对它没有广泛而强烈的需求的话，没有人会主动进行制度变革和创新，在这种情况下，推动经济社会发展的制度变迁不可能发生。一个明显的例子是：我国的家庭联产承包责任制改革源于农村经济发展的需要，源于农民进行正常生活的需要，这种制度需求是当时经济社会发展的一种内生需求，而非外力使然。国有企业的改革以及我国国有经济的战略性结构调整，也都源于我国国有经济中长期存在着许多无法解决的问题。

一般来说，有需求就应有供给，供需基本能够实现同步。但在制度变革中，制度的供给和需求往往是不同步的，制度供给滞后于制度需求的情况比较常见。新制度经济学认为这是由于制度变迁的独特属性决定的，制度变迁主体之所以有动力进行制度变迁，乃是缘于制度变迁所带来的收益。通过制度变革和创新，能够使潜在的制度变迁收益显性化，但是这个过程往往要经过制度创新认知、识别、实施等步骤，必然要经历一个相对长的过程，制度供给滞后不可避免。此外，其他一些因素，比如人们对制度创新收益的识别、既得利益集团对制度创新的阻挠以及意识形态约束都会影响制度供给，这些因素交叉在一起不可避免地导致制度供给滞后。

（二）创新目标的动态性与过程的渐进性

制度创新目标具有明显的动态性特征。源自 20 世纪 70 年代末 80 年代初的经济体制改革，初期并没有一个非常明确的、一成不变的改革目标。改革传统计划经济体制已势在必行、深入人心,但进行什么样的创新、如何进行制度创新,却没有明确的规划,只能"走一步,看一步""摸着石头过河",而随着客观环境的变化,制度创新的目标也要相应的调整和修正。

制度创新是一个"试错"的过程,也是一个不断学习的过程。学习过程的缓慢性和渐进性,导致了以学习为基础的制度创新的过程也必然具有渐进性的特征,学习的进程必然要影响到制度创新的进展。在我国经济转型过程中,随着市场规模的扩大以及市场交易活动的日趋复杂,在我国市场经济体制还不是很完善的情况下,经济社会运行中难免会出现许多新的问题,很多问题也需要不断学习、不断总结,这在一定程度上制约了新的制度安排。新的制度安排往往是利益集团间互相博弈的结果,博弈的核心在于利益分配。在这种情况下,以利益分配、冲突调节为主要内容的制度变革与创新只能采取循序渐进、先易后难的办法,而这在客观上延缓了我国制度创新的进程,强化了我国经济发展中制度创新的渐进性特征。

（三）自上而下与自下而上相结合的创新模式

从表面来看,我国经济转型过程中的制度变迁是一种诱致性制度变迁,制度创新和调整缘于经济社会发展的需要,是市场主体面对外部压力的一种反应。从这个角度看,制度创新都是从那些危机发展程度比较深的地方开始的,"变则有可能生,不变则很可能死"。显然,以这些方面的制度调整作为制度变迁的切入点,变革的阻力较小,成本也会相应较低,制度创新具有较高的收益,有利于制度创新的顺利推进,也比较容易获得良好的制度创新绩效。农村家庭联产承包责任制是典型例子,由于制度创新前的农业经济体制存在严重弊端,并且经过多年积累、矛盾比较尖锐,此时进行制度创新能够获得较高的潜在的外部利润。同时,农村远离城市、比较分散,即使失败了对经济社会的影响也相对城市变革来说要小很多,所以率先在农村进行改革,事实证明这样的改革顺序是正确的。

但进一步来讲,我国经济体制改革的成功并不能完全归功于诱致性制度变迁,而是诱致性制度变迁和强制性制度变迁两种制度变迁模式相互结合、共同发挥作用的结果。经济体制改革是整个社会经济制度结构的变革和调整,会对整个社会的经济秩序、生活方式产生广泛而深刻的影响,在这样一个复杂而又艰巨的制度变革中,仅靠需求拉动的诱致性制度变迁无法满足经济社会发展对制度变革的要求。而政府在充分发挥人民群众在制度变革中的主动性和积极性的同时,政府对制度变革的引导、支持和确认不仅可以避免局部改革而带来的政治、经济、社会秩序的混乱,减少制度变革的盲目性,还有效减少了制度变革的阻力,加快了制度变革和创新的推进步伐。实践证明,"局部实验,成功之后全国推广"的制度变迁模式,能够减少我国经济发展中制度变革的弯路,有利于降低制度变迁的组织成本和实施成本。

(四)从单项制度突破到全面制度创新推进

中国经济体制改革之初,制度创新更多体现为相互独立的制度安排,这阶段的制度变迁较少考虑不同的制度安排之间的相互关系,而更多的是以一种制度改良的形式出现,制度变迁并没有触及当时制度基础的核心。随着社会主义经济体制的明确,制度变迁呈现整体推进的态势,我国 1994 年开始的财政制度改革、基本税收制度改革、金融管理制度改革以及和现代企业制度改革,都意味着我国的社会主义市场经济体制改革已经从单项的、局部的改革向整体的、全局的制度创新推进。此时的制度变革更多考虑了各项经济制度之间的内在联系,制度创新主体是中央政府,而非基层的个人和团体。与改革之初的制度改良相比,这阶段的制度创新较少包含继承性,更多的是制度适应性移植和创新。

三、经济体制创新的主要成就

(一)经济总量

1978 年,我国国内生产总值只有 3645 亿元,在世界主要国家中位居第十位。人均国民总收入仅 190 美元,位居世界低收入国家行列。然而,改革开放后,在"三步走"伟大战略目标正确指引下,在党的领导下,我国社会主义市场经济建设取得了突出成就,国民经济连续实现了 30 多年近 10% 的高速增长,2013 年经济总量高达 9.18 万亿美元。

经济总量连上几个大的标志性台阶。2010 年,我国经济总量超过日本,成为世界第二大经济体,如图 2-2 所示;经济总量占世界经济的份额也由

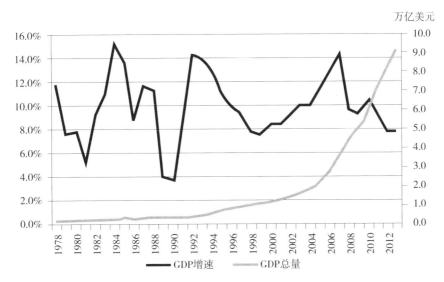

图 2-1 改革开放以来我国 GDP 总量与增速变化情况

数据来源:世界银行官网。

1978 年的 1.8%提升到 2013 年的 10%左右;2013 年,我国对外贸易进出口总额 4.16 亿美元,超越美国成为世界第一大贸易国,贸易总额约占全球的 12%,为全世界 120 多个国家的第一大贸易伙伴。

在经济总量快速增长的同时,人均国民总收入也实现了同步快速增长,由 1978 年的 190 美元上升至 2012 年的 5680 美元。按照世界银行的划分标准,我国已经由低收入国家跃升至世界中等偏上收入国家行列。经济快速发展和规模扩大的同时也带来了国家财力的增加,我国财政税收连续多年实现了 20%以上的增长速度,2013 年全国财政收入总额近 13 万亿。显然,国家财力的增加对促进经济发展、切实改善民生、有效应对各种风险和自然灾害冲击提供了有力保障。此外,随着我国对外经济贸易的发展壮大,经常项目贸易盈余不断积累,外汇储备短缺迅速成为历史,继 1990 年外汇储备超过百亿美元、1996 年超过千亿美元之后,2006 年我国外汇储备突破万亿美元,达到 10663 亿美元,超过日本位居世界第一位。截至 2014 年 3 月底,我国外汇储备余额为 3.95 万亿美元,稳居世界第一,占全世界外储总量的 1/3,是世界第二名日本外汇储备的 3 倍多。

万亿美元

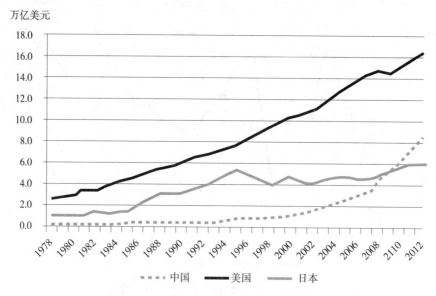

图 2-2　中国、美国与日本 GDP 总量比较

数据来源:世界银行官网。

(二)产业发展

改革开放后,我国经济社会围绕发展这一主题,以结构调整为抓手,在两者的互动中实现了三次产业结构的不断优化,促进了工业和农业结构的升级,基本实现了由工农业为主向一、二、三次产业协同发展的转变,工业、服务业得到了较快发展,并逐渐取代农业成为国民经济的支柱产业,如图 2-3 所示。在 1978—2013 年间,第一产业年均增长 4.6%,第二产业增长 11.4%,第三产业增长 10.8%。从构成看,第一产业所占比重明显下降,第二产业所占比重基本持平,第三产业所占比重显著上升。其中,第一产业所占的比重从 1978 年的 28.2%下降到 2013 年的 10.0%,下降了 18.2 个百分点;第二产业所占比重由 47.9%下降为 43.9%,减少 4 个百分点;第三产业所占比重由 23.9%上升为 46.1%,上升 22.2 个百分点,现代经济的结构性特征越来越明显。

三次产业就业结构也发生了明显的变化。伴随着经济结构的大调整,70%的就业人口从事农业的局面有了很大的改观,相当比例的人口转而从事工业和服务业。其中,第一产业就业人数占总就业人数的比重由 1978 年的

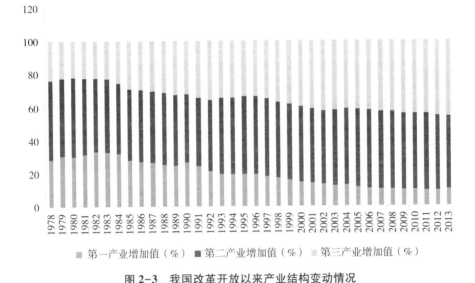

图 2-3　我国改革开放以来产业结构变动情况

数据来源:中国统计年鉴。

70%下降到 2012 年的 35%左右,下降了近 35 个百分点;相比之下,第二产业上升了 12 个百分点,第三产业就业人口所占比重上升更为显著,由 12.2%上升至 36.1%,上升了约 24 个百分点。尤其是在第三产业,一方面交通运输、批零贸易、餐饮等传统服务业的长足发展,为增加就业、方便群众生活发挥了重要作用。另一方面,为适应工业化、城镇化、信息化、全球化的需要,金融保险、房地产、信息咨询、电子商务、现代物流、旅游等一大批现代服务业的加速发展,大大提高了我国服务业的整体质量和水平。

三次产业的发展,大大提升了我国商品和服务的供给能力,使我国在较短时间内实现了从短缺到总体基本平衡的根本性转折。农产品供给能力稳定提高,粮食生产历史性地实现了连续十年增长,稳定在了万亿斤的规模上;工业经济实力显著增强,目前工业产品产量居世界第一位的有 220 多种,其中,粗钢、煤、水泥产量已连续多年稳居世界第一;服务业稳步发展,在 2013 年迎来了重大转折,服务业对 GDP 增长贡献首次超过工业,占比近半,标志着我国经济行将迈入"服务化"时代。

（三）自主创新

随着我国科教兴国战略的提出,国家逐渐加大了对科技创新的支持力度,财政支出中对科技的投入逐年增加,连续 20 多年来保持平均 20% 以上的增幅,远远高于同期美国、日本 5% 左右的平均水平,如图 2-4 所示。其中,2013 年全社会研发投入高达 11906 亿元,超过当年 GDP 的 2%,在全国从事科技活动人员中,科学家和工程师所占比重也由 1991 年的 70.3% 提高到 2013 年 85% 左右,增加了近 15 个百分点,成为世界第二研发投入大国。

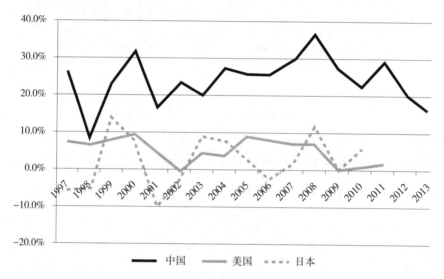

图 2-4　中国、美国、日本研发投入增速比较

数据来源:世界银行官网。

经过多年积累,我国基础研究得到长足发展并进入跃升期,开始了从量的扩张向质的提升转变,在一些重点领域和尖端领域涌现出了一系列有着深远影响的重大成果。在航天科学领域,我国不仅掌握了卫星回收和一箭多星等技术,还实现了载人航天、"嫦娥"探月等工程的重大突破,标志着我国航天成功跨入了深空探测的新领域。在信息技术领域,银河系列巨型计算机研制成功,纳米电子学超高密度信息存储研究获突破性进展,蛟龙号实现了 7000 米的载人深潜,为我国海洋战略的整体推进奠定了有力支撑。在生物科学领域,解决了亿万人吃饭问题的杂交水稻技术取得重大突破,首次完成水稻基因图谱的绘制,完成人类基因组计划的 1%基因绘制图,首次定位和克隆了神经性高频耳聋基因、乳光牙本质Ⅱ型、汉孔角化症等遗传病的致病基因,体细胞克隆羊、转基因试管牛以及重大疾病的基因测序和诊断治疗技术均取得突破性进展。在交通运输领域,大飞机研制进展顺利,轨道交通技术整体水平跃居世界前列,高速铁路营运规模超过 1 万公里,高居世界首位。

(四)走出去战略初见成效

推动企业以对外投资、对外经济技术合作等多种方式走出国门,是我国"走出去"战略的主要内容,也是我国充分利用"两个市场、两种资源",实现经济社会可持续发展的重要举措和途径。

在我国改革开放的前 22 年,即 1979 年至 2000 年,我国的对外开放政策是以吸收、利用外资为主,很少进行对外投资。在那一时期,我国共吸收外资3483.6 亿美元,我国企业对外投资却不足 300 亿美元,二者之比重为 11.61:1。进入 21 世纪后,我国调整了对外开放政策,提出了鼓励内资企业"走出去"的发展战略。受此影响,我国从 2001 年至 2010 年共吸收外资 7594 亿美元,对外投资 2592 亿美元,二者之比重缩小为 2.93:1。2010 年 10 月,党的十七届五中全会进一步提出了"加快实施'走出去'战略"的任务,并明确提出了实行"吸收外资和对外投资并重"的方针。我国对外开放政策的这次重大调整,标志着我国对外开放进入了一个新阶段。从 2011 年开始,我国吸收外资与对外投资的比重,发生了显著的变化。2011 年,我国吸收外资 1240 亿美元,对外投资 650 亿美元,二者的比重缩小为 1.91:1。2012 年,我国吸收外资 1117亿美元,对外投资 878 亿美元,二者的比重为 1.27:1,二者已接近于实现相对平衡。2013 年,我国吸收外资 1239 亿美元,对外投资 902 亿美元,二者的总量差距进一步缩小,如图 2-5 所示。截至 2013 年底,我国已有 1.53 万个内资企业到境外投资,设立了境外企业 2.54 万个,分布在全球 184 个国家和地区。对外投资存量达到 6604.8 亿美元,全球排名第 11 位(前 10 位是美国、英国、德国、法国、中国香港、瑞士、荷兰、比利时、日本、加拿大)。

在对外投资规模不断加大的同时,对外投资领域也在不断拓宽。经过多年发展,我国企业对外投资层次和水平不断提升,并呈现出市场多元化发展态势,

单位：亿美元

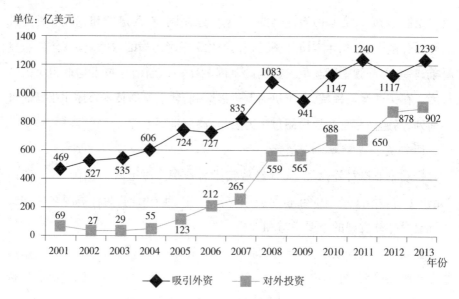

图 2-5　我国吸引外资与对外投资情况对比

数据来源：中国统计年鉴。

目前已覆盖全球 170 多个国家和地区,投资方式也由单一的绿地投资①向跨国并购、参股、境外上市等多种方式扩展,一批境外研发中心、工业产业集聚区逐步建立,境外经济贸易合作区建设取得重要进展。在行业拓展方面,除了在采掘业、制造业和商务服务业继续加大对外投资外,金融业也开始了境外投资试点。截至 2012 年底,中国工商银行等五大国有商业银行海外总资产突破 5 万亿元,在美国、日本、英国、澳大利亚、俄罗斯、巴西等多个国家和地区设有营业机构。

第三节　21 世纪经济发展中的新难题——转变经济发展方式

一、以人为本的发展理念对转变经济发展方式的要求

经济学是研究资源如何配置的学科。生产、分配、交换和消费是存在人类

---

①　绿地投资又称创建投资,是指跨国公司等投资土体在东道国境内依照东道国的法律设置的部分或全部资产所有权归外国投资者所有的企业。

社会发展过程中人与人之间的基本经济关系,人们经济活动开展无法脱离以人力、物力、财力等为主要内容的经济资源。人们对财富的追求没有休止,因此满足人们日常生活所需要的产品和劳务也不可避免"短缺"。资源短缺既表现为绝对短缺,又表现为相对短缺。绝对短缺具体表现为相对于人们对物质产品和劳务的总需求来说,资源的供给存在总量或结构不足。相对短缺表现为经济资源在全世界不同的国家和地区,或在社会的不同群体和组织之间分布失衡,造成了资源的相对稀缺。当前自然资源短缺越来越明显,已经逐渐发展成为一个全球性的难题,而在资源稀缺的情况下,如何通过资源配置方式的改进、资源配置效率的提高来满足更多的人的需求,提升整个人类的社会福利水平是一个重要的课题。

人们关注经济效率的改善不应该仅仅局限在资源配置层面上,还应该关注人自身的生存和发展,经济发展必须充分考虑人的物质、精神、社会、政治等方面的诉求,在创新经济发展模式时坚持以人为本,努力解决资源有限性与人类需求无限性的矛盾。这种模式的演化与创新,在经济学理论上体现为经济的增长与发展问题。虽然二者都将物质财富的创造作为经济活动的重要目标,但发展相对增长来说还有更为丰富的内涵,发展要以必要的经济增长为基础,它涵盖了经济结构的改善、经济增长质量的优化以及人自身素质的提高和生活质量的改善。可以看出,经济发展对经济增长不仅有量的要求,而且更加重视经济增长的质的改善。以发展观念作为导向的经济活动目标是多元化的,它不仅仅追求物质财富的增长,还要充分考虑经济增长的外部性问题以及人的价值实现以及发展问题。

以人为本是经济发展的目标和核心,经济发展最终是为了实现人的自由发展。将人的发展与经济相联系的思想由来已久,早期的经济学家如亚当·斯密、马歇尔等虽然注意到了人力资本的投入对经济发展的作用,但囿于资产阶级的偏见,他们更多地从资本、利润的角度来看待对人的投资,把人力资本等同于物质资本,而忽视了人的自由发展,从根本上与经济发展的以人为本相背离,也不可能揭示出人在转变经济发展方式中的主体地位和作用。关于人在转变经济发展方式中的主体性地位,马克思首先进行了理论研究,他认为人力不应像机器原料一样在经济发展中被贬损,而应该随着经济的发展日益壮大,经济发展是手段,人的发展才是人类开展经济活动的最终目标。基于这样的认识,马克思人类社会的发展概括为三种形态:人们之间相互依存依赖的关系,这是人类最初的社会形态,此时的人类缺乏自由,生存和发展空间极为狭小。而第二种形态是人们基于物质的依赖,在这种形态下,人们在追求物质增长的过程中形成了普遍而广泛的交换关系,此时的人已具有了较大的独立性和自由。马克思所说的第三种形态是指建立在个人全面发展基础上的生活状态,经济社会的发展充分考虑人的需要以及自身的发展,以人为本是这种形态下经济发展的首要原则。这一理论本身为日后经济学发展作出了重要的贡献。诺贝尔经济学奖得主阿马蒂亚·森将对人的发展从经济学的角度进行了研究,构建了以人的自由发展为核心的全新的经济理论研究框架,认为经济社会的发展要以实现人的完全自由为主要目标,经济发展应该有助于实现人类的彻底解放,有助于社会公平的实现,有助于人类摆脱贫困、歧视和压迫的困扰,有助于全面提高社会福利和社会的保障能力,最终实现使人们能按照自己的意愿来进行生活,而不能仅仅追求物质产品在数量上的增长。通过大量的研究,他还分析了发展中国家面临的重大问题并提出了相应的对策和实现路径,强调了国家和政府应该在公共服务领域承担更多的社会责任,人们进行社会交往和开展经济活动应该以人的发展作为主题。阿马蒂亚·森的经济发展理论告诉我们,经济发展方式的转变要以人的发展为基础,人的发展也是转变经济发展方式的出发点与核心。

二、制度创新绩效边际递减对转变经济发展方式的要求

改革开放后,为进一步推动国民经济发展,我国对原有计划经济制度进行了较大的调整和创新,这些调整和创新对促进我国经济社会进步、满足人民群众基本衣食住行问题功不可没。但应该看到,这些制度创新更多是一种过渡性的制度安排,受制于既定社会背景和政治经济条件的制约,是一种不彻底的制度变革。因此,随着制度运行环境变化、市场机制逐步完善,经济发展由资源约束转向资源与市场的双重约束,这些曾经发挥过巨大作用的制度安排,对经济发展所释放的活力日趋衰弱,制度创新的边际效率越来越小,有的甚至已

逐步成为经济进一步发展的瓶颈。一般来说,制度创新的绩效具有一定的时间效应,新制度只能在一定时间和特定环境内发挥作用,并且其制度效率随着时间的推移呈递减趋势。在制度创新达成既定任务后,制度供需达到了新的均衡,此时的制度创新效率已释放完毕。制度创新已不再具有额外收益时,标志着本轮制度创新周期的结束,并酝酿新的一轮制度变革与创新,此时如果中断制度创新,则经济难以实现可持续发展。

制度作为约束人们行为的规范和准则,通过发挥降低交易费用、提供激励与约束机制等作用,提高经济资源的质量,优化资源配置,提高经济社会的运行效率。在布罗姆利制度创新模型中,制度创新的形成过程可以改变人们的收入分配状况以及各市场主体的博弈均衡,实现新的资源配置机会,从而促进经济效率的提高,实现制度变革的经济绩效。制度绩效的高低取决于新的制度与市场主体相互适应的程度,在本质上制度绩效是一种"适应性效率",即制度的环境适应性对制度绩效具有重要影响。一般来说,制度变迁之初,制度安排的环境适应性较好,相对应的制度创新也具有较高的绩效。但随着时间推移,制度变迁之初的历史、技术、社会、经济环境不断发生变化,这时新的制度安排的适应性呈下降趋势,导致制度创新绩效也呈下降趋势,并随着二者矛盾的积累,新的制度安排又成为经济社会发展的阻碍。因此,从这个角度来看,制度是有生命的,具体表现为制度创新在变革之初总是充满活力,其所释放的效率较高,此时的效率曲线斜率为正,表示制度具有正的边际收益。但是,当制度创新发展到一定的阶段,制度效率曲线斜率由正转负,即意味着制度创新的边际报酬将呈递减趋势。随着时间推移,新的制度走向衰亡,这就是制度创新边际效应递减规律。

制度之所以是有生命的,具有一定的生命周期,无论从马克思主义政治经济学还是从新制度经济学都能够找出相应的解释。马克思主义政治经济学认为生产力和生产关系的相对运动导致了制度创新的阶段性特征。而新制度经济学认为,制度创新是由人推动的,人的有限理性决定了其提供的制度不可能十全十美,制度的局限性不可避免,也就是说任何初始有效的制度均存在改进的余地和进一步创新的空间。此外,作为具有适应性效率特征的制度绩效的释放首先取决于制度需求者的接受和适应程度,从供需角度看,可以把这种接受和适应过程抽象为制度的消费过程。人们对于任何一种物品的消费都是具有边际效用递减的规律,因此制度也不例外,这也解释了制度创新的边际效应动态递减的特征。

在我国经济发展实践中,制度创新效应递减的例子很多,其中家庭联产承包责任制就是一个例子。计划经济使得以家庭为单位的农民生产积极性受到了重挫,严重制约着农业生产效率的提高。家庭联产承包责任制的创新,构建了与当时我国农村以手工劳动为代表的生产力水平相符合的生产关系,从制度上解决了对农业生产劳动者的激励问题,大幅提高了农业生产率。据统计,1978—1984 年间,我国农业总产值以不变价格计算年均增长 21.69%左右,这其中新制度的绩效起着至关重要的作用。但是,受制度创新效应递减规律的影响,1984 年以后,家庭联产承包责任制的制度绩效呈现明显的递减趋势,直接体现为 1984 年后农业产出增长的放缓,其中 1985—1993 年农业总产值以不变价格计算年均只增长 17.26%。此后,为了稳定家庭联产承包责任制的改革成果,我国对农村土地经营机制进行了调整,但由于这种制度创新只是对既有制度的修修补补,只是在家庭承包责任制的"边际"上进行调整,没有触及其家庭承包经营的内核,家庭联产承包责任制的制度创新效应递减规律仍然在发挥作用。在这种情况下,由于广大农村在生产经营方面缺少像家庭联产承包责任制这样的重大制度创新,农村经济的发展十分缓慢,1994—2000 年农业总产值以不变价格计算年平均只增长 12.62%。随着我国加入 WTO,农业必然要受得国际先进生产力的冲击,必须根据新的经济形势和农村生产生活实际情况,对既有土地经营制度进行创新,适应现代化农业的发展要求,推动农村劳动生产力的发展,2002—2008 年间农业总产值以不变价计算年均增长 14.69%。在城市改革中的一系列制度变革也呈现出制度绩效递减的趋势。如国有企业改革中先后采取的"放权让利""承包经营""股份经营""建立现代企业制度"等,都在当时历史环境下发挥了一定的作用,但由于这些改革大多不彻底,因此其制度绩效的释放有限,很快就陷入了制度绩效递减之中。

这种制度绩效的边际递减效应同样体现在环境变化当中。经过 30 多年的高速经济增长,我国经济发展的环境已经发生了许多重大变化,资源短缺、原材料价格上涨、劳动力和土地资源无限供给的局面面临终结,以劳动密集型为主导的出口导向的生产模式,日益受到国外市场萎缩、全球生产能力过剩以及其他发展中国家更低廉价格的冲击和双重挤压。在新的形势和环境下,过去有效的经济发展制度变得呆板,制度绩效大不如前,某些制度甚至已成为经济发展方式转变的障碍。鉴于此,为更好地应对变化了的国内外环境,我国的经济发展方式必须进行转变,进行制度创新,从要素租金驱动转向创新租金驱动,进行新一轮的制度变革和创新,以便化解经济增长乏力而且缺乏可持续性等一系列难题。

三、经济社会的可持续发展对转变经济发展方式的要求

我国经济发展方式转变,从本质上看是实现经济增长的政府主导向市场主导转型。这是因为改革开放以来,政府主导经济增长的弊端已日趋明显,对经济社会的发展制约越来越明显,对我国经济社会的可持续发展构成了严重的威胁和挑战。

（一）投资效率对转变经济发展方式的要求

新古典理论重视经济增长中资本积累问题,认为经济增长可以通过资本积累予以解决。改革开放以来,我国注重发挥资本积累在经济增长中的作用,经济总量迅速提高,已跃居世界第二。可以说,依靠高投资率驱动的经济增长模式在特定的阶段内是合理的,投资具有较高效率,但由于资本边际效率递减规律的存在,投资效率曲线的斜率不可能永远向上,迟早会面临效率拐点问题。改革开放以来,虽然我国的国内生产总值平均以每年 10%左右的速度递增,但同期的国家固定资产投资却以每年 22%以上的速度递增,高出 GDP 增速的一倍以上,我国投资效率低下的问题比较严重。[1] 表 2-1 反映了 1980 年到 2013 年我国的投资与 GDP 增长对比情况。从投资与国内生产总值关系来看,转轨以来,我国的投资以年均 20%以上的速度增长,其中 1993 年达到最

---

① 参见杨圣明:《转变经济发展方式的难点与对策》,《时代经贸》2011 年第 8 期。

高,为61.8%,至2013年达到19.6%;投资占GDP的比重逐年上涨,尤其2001年以来快速上涨,每年均超过35%,至2013年达到最高,为76.7%。

表2-1　1980—2013年我国GDP与投资情况

年份	GDP总额	GDP增长率	投资总额	投资增长率	投资/GDP	年份	GDP总额	GDP增长率	投资总额	投资增长率	投资/GDP
1980	4545.6	7.8	910	—	20.0	1997	78060.9	9.3	24941	8.8	32.0
1981	4889.5	5.2	961	5.5	19.7	1998	83024.3	7.8	28406	13.9	34.2
1982	5330.5	9.1	1230	28.0	23.1	1999	88479.2	7.6	29854	5.1	33.7
1983	5985.6	10.9	1430	16.2	23.9	2000	98000.5	8.4	32917	10.3	33.6
1984	7243.8	15.2	1832	28.2	25.3	2001	108068.2	8.3	37213	13.0	34.4
1985	9040.7	13.5	2543	38.8	28.1	2002	119095.7	9.1	43499	16.9	36.5
1986	10274.4	8.8	3120	22.7	30.4	2003	135174.0	10.0	55566	27.7	41.1
1987	12050.6	11.6	3791	21.5	31.5	2004	159586.8	10.1	70477	26.6	44.2
1988	15036.8	11.3	4753	25.4	31.6	2005	183618.5	10.2	88773	26.0	48.3
1989	17000.9	4.1	4410	-7.2	25.9	2006	215883.9	12.7	109998	23.9	51.0
1990	18718.3	3.8	4517	2.4	24.1	2007	266411.0	14.2	137323	24.8	51.5
1991	21826.2	9.2	5594	23.9	25.6	2008	315274.7	9.6	172828	25.9	54.8
1992	26937.3	14.2	8080	44.4	30.0	2009	341401.5	9.2	224598	30.0	65.8
1993	35260.0	14.0	13072	61.8	37.1	2010	403260.0	10.4	278121	23.8	69.0
1994	48108.5	13.1	17042	30.4	35.4	2011	471564.0	9.2	311022	23.6	66.0
1995	59810.5	10.9	20019	17.5	33.5	2012	518942.1	7.8	374695	20.3	72.2
1996	70142.5	10.0	22913	14.8	32.7	2013	568845	7.7	436528	19.6	76.7

数据来源:中国统计年鉴。GDP总额、投资总额单位为亿元,GDP增长率、投资增长率、投资/GDP单位为%。

通过比较我国投资增长速度和GDP增长速度,如图2-6所示,对比发现两者在经历了一段时间的同比增速后,投资速度逐渐高于GDP的增长速度,尤其是在2003年后,投资增长速度领先于GDP增长速度非常明显,这种增长速度的背离表明了在投资驱动的经济增长模式中,投资效率不可能永远持续走高,迟早会跃过效率拐点,进入投资效率下降区间。

用GDP增加额/投资总额的方法来核算投资效率,更容易清楚地看到我

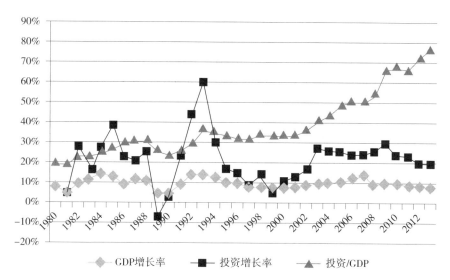

图 2-6　1980—2013 年我国投资增长率与 GDP 增长率情况

数据来源:中国统计年鉴。

国的投资效率早已进入了下降的轨道,如图 2-7 所示,我国投资效率从 20 世纪 90 年代中期开始,在波动中逐渐呈下降趋势。对 1981—2013 年投资效率进行三年的移动平均发现,我国投资效率经历了上升—下降—平缓—下降的波动趋势,但投资占 GDP 比重却是持续增长,这表明目前投资驱动的增长模式不具备可持续性。

以 2013 年为例,当年投资占 GDP 总量的比例高达 76.7%,按照一般规律,当年投资中有三分之一转化成消费,三分之二转化成固定资产,即使这样投资率依然在 50% 左右,仍高于世界主要发达国家和发展中国家的平均水平。对于高投资率带来的隐患,原工业和信息化部部长李毅中认为每年投资的增幅是 GDP 增幅的两倍、三倍,将可能进一步推动和诱发信贷扩张、赤字增加、加速卖地、债台高筑,土地财政、产能过剩这些弊端恐怕会越来越明显。

(二)经济社会结构失衡对转变经济发展方式的要求

我国已从低收入国家成为中等收入国家,如果不能转变发展方式,提高经济运行效率,势必造成经济增长乏力,落入所谓的"中等收入陷阱"。而当前经济社会运行中的结构失衡问题,尤其是投资消费结构、收入分配结构失衡已

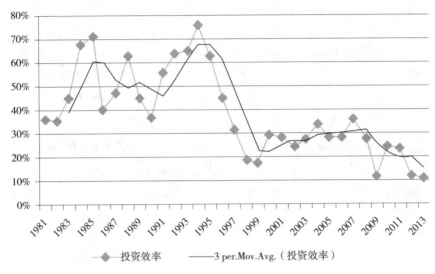

图 2-7　1981—2013 年我国投资效率变动情况

数据来源：中国统计年鉴。

经影响到了我国经济进一步发展。

从国际来看,总需求结构的内外需求结构失衡使我国经济增长受制于世界市场的经济波动,面临着不稳定和不确定因素;从国内来看,内需结构中的投资需求与消费需求的失衡,抑制了消费需求增长,致使我国居民消费需求占全社会最终消费的比重一直呈下降趋势,到2013年仅为国民经济总量的35%左右(如图2-8所示),致使消费对经济的拉动作用一直较弱。这种失衡不仅扭曲了我国国民经济结构,还对国民经济增长产生了负面影响,毕竟投资增速一旦下滑,必然会波及经济增长。以房地产行业为例,在2013年房地产市场基本实现供需平衡之后,房地产投资迎来了拐点,投资增速一直呈下降趋势。由于其关联度广,连带其他行业投资增速一并下滑,而消费需求不足以弥补投资下滑导致的需求缺口,结果只能让我国经济持续面临下行压力。

国民收入分配结构的失衡,造成了居民收入的贫富差距日趋扩大,已超过国际通用的警戒线,基尼系数一直徘徊在高位(具体情况如图2-9所示),与美国基本保持在同一水平,远远高于欧洲0.3—0.4的平均水平。收入分配失衡给经济社会的运行增加了不稳定因素,也降低了社会的消费倾向,再加上城

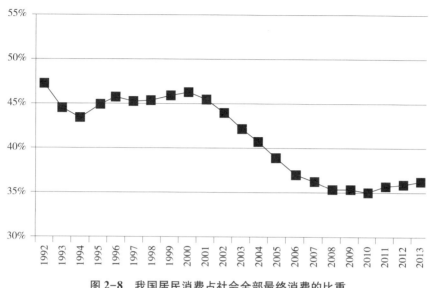

图 2-8　我国居民消费占社会全部最终消费的比重

数据来源:中国统计年鉴。

乡结构的失衡、农村居民生活水平长期徘徊不前等因素,共同导致的内需不足,使经济增长从长期看难以为继。

此外,产业结构也存在不同程度失衡,服务业比重较国际平均水平偏低,而向资本和技术密集演变的第二产业降低了就业的增长弹性,这使得国民经济增长对就业的结构性吸纳能力大幅下降。为了充分就业而加速发展第二产业对于缓解就业压力效果不明显,反而加剧了经济过热以及通胀压力,使经济增长面临"滞胀"的威胁。

国内总需求疲软,国家为了维持一定的经济增长,只能大幅增加固定资产投资需求,这一政策长期推行的结果使我国经济发展陷入了现今低物价水平下的高通胀预期、高经济增长率下的就业压力难以缓解的怪圈,现阶段宏观经济的运行始终处于一种失衡状态。而且这一失衡问题的复杂性还使得我国的宏观调控面临两难选择,导致财政政策以及货币政策不能采取简单的紧缩和扩张,否则便有高通胀和高失业率,使我国经济增长陷入衰退之虞。

(三)社会矛盾化解对转变经济发展方式的要求

改革初期,为短时期内解决庞大贫困群体、改善人民基本生活水平、迅速

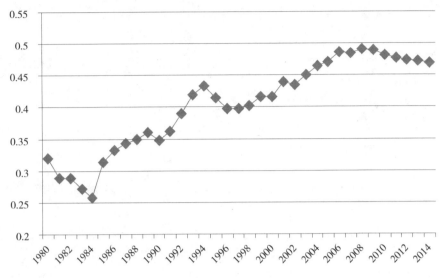

图 2-9　我国改革开放以来的基尼系数走势

数据来源：中国统计年鉴。

做大经济总量成为现实选择，GDP 增长成为经济增长的核心。但 GDP 本身只是经济增长指标，单纯追求 GDP 增长并不等于人的福利水平提高，GDP 也不能衡量一个国家和社会的经济发展、社会进步以及平均福利水平等情况，因此片面追求 GDP 的增长速度的行为带来了一些新的问题和矛盾。

唯 GDP 的增长模式对于化解我国长期以来存在的就业压力的作用越来越弱。我国劳动力资源丰富，就业压力一直是我国经济发展中的主要问题，也是宏观调控的重点目标。一般而言，如果经济增长速度显著提升，失业率就会相应下降。但进入 21 世纪后，随着我国经济高速增长，就业压力非但没有化解，失业率反而继续提高，这与我国经济发展方式密不可分。

21 世纪以来，我国工业化以及产业结构调整中出现了资本排斥劳动的现象，GDP 增长更多依赖资本而没有发挥劳动力的比较优势，直接导致了 GDP 高速增长，再考虑到每年庞大的新增劳动力数量，只能导致失业率不降反增。此外，以政府为主导、以国有经济为主体、以资源环境为代价，建立在低成本优势上的粗放型增长方式势必造成资源短缺、环境污染、增长难以为继；片面强调经济增长，使地方政府以经济增长为首要目标，弱化了政府的公共服务职能,导致公共产品供给的缺失和不足,无法解决公共治理的突出矛盾,造成了社会矛盾的不断累积和尖锐化;地方政府为维持一定的 GDP 增长速度,通过划拨土地、股权、国债等方式成立了地方融资平台,项目融资更多依靠银行贷款,巨额债务多达政府财政收入的几倍,而地方政府的财政税收、经济增长又高度依赖土地、房地产,这其中蕴含的风险不容小觑。以 2013 年为例,土地出让金、房地产五税(契税、土地增值税、耕地占用税、城镇土地使用税、房产税)、房地产企业营业税和企业所得税,累计占地方政府收入的 52.8%(如图2-10 所示)。

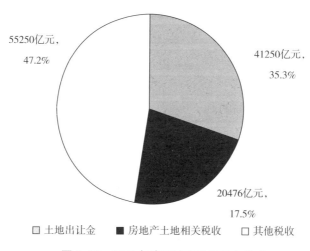

图 2-10　2013 年我国地方政府收入构成

数据来源:中国统计年鉴。

(四)我国经济安全对转变发展方式的要求

改革开放以来,尤其是加入 WTO 后,全球化对我国的工业化、市场化以及国际化进程产生了深刻的影响。毋庸置疑,外商通过投资带来硬技术即成套设备、关键设备及生产线,也带来软技术如专利技术、工业设计以及管理经验等,产生了技术外溢效应,优化了我国的产业结构,带动了我国经济增长,使我国成为世界第二大经济体。但我们也应该看到,外资凭借其资金、技术优势在市场竞争中纷纷抢占行业制高点,逐渐掌握了计算机通信技术、汽车、医疗设备、飞机制造等重要行业的控制权,在攫取高额利润的同时,也把我国民族

工业压缩到了劳动和资源密集型、低回报的加工制造业边缘。总的来讲,带来的负面影响如下:

一是市场换技术失败。外商出于维护垄断利益,保持竞争优势的考虑,严格控制先进技术对我国的输出,对我国产业发展所需关键技术进行封锁,使我国"市场换技术"成效受到严重影响,结果是市场让出了,想要的技术却未能换回。二是产业安全存在隐患。自 2003 年以来,外资企业凭借对全球产业价值链的控制权,对我国企业并购整合力度不断加大,行业市场占有率稳步提升,早在 2005 年就超过了产业安全 30% 的国际警戒线,在一些重要行业如汽车、通信技术、仪器仪表更是畸高,市场占有率普遍超过了 50%,在关键部件,如发动机、中高端芯片市场几乎 100% 为外资控制。三是出口质量亟待提高。尽管外商投资使我国产品出口实现了从初级产品为主向工业制成品出口为主的结构升级,并且出口产品中高新技术产品比重在不断加大,使我国跨入世界贸易大国行列,但我们应该看到"三来一补"的投资方式,决定了我国在全球分工中更多是组装或贴牌生产,出口产品中如果扣除进口品中间投入的话,国内增加值很低。以贴牌生产为例,国内企业仅能获得 8% 的加工费,92% 的利润为外资独占[①]。这些问题,小而言之是发展中的问题,大而言之涉及我国产业安全、经济主权,绝不容小觑。

(五)生态文明建设对转变经济发展方式的要求

随着我国人口的增加,工业化、城镇化进程的加快,经济总量的不断扩大,我国资源消耗亦呈刚性增长之势。一方面,我国重要资源人均占有量低,淡水为世界平均水平的 28%,耕地为 43%,石油为 7.7%,国内供给能力有限。另一方面,我国的资源利用效率又比较低,单位能源消耗的 GDP 产出与美国、日本等发达国家差距较大,仅为日本的 50%,美国的 70% 左右(如图 2-11 所示);单位水耗的 GDP 产出仅为世界平均水平的 1/3,资源利用低效进一步凸显了供需矛盾。

在环境保护方面,我国生态环境总体恶化趋势尚未得到根本扭转。一些

---

① 参见林珏:《中国产品国际竞争力研究》,《财经研究》2006 年第 11 期。

单位：美元/千克石油当量

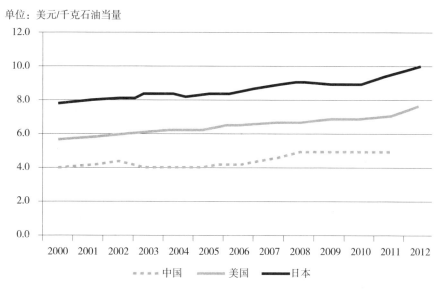

图 2-11　中国、美国、日本的单位能源消耗 GDP 产出比较

数据来源：世界银行官网。

地方生态环境承载能力已近极限，水、大气、土壤等污染严重，固体废物、汽车尾气、持久性有机物、重金属等污染持续增加。2009 年底七大水系监测显示，劣五类水质比例为 18.4%，重点湖泊中劣五类水质占 34.6%，近岸海域中四类、劣四类占 17.1%。2013 年上半年我国共出现 11 次大范围雾霾天气，20 个省份出现持续性雾霾，全国平均雾霾日数为 1961 年以来历史同期最多，74 个城市平均达标天数比例为 54.8%，超标天数比例为 45.2%，影响人口约 6 亿；酸雨面积占国土面积的 1/3，工业密集区、工矿开采区及污水灌溉区等土壤污染严重，全国约有 3 亿亩土地受到影响。除工业污染之外，在农业上也存在不合理地开发利用自然资源而造成的环境破坏、生态退化情形，比较典型的如盲目开垦荒地、滥伐森林、过度放牧等引起的水土流失、草场退化、沙漠化、生物多样性减少等人为灾害。

　　在发达国家 200 多年工业化进程中分阶段出现的环境问题在我国也都集中出现了，而且"时空压缩"的这一典型特征，使我国现今的资源环境问题更为突出。很显然，要想解决这一问题，只有加快转变经济发展方式，按照党的十八大生态文明建设要求,树立尊重自然、顺应自然、保护自然的生态文明理念,把生态文明建设放在突出地位,融入经济建设、政治建设、文化建设、社会建设各方面和全过程,不断加大环境治理力度,别无他路。

(六)复杂多变的国际环境对转变发展方式的要求

当前,我国经济社会运行中存在着一系列的突出矛盾和问题,国际上经济形势复杂多变,尤其是西方发达国家面临的经济危机使我国出口导向的外向型经济模式面临严峻挑战,这更加凸显了我国转变经济发展方式的必要性和紧迫性。随着经济快速发展,我国"刘易斯拐点"日趋临近,这意味着我国人口红利的消失。我国经济正步入高成本时代,而传统低成本扩张的条件和基础将不复存在。只不过在经济形势好时,旺盛的国际需求往往把这一问题掩盖住,而当今西方世界面临的金融危机则使这一问题暴露无遗。

2008 年国际金融危机对发达国家的经济、生活影响深刻,尽管危机中最恐慌的时期已经过去,经济下滑态势也得到一定程度遏制,但危机对发达国家的冲击远未结束。中国主要出口对象是发达国家,这种出口导向的外向型经济难免受到影响。尽管一些国家的经济开始恢复,但还面临反复的可能,国际需求存在不确定因素。虚拟经济的破灭,使发达国家在重新反思实体经济与虚拟经济的关系问题,危机之后经济发展回归实体经济是必然选择,进而会对中国部分出口产品产生替代作用,这也在一定程度上压缩了中国产品的出口空间。"随着要素租金的耗散和后金融危机时期传统产业生产能力的全球过剩,对国外先进技术的依赖和自主创新的缺失威胁着中国经济可持续发展的能力"①。此外,在经济不景气期,国际贸易争端、摩擦日趋明显,各种形式的贸易壁垒、非贸易壁垒呈现出愈演愈烈之势,作为参与国际贸易的企业,不得不拿出精力用于倾销与反倾销、诉讼与辩护的案件处理,这将导致外向型经济交易成本的大幅提高。尤其是在 2012 年,随着全球经济下行压力的增大,进出口贸易增幅进一步下滑,但中国进出口增速依然保持相对较高的水平,在这

---

① 刘刚:《中国经济发展中的涌现现象及其发展模式的形成和演化》,《经济学家》2011 年第 1 期。

种情况下,无论是发达国家还是发展中国家,出于本国就业考虑,纷纷加大了对本国进出口企业的支持保护力度,针对中国的贸易摩擦剧增,致使我国涉及贸易救济的金额猛增(如图 2-12 所示),使我国进出口面临严峻的形势。

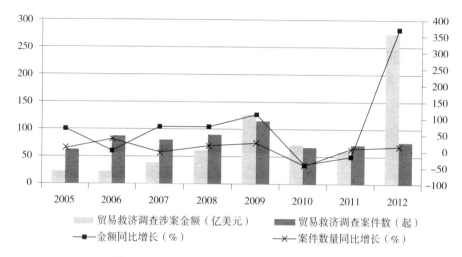

图 2-12　2005—2012 年我国贸易摩擦涉案情况

数据来源:中国海关。

毫无疑问,改革开放以来,我国紧跟全球经济贸易一体化的浪潮,抓住西方发达国家制造业大规模向第三世界国家转移的机遇,用"两头在外"的经济发展模式实现了我国经济的长期高速增长。然而当前的世界政治、经济环境已经发生了重大变化,以美国为首的西方发达国家普遍面临着实体经济不振、虚拟经济过剩的局面,全球的经济贸易增长也出现了疲软的迹象。在这种情况下,我国靠投资加出口驱动的经济发展模式已经无力再继续支撑我国的经济增长。从另一个角度来讲,我国作为一个发展中的大国,拥有全球最多的人口,如果长期把本国经济的增长建立在外部需求基础之上,很难避免外部经济波动的冲击,重大的系统性风险难以规避。

小　　结

本章介绍了我国转变经济发展方式的逻辑基础,指出了转变经济发展方式是我国经济体制改革进程中的阶段性难题。一是简要分析了计划经济产生的时代背景、主要特征、内在缺陷，指出当时计划经济选择除了受马克思主义政治意识形态信仰的影响外，还深受当时的经济社会发展状况、经济发展战略以及国际环境的制约和影响，是特定政治经济历史背景下我国经济社会发展的必然选择。二是探讨了经济体制改革、经济制度创新在经济发展中的必要性，并着重分析了我国自改革开放以来经济发展中制度创新的主要特征、成就与不足，认为我国经济体制创新的主要内容在于推进了具有中国特色的层次性的市场经济体制改革，并归纳和提炼了以基本经济制度、宏观制度、微观制度三个层面的制度安排为主要内容的制度创新。三是基于经济体制改革遇到的问题，引出了转变我国经济发展方式的命题，指出受以人为本的发展理念、制度创新边际效益递减规律、经济社会发展不可持续等因素影响，未来我国转变经济发展方式势在必行，毕竟政府主导经济增长的弊端日趋明显，对经济社会的发展制约日益严重。显然，如何发挥市场在资源配置中的决定性作用，平衡好政府与市场的关系，是今后我国转变经济发展方式面临的重要课题。

第三章 我国经济发展方式转变的 正式制度约束

第一节 转变我国经济发展方式的主要困难

很多国家经济转型、经济发展方式转变先后陷入困境或停滞状态、缺乏前进动力的事实表明,忽视对经济发展方式转变、经济转型的动力问题的研究,将会对这一具有变革性质的任务的实现产生灾难性的影响。制度创新是转变我国经济发展方式的必然选择和必经之路,研究转变发展方式的动力问题,也就是研究制度创新的动力问题,而制度创新的动力主要涉及制度供给者和需求者两方面的影响和作用。德国心理学家卢因的群体动力理论认为,在组织的变革中存在两个关键因素,一个是"外部压力情境"即制度供给动力问题,另一个是"内部激励机制"也就是制度需求动力问题,前者决定改革的走向,后者则决定改革的力度。当前,我国在经济发展方式转变过程中,主要面临着制度供给不力、制度创新需求不足、技术进步缓慢等困难。

一、制度供给缺乏压力

国家作为制度供给的主要提供者,通过制度供给促进了经济社会的快速发展,但在制度供给方面,国家并不总是有力的支持者与供给者。在发达的市场经济国家,经济社会发展是一个具有内在逻辑的自发演变过程,几乎不存在经济发展动力机制问题。而我国经济发展是一个政府主导的市场化过程,在缺乏社会和市场等外部力量的有效参与和监督的情况下,当经济发展方式转变触及其自身利益时,出于对自身利益的考虑,地方政府的职能转型以及经济发展方式转变或多或少都要受到影响,客观上削弱了制度的有效供给,影响了制度变迁进程。

新制度经济学认为,国家是在暴力方面具有比较优势的组织,国家也面临着生存发展的问题,他们与选民是一种交换关系。此外,作为国家的统治者自身也具有经济人的属性和特征,也追求自身福利或效用的最大化,国家在为公民提供基本的公共服务、界定产权等方面具有不可替代的作用。国家提供经济社会运行的基本规则具有政治和经济双重目的,一是通过在要素和产品市场上界定所有权结构,形成市场竞争与合作的运行规则,实现统治者的收益最大化;二是在上述框架中降低交易费用,使社会产出最大,使国家税收最大化。一般来说,这两个目标是一致的,但也存在冲突,这在制度变革中尤为明显。比如,在制度变迁伊始,国家会积极推进制度创新,改善当前经济社会发展中的不利状况,但是,当经济社会发展到一定阶段,制度创新和国家的政治目标发生了冲突,甚至影响到了制度供给者的自身利益。在这种情况下,国家或政府主导的制度创新便会受到影响,有可能出现停滞甚至终止,维持着一种低效或无效的制度。毕竟,对于国家推进的制度创新来说,税收最大化、政治支持都是影响制度创新的重要因素,只有推行制度创新的总收益(包括经济收益和政治收益)大于预期的总成本时,国家才会提供新制度供给,否则制度创新就会面临供给不力的局面。

在我国经济发展过程中,随着市场化进程的逐渐深入,我国社会阶层由一元走向多元,出现了新的社会阶层和利益集团,在市场机制不健全的情况下,一些利益集团对我国社会变革乃至经济发展具有重要的影响。如今,我国的制度变迁更具有"非帕累托改进"的性质,这导致新的潜在有效制度安排难以达到布坎南所言的"一致同意"原则,制度创新过程必然存在利益冲突,尤其是当制度变迁触及他们的自身利益时,他们对变革的阻挠在一定程度上使无效的制度继续存在下去,使制度变迁沿着错误的路径走下去。可见,在政府主导"非帕累托改进"的制度变迁中,处于优势地位的既得利益者,很容易出于维护自身利益的考虑,利用各种工具、手段去影响政府决策,致使制度变迁得到不同程度推迟,结果导致制度供给不足或者低效率制度供给过剩。以我国公车改革为例,自1997年广东省公车改革试点开始,迄今已有近20年的时间,尽管期间试点城市不断增加,并相继推出了一系列改革措施,对公务用车的价格、品牌、型号进行了明确,然而截止到2014年,公车改革更多的是雷声大雨点小,诸多改革相继搁浅。公车改革更多停留在温家宝总理2012年的政府工作报告中:"将严格控制三公经费,大力精简会议和文件,深化公务用车制度改革,进一步降低行政成本。"公车使用费用高、效率低、超标准配备等乱象依然存在。公车改革之所以迟迟未能取得实质性进展,应该与该项改革的"非帕累托改进"性质有关,毕竟改革会触及一大批以官员为核心的人的利益。可见,当改革触及其主导者利益时,必然会遭到反弹,除非有足够的外在压力,否则政府官员很难作出有损自身利益的改革,进行制度创新。

此外,制度供给作为一项政治任务和责任,还要受来自上级的政治压力影响,必须按照中央政府的时间表推进,否则便会受到上级批评处分,甚至影响官员的政治前途。然而,经过多年发展,我国的经济社会发展水平不断提高,一系列严重影响经济社会发展的制度已经被革新,地方政府承受的发展压力较改革之初大幅减小。当前,在我国官员任命受上级部门影响较大,政府各级官员本质上对上负责的情况下,即使经济社会发展过程存在较大制度变革需求,但是这种需求压力并不必然导致地方政府主动进行制度变革创新,毕竟推进制度创新是要冒一定的政治风险、经济风险,这客观上会导致地方政府主导的制度供给乏力。

二、制度创新需求不足

任何一项制度的有效供给都必须有相应的社会需求,无论是由供给自行创造的需求,还是需求在先,为了适应需求而提供了供给,都是如此。一般而言,现有制度安排无法使现有社会群体实现自身利益的进一步扩大,出于提高自身利益考虑,创新主体有强烈愿望去改变现有制度安排。当该群体有能力打破了既有规则,实现了制度规则的更新,并把它稳定下来,那么就诞生了新的制度。无疑,制度创新会触及某些政治经济利益集团的利益,存在着一定的风险,这种风险的大小会直接影响到创新主体的积极性和热情。

（一）外部环境对制度创新的影响

我国在转变经济发展方式提出以来取得了明显成效,但仍面临着诸多困难,这在很大程度上源于政府在转变发展方式缺乏足够的"外部压力"。我国生存危机引发的计划经济体制改革尽管发端于农村,但生存危机不仅仅存在于农村。从制度变迁动力的角度来看,这种生存危机构成了经济转型、制度创新最主要的内在推动力量。正如杨瑞龙所言,"在中国渐进式改革的初试阶段,权力中心是改革的倡导者和组织者,权力中心的制度创新能力和意愿是鉴定制度变迁方向的主导因素"。[①] 随着经济发展以及人们生活水平改善,生存危机已经基本不存在了,我国以往的经济发展所依赖的这种"内部激励机制"的作用在日渐消退,直接表现为改革精神的日渐丧失。尽管受国际金融危机的冲击和影响,我国经济发展方式问题日益突出,主要表现为能源约束从紧、环境压力增大、投资效率走低、居民消费失衡,并且中央在强调转变经济发展方式时,表示"刻不容缓",然而与生存危机相比,当前的资源、环境以及生态问题还不足以使我国经济发展方式发生革命性变革。这也从深层次揭示了尽管我国提出转变经济发展方式多年,但始终未能取得预期成效的原因。

（二）制度的公共物品属性对创新需求的影响

制度作为一种公共物品,具有典型的不可分割性、非竞争性和非排他性等特点,这决定了理性的组织或群体在公共选择的制度创新过程中,难免会出现坐享其成的"搭便车"行为,这也就比较好地解释了为何历史上基本制度结构总能保持相对稳定。因为在许多情形下,人们不愿意自己去承担制度变迁成本,而让其他社会成员从制度变迁中获利,这种制度创新报酬少于制度创新给社会带来的整体报酬,明显会削弱制度创新动力,客观上减少制度创新活动。而且,制度创新还需要支付相应的创新成本,同时还面临许多不确定性的风险,尤其是对于政府官员来说,制度创新需要打破一些现存的政治规则,或触及某些政治经济利益集团的利益,这显然存在着较大的风险,会直接影响地方

---

① 杨瑞龙:《论我国制度变迁方式与制度选择目标的冲突及其协调》,《经济研究》1994 年第 5 期。

政府进行制度创新的积极性和热情。如今,改革之所以进入了深水区,更多的是因为边缘的、风险小的、具有帕累托改进性质的改革已基本完成,余下的变革如国有产权改革、政府运行体制改革、分配制度改革和农村地权改革等受人们的认知、意识形态束缚比较严重。在这类制度改革上,地方政府出于自身利益考虑,无疑会坚持"宁左勿右""宁降低经济增长速度也不犯政治错误"等原则,严格根据中央的政策和法律来办事,不会越雷池半步。在这种情况下,创新群体出现拒绝支付创新成本、坐享别人制度创新成果的现象也就不难理解了。地方政府从制度创新主体地位上的退出,无疑会影响制度创新的动力。

（三）制度需求差异对制度创新动力的影响

在我国经济发展的制度创新过程中,制度需求主体的多重性、制度收益的不确定性以及制度创新的机会成本的差异都会导致制度需求的程度不同。从理论上讲,淘汰落后产能、提高工业生产中的技术含量是转变发展方式的应有之举,其长远意义以及正确性毋庸置疑。但目前我国以 GDP 增长为核心的考核机制以及相对较短的官员任期限制,使政府官员无法承受任期内 GDP 增速的放缓甚至下滑,而且也难以见到科技创新投入的成效,如果真正淘汰落后产能、加大科技创新投入,对于自己很可能没有明显益处。尽管中央政府从转变经济发展方式预期中能获得比较多的潜在收益,比如经济收益和社会稳定收益,但地方政府在目前的任命和考核机制下,很难和中央政府在转变经济发展方式方面作出一致性的选择,不可避免地在制度需求上出现差异甚至冲突。制度需求差异和冲突的存在使政府在转变经济发展方式问题上不但难以形成合力,很多时候还会彼此互相掣肘,这无疑加大了转变经济发展方式的协调成本。显然,恰当划分中央政府和地方政府的责任、权利和义务,构建二者在经济社会发展问题上的最大公约数,是未来加快制度创新步伐的关键。

第二节　转变我国经济发展方式的主要制约因素

一、经济发展条件的限制

经济发展条件是影响经济发展的重要因素,经济发展方式类型的选择往往要受制于特定的经济发展条件。一般而言,资金、技术、管理都对经济发展方式的转变具有较大的影响。

(一)科学技术水平对转变经济发展方式的影响

集约型经济发展方式固然值得采用和推广,但这种经济发展方式要以先进的技术为基础,如果缺乏先进的技术,这种集约型经济发展方式将很难实现。改革开放以来,我国实施的"市场换技术"的发展战略对我国经济高速增长起到了关键作用,通过技术引进和"干中学"加快了国内产业的技术进步,为缩短同发达国家的技术差距作出了突出贡献。然而,随着我国市场化进程的深入,技术引进的边际效应开始递减,以技术引进为核心的技术进步方式对我国经济发展的支撑作用越来越弱,可以引进的通用技术也逐渐减少,而处于中高端的或接近核心层面的技术又面临着西方发达国家的"技术封锁",使我国的技术引进面临无技术可引的局面。国内有学者通过计量分析,对上述情况进行了验证,结果表明"20 世纪 90 年代以来,我国技术引进对经济增长的带动能力最为明显,其中 1990—2001 年技术引进增长 1%,对经济增长的带动作用约 0.1 个百分点,而 2002 年以后的技术引进对经济增长的带动作用越来越弱,对自主创新依赖则逐渐增强"。[①] 毫无疑问,要想解决我国经济发展的后续动力问题,在技术进步方面必须从技术引进转向自主创新,走科技兴国的自我发展道路。然而,客观地讲,我国的整体技术水平与发达国家还有较大差距,还不能完全满足集约型经济发展方式的要求,主要体现在以下两方面。

1. 研发规模差距

2006 年以来,随着自主创新战略、国家知识产权战略的实施,我国逐渐提高了我国的研发投入强度。2013 年我国全社会研发投入 11906 亿元,超过了当年 GDP 的 2%,比欧盟 28 国 1.96%的总体比例还要高。毫无疑问,较高强度的研发投入有力地推动了我国的科技创新,并取得了一系列令国人骄傲的成就,如"天神"太空对接、"嫦娥"成功探月、"蛟龙"载人潜海、中微子振荡、量子反常霍尔效应、铁基超导材料等让世界瞩目的基础研究成果;此外,还有

---

① 曾铮:《我国经济发展方式转变的理论、实证和战略》,《财经问题研究》2011 年第 8 期。

高速铁路、4G 通信、水电装备、高难度油气田开采、长距离燃气输运、海洋工程等领先世界的产业技术。当我们为这些非凡成就而振奋同时,还应该清醒地看到,我国研发投入强度与发达国家相比还有很大的差距,美国、德国、日本等发达国家的研发投入长期保持在 GDP 的 3% 以上,我国直到 2013 年才勉强占到了 GDP 的 2% 线上。

以上是我国研发投入增量的情况,若考虑到以往的研发投入存量,我国与发达国家更是差距甚远。以美国为例,自世界银行 1996 年有数据记录以来,美国研发投入一直远高于我国,绝对差距从未低于过 2000 亿美元,最大约 3500 亿美元,几乎相当于我国 2013 年研发投入总额的 2 倍(如图 3-1 所示)。考虑到美国近 100 多年来的研发投入、创新体系等综合情况,我国要想在短时间内在科技创新方面超越美国难度是相当大的。

单位:亿美元

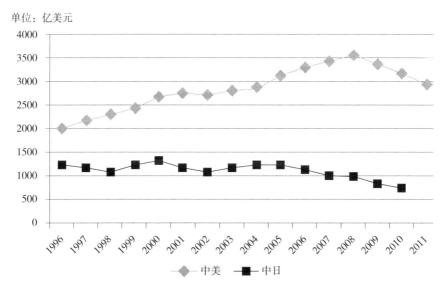

图 3-1 中国与美国、日本研发投入绝对差距

数据来源:世界银行官网。

此外,在研发人员规模方面,我国与发达国家也存在较大差距。2011 年,我国的 R&D 人员人数分别是日本的 3 倍、美国的 1.76 倍,但每百万就业人员中 R&D 人员分别是他们的 1/5 和 1/6,表明我国的研发人员虽然总量超过了

他们,但就业人员中的研发人员密度却要远远小于他们。此外,从专利数来看,不论是三方专利总量还是每千人 R&D 人员专利数量,我国与美日都有较大差距。2011 年,我国的三方专利数是日本的 6.18%、美国的 6.81%,每千人 R&D 人员专利数是日本的 1.95%、美国的 3.87%,这表明我国在三方专利数量和研发人员的创新效率方面还有较大发展空间。

2. 研究成果转化差距

除了科研规模存在差距外,在科技创新成果转化方面,我国与西方发达国家甚至一些发展中国家相比还有较大差距,主要表现为科技创新成果转化率不高,产学研未能实现有效的衔接,导致很多创新成果只能停留在实验室阶段,无法转化成先进的生产力。

据国家知识产权局数据显示,我国 2013 年发明专利申请量连续 3 年位居世界首位,2014 年继续保持高速增长势头,截至 6 月底,我国国家知识产权局共受理发明专利申请 35.1 万件,同比增长 10.8%;PCT 国际专利申请受理量达 1.1 万件,同比增长 20.5%;向美国、欧洲、日本、韩国等提交发明专利申请同比增长 32.6%。然而一个不容忽视的事实是,我国专利总体质量水平不高。以最能反映专利质量和创新水平的发明专利为例,其申请受理量在我国 3 种专利中长期占比较低,2013 年勉强超过 1/3。而且,发明专利申请授权率也不高。2013 年国内发明专利申请量达 82.5 万件,但同年的授权量仅为 20.8 万多件,仅为申请量的 1/4;在专利有效期限方面,国内有效发明专利中维持年限 5 年以下的占 55.3%,有效期超过 10 年的只占 5.5%,远低于国外 26.1% 的占比。除此之外,我国还有大批专利仍然处于"沉睡"状态,专利技术应用商品化率不足 20%,对经济增长的贡献率与发达国家存在较大差距。一般来讲,知识产权密集型产业对经济增长贡献在美国为 35% 左右,在欧洲为 40%,而我国仅 27%。管中窥豹,从专利情况可以看出,我国的科技成果转化水平还需进一步提高。

(二)人力资本价值对转变经济发展方式的制约

世界各国经济竞争力的强弱,并非主要由其资源禀赋、物质资本等差异决定,关键取决其人力资本价值状况。提升人力资本价值,不仅是促进经济发展的动力,而且是经济发展方式转变的决定性因素。国外发达国家的工业化水平无一不是以较高的人力资本价值为支撑的,比如德国,健全的教育体系为其制造业输送了大量的高素质人才,宝贵的人力资源为德国制造业保持高效率提供了坚实保障。人力资本价值对经济发展方式转变的促进作用方式主要表现为人力资本价值提升有利于技术进步和自主创新能力的提升,毕竟人力资本存量是科技进步的载体,是决定科技进步和经济发展方式转变之间必不可少的中间环节和条件。一个国家平均人力资本存量越高,其吸纳高技能人才和吸收新技术的能力越强,自主创新能力也就越强。

随着我国进入后工业化阶段,经济重心将实现从制造业到服务业、从一般制造业到高科技先进制造业的转换,整个社会对从事单纯物质产品生产的劳动者的需求量相对减少,而对人力资本、技术进步等知识资本的要求大大增强,用人力资本价值提升来抵消自然资源的消耗以及经济增速的下滑,也是实现经济发展方式转变的重要内容。尽管我国在经济社会发展实践过程中,引进了国外的先进管理思想、工具和方法,但转变经济发展方式是一个系统工程,仅靠模仿是无法适应现代企业经营管理的要求的,必须以一定的人力资本水平为支撑。为此,改革开放后我国一直注重人力资本的培养,不断加大对普通教育、职业教育和高等教育的投入,但由于我国人口众多、教育基础薄弱,人力资本价值绝对水平不高、数量短缺的现状短时间内难以完全改变,还不能完全满足集约型经济发展方式的要求。以 2012 年为例,我国各类高等教育总规模达到 3167 万人,入学率为 26.9%,再创历史新高,但与美国的 94.3%、日本的 61.5% 入学率相比,差距还是非常明显的。在初等教育方面,我国中学入学率为 89%,美国为 93.7%,日本则为 100%。可见,我国人力资本价值的提升和赶超还有较长路要走,这也注定了我国经济发展方式转变不会一蹴而就。

在未来,把人力资源建设作为经济社会发展的根本动力,通过教育深化提高劳动生产率,保持和延伸中国产业的竞争优势;根据市场经济运作中的"投资主体与收益主体的一致性和排他性规则",构建人力资本投资与回报的合理机制;通过社会、养老等保障制度安排创造新的储蓄源泉,以及通过劳动力市场制度安排,扩大人口老龄化时期的劳动力资源和人力资本存量,应是我国人力资本价值培育的主要目标和路径选择。

（三）资本积累对转变经济发展方式的影响

近年来,在我国金融体系中,流动性总量过剩而结构失衡的问题日益严峻,主要表现为要么大量超额货币游离于实体经济之外,在金融体系内空转,要么大量资金投向房地产市场和地方政府项目,占我国企业总数97.3%的小微企业面临融资难、融资贵、资本积累缓慢等问题。

在融资难方面,大量小微企业在资金短缺困境下,因资产抵押品不足、经营状况不稳定等原因,难以从银行等正规金融机构获得贷款。据全国工商联数据显示,我国90%以上的小微企业未曾从金融机构获得过贷款。融资难问题不仅严重影响了企业的日常经营,也不利于企业发挥主动寻求转型升级的积极性。德国IFO经济研究所的一份调查数据显示,一旦资金短缺,六成以上的企业倾向于放弃扩大经营规模,三成以上的企业会考虑放弃诸如技术设备升级、增加新的经营项目、开发新产品等创新发展活动。在融资成本方面,大量难以从正规金融机构获取贷款的小微企业不得不求助于成本高昂的民间贷款。在一些地方,民间借贷的平均利率在30%左右,这无疑加重了小微企业的融资负担,吞噬了民营企业的合理利润。

充足的资金除了有助于我国引进、消化、吸收国外的先进技术,还有利于我国企业增加研发投入,对现有加工制造技术进行改造,在现有的技术水平上进行二次创新,有助于我国自主创新进程的推进。然而,现实中我国大量小微企业融资难、融资贵的实际情况,致使其资本积累缓慢,资金短缺在大多时间都困扰其日常经营,无疑对其转型升级构成了严重制约,客观上延缓了我国经济发展方式的转变。

二、经济发展阶段的制约

经济发展方式的转变还要受经济发展所处阶段的制约。一般而言,在不同的经济发展阶段,人们所面临的外部约束条件和需求都不尽相同,因此为满足人们需求而组织起来的产业活动也具有不同的特征,而这些不同的结构特征又对应着不同的经济发展方式。

具体来讲,在一个社会经济发展的早期,或者是一个国家工业化的初期阶段,此时的物质产品极度匮乏、技术水平比较落后、管理水平相对低下,人们经济发展的首要目标便是尽快增加物质产品的数量,只有通过追求经济增长的高速度才能实现,而在技术水平、管理能力等方面短期难以改善的情况下,只能依靠增加生产要素的投入来实现生产规模的扩张。这一阶段的产业多以劳动密集型和资源消耗型产业为主,所对应的经济发展方式往往是粗放的、落后的,具有明显的"三高(高投入、高消耗、高污染)两低(低产出、低效益)"的特征。

在经济发展相对发达的阶段,或者说是一个国家的工业化发展后期,经过长期积累,物质产品已经比较丰富,技术也较工业化初期先进,劳动者素质以及经济管理水平均得到了较大幅度的提高;但这个阶段出现了新的问题,特别是资源短缺、环境污染等问题日趋明显,人们的经济发展诉求也发生了相应变化,由单纯地追求物质产品数量转变为追求生活质量的全面改善和提高。这个阶段在经济发展方面开始注重对先进技术、科学管理、高素质人力资本的运用,在产业发展类型上,重点发展包括劳动技术密集型产业在内的技术密集型产业和资源节约型产业,力求实现集约的、资源消耗低的、环境友好的经济发展方式。

目前我国的经济发展水平总体上对应于西方发达国家的工业化中期,经济主要发展目标还基本停留在解决温饱问题、全面实现小康的水平上。这一时期,我国劳动力资源充足但相对价廉,技术水平有所进步但总体水平依然不高,经济发展方式转变的需求日益迫切但外在压力仍亟待加强,产业结构以劳动密集型制造业为主,产业结构高级化水平还有待提高。这些现实都决定了我国经济发展方式同以往相比会有所变化,但还不可能实现根本性的改变。

三、经济增长的路径依赖

在近代史上,中国一直是一个贫弱的国家,饱受西方发达国家的欺辱和压迫。新中国成立后,长期的弱国心态转换成了强烈的赶超意识,直至今天,经济发展中的赶超战略依旧在一定程度上发挥着作用。片面追求经济增长速度、对经济增长的质量提高和效益改善关注不够,是这种赶超战略的突出特征。

　　纵观新中国成立后我国的经济发展历程,政府主导特征最为明显。通过发挥我国劳动力资源丰富的比较优势,充分利用国内和国际两个市场,引进、吸收国外先进技术和管理经验,人为压低生产要素价格来扩大资本积累,形成并逐渐固化了目前以政府为主导,以高投入、高耗能、高污染、低效率、低质量为特征的经济增长模式。在法制不健全、市场监管不到位的情况下,地方政府主导的投资驱动型的增长模式很容易导致重 GDP 增长速度、重形象工程,而轻民生以及投资效率的改善。同时,由于地方政府把持着数量庞大的经济资源和审批权力,寻租腐败等消极现象屡禁不止,企业可以绕开技术创新而通过经营关系来获取租金,这导致了一部分企业的核心竞争能力的丧失,对我国经济的整体竞争力提升构成了负面影响。在这一背景下,2010 年,我国的经济总量一举超越了日本,位居全球第二,成为仅次于美国的世界第二大经济体,显然这是我国长期奉行"赶超"战略的结果。但我们也应该充分认识到,在这一赶超战略下所形成的增长模式是有着巨大的惯性的,由于庞大的经济规模效应、长期的学习效应、适应性预期等因素以及微观经济活动中既得利益集团的阻挠和影响,导致了目前我国转变经济发展方式过程中存在路径依赖,而一些经济制度缺陷尤其是旧的体制因素对制度变迁的影响和渗透,使得我国以往的这种粗放型的增长方式不断强化,甚至在一定程度上形成固化,这都大幅提高了转变经济发展方式的成本,加深了转变经济发展方式的路径依赖,主要表现为经济增长对高投资、外需、廉价劳动力、房地产和资源环境的依赖。以房地产为例,自我国 1998 年启动住房改革、2003 年土地"招拍挂"以来,国有土地出让价格快速持续上涨,与房地产、土地相关税收占地方财政收入比重不断攀升,致使地方政府主导的经济发展对房地产依赖度越来越高。2013 年与房地产、土地相关的 7 个税种(房地产营业税、房地产企业所得税、契税、土地增值税、耕地占用税、城镇土地使用税、房产税)和土地出让收入占我国地方政府公共财政收入的比例高达 52.8%,经济发展对房地产行业的依赖程度可见一斑。

　　显然,经济增长对高投资、外需、廉价劳动力、房地产和资源环境的依赖,并非短时间内形成的,进一步分析会发现,形成这种多重路径依赖的根源在于体制机制障碍,包括要素定价机制、市场运行机制、政绩考核机制和财税激励机制等。而破解经济发展方式转变的路径依赖,就要将经济发展的目标从追求数量转变为追求质量和效益,将经济发展的动力从要素驱动转变为创新驱动,将经济发展的重点从短期因素转变为长期因素,将经济发展的政策从调节需求转变为改善供给,这一过程必然要通过一系列体制机制创新来实现。

第三节　阻碍我国经济发展方式转变的制度根源

一、西方经济学中的国家(政府)理论

(一)国家的基本定义

关于国家的起源,政治学、经济学等学科从不同角度进行了分析,有影响力的主要有两种:一种是契约理论,另一种是掠夺理论。关于国家起源的契约理论有着悠久的历史,契约论认为,国家是公民达成契约的结构,它要为公民服务。契约的达成是多重博弈的结果。由于契约限定着每个人相对他人的经济活动,社会分工及协作都要受到契约与交易费用的约束,因此,契约对经济增长来说至关重要。国家存在有利于契约制度建立与实施,如果没有国家,契约实施的交易费用将相当高,以至于使契约失去意义。国家掠夺论认为国家是某一集团或阶级的代理者,同时界定一套产权,是权力集团的收益最大化,而无视它对社会整体福利的影响,即这种产权制度对某一权力集团是有益的,但并不能促进整体社会效率的提高。

什么是国家,国家的本质是什么,西方的国家理论主要有这样三种看法。一是认为国家是一种具有暴力潜能的组织,并且国家是一种具有垄断权的制度安排,其主要功能是提供法律和秩序。旧制度经济学代表人物康芒斯认为国家是接管物质制裁权力的组织。[1] 诺斯也把国家定义为具有暴力潜力的组织,认为国家技能发挥增进市场制度的补充作用,又可能由于自身利益而阻碍

---

[1]　参见[英]马尔科姆·卢瑟福:《经济学中的制度——老制度主义和新制度主义》,中国社会科学出版社 1999 年版,第 122 页。

市场的发展。① 国家作为一种具有垄断权的制度安排在许多方面不同于一些竞争性的制度安排,如市场、企业等。二是认为国家是一种第三方实施的暴力机制,它在一定程度上比其他机制更有利于契约的实施。新制度经济学把国家定义为由个人组成,这些人受制于一个单一的、以使用暴力作为强制实施手段的最终第三方。巴泽尔从实施机制角度出发,认为国家在一定程度上比其他机制更有利于契约的实施。人们只有当暴力实施者滥用权力的倾向能被有效制约时,才会使这种实施机制出现。国家愿意实施的法律权力取决于对界定权力与调解纠纷的交易成本的比较。三是国家决定着产权制度的效率。诺斯论证了国家常常会导致为了收益而进行大量的产权交易,如在一个封闭的市场中发许可证,这样做的结果是抑制了经济增长。产权内容的改变,取决于统治集团对改变现有的产权安排所带来的收益的事前估计与监察,和执行权力结构的改变所带来的成本的事前或事后估计之间的相互关系。②

在经济学中,国家的分析模型主要有三种,即无为之手、扶持之手、掠夺之手。无为之手是基于产权明晰、市场完全和交易成本为零等一系列假设的。然而现实中,这些假设几乎难以成立,因此,无为之手更多作为理论分析之用。扶持之手是建立在福利经济学基础上的,它依据市场失灵分析了政府通过制度设计来完善市场的思路,但由于政府与市场边界很难界定,权力没有受到有效制约,因此可能会导致设租与寻租互动的情况出现。掠夺之手的理论基础是新制度经济学。建立在掠夺之手基础上的国家模型,可以探讨如何让国家在制度变迁中发挥积极作用,同时又限制国家的掠夺之手——这个新制度经济学国家理论要解决的核心问题。通过比较发现,历史上有些国家成功地通过制度安排限制了国家的掠夺之手,这些制度安排往往是不同利益集团博弈的结果。从实践看,那些能够有效限制掠夺之手的国家,社会经济就能协调发展。总之,从掠夺之手的角度来研究国家问题,有利于制度改革。正如康芒斯所强调的,重要的是对政府权力的控制,历史上围绕该控制的斗争导致了代议

① 参见孙宽平编:《转轨、规制与制度选择》,社会科学文献出版社 2004 年版,第 129 页。
② 参见[美]科斯、诺斯:《财产权利与制度变迁》,上海三联书店 1991 年版,第 206—207 页。

制民主及政党制度的逐步演化。

（二）国家的主要职能

传统西方经济学理论对国家和政府问题研究，主要集中在三个方面：一是国家与个人的关系。政府介入国民经济的运行，自然会对个人或组织的经济自由有所限制。一些经济学家把经济发展中的"滞胀"归结为政府对市场的不当干预，反对国家干预，强调个人或组织的自由对于国民经济运行的重要性。二是公共财政问题。在亚当·斯密所处的年代，国家只是"守夜人"，财政问题没有更多地进入经济学家的研究视野。而现代市场经济运行的历史表明，政府干预在经济运行中必不可少，公共财政成为一国经济运行中的重要组成部分。在这种情况下，政府作为公共财政的执行者自然就成为经济学家关注和研究的对象。三是政府制度问题。现代经济社会的运行复杂程度大为提高，政治、经济、社会以及文化之间的关系愈发密切，非经济因素对经济发展的影响越来越大，其中，制度问题备受经济学界关注，而国家制度和政府制度更成为制度研究的重点对象。新制度经济学创始人诺斯说过，理解制度结构的两个主要基石是国家理论和产权理论。他把国家看成统治者的工具，并考察了国家的起源、功能等问题，指出国家在克服"搭便车"、界定产权方面具有无法替代的作用，为国家存在的合理性提供了新的理论依据。

国家职能是指政府在一定时期内根据国家和社会发展的需要应该承担的职责和功能，涉及政府应该做什么、不应该做什么的问题。关于这个问题，可以说自亚当·斯密以来，人们对政府干预市场经济运行的必要性、形式、效果等方面的认识一直存在巨大分歧，迄今为止远未形成一个一般的、稳定的政府干预与市场调节相结合的发展模式与理论体系。总的来讲，有关国家职能的研究主要体现在以下几个方面。

一是"守夜人"。在早期的市场经济中，生产的社会化程度不高，经济主体之间的关系相对简单；市场规模比较小，产业结构和产品结构都比较简单，市场信息获取相对容易；存在较多的市场机会，市场竞争以自由竞争为主，竞争还不是很激烈；企业经济活动的外部性尚不明显，国与国之间的经济交往并不普遍。这些情况决定了，市场经济运行客观上对政府调节还没有形成需求。

此外,在市场经济发展早期,封建君主政府对市场经济更多的是阻碍与限制,如何摆脱和冲破封建制度的束缚,要求政府不干预市场,以便市场经济能自由发展,是那个阶段经济理论关注的焦点。可见,在市场经济发展初期政府的职能是有限的,政府还远不是市场经济运行的主体,它更多地充当"守夜人"角色。

二是市场失灵。随着市场经济发展,分工不断深化,生产的社会化、专业化水平不断提高,市场经济规模亦随之扩大,各经济主体之间、社会再生产的各个环节之间的联系日益密切、复杂,整个社会生产过程形成了一个密不可分的相互制约、相互依存的有机体。此时,市场经济的运行机制日趋复杂,国与国之间的经济往来日益频繁,市场经济竞争越来越激烈,企业活动的外部性越来越明显,对公共产品的需求越来越大,垄断逐渐形成并对市场竞争的抑制日益显著。这些问题表明,仅凭市场调节难以保证市场经济的正常运行,通过政府调节来纠正市场失灵成为必然。一般来讲,狭义的市场失灵,包括公共物品、自然垄断、外部效应等。(1)公共物品。公共物品使用过程中的非排他性、非竞争性和外部性等特征,决定了人们在消费这类产品时,会出现"搭便车"现象。同时,由于公共物品的个人消费数量难以确定和计量,价格机制不能有效发挥作用,因而市场竞争无法保证公共物品供给实现帕累托最优。(2)自然垄断。在市场竞争中,资源的稀缺性、规模经济、禀赋差异等因素,会导致市场形成垄断,而垄断者很有可能通过限制产量、抬高价格,获得超额利润,造成市场效率损失。(3)外部效应。从理论上讲,价格包含了市场决策所需要的全部信息,是合理配置资源的主要手段,然而现实中,还有一些影响经济活动的非市场化因素,并未完全反映在相应的价格变动中,外部效应会影响市场机制的运行效率。广义的市场失灵还包括收入分配不公、经济社会不稳定。(1)收入分配不公平。在市场经济中,由于存在着"资本—效率效应",市场在提高资本配置效率的同时,也可能使财富向资本集中,从而造成收入分配不公平和贫富差距扩大等问题。(2)经济波动和社会不稳定。人们之所以关注经济波动,是因为宏观经济波动带来的不确定性会影响投资和消费,进而影响一国经济的长期增长。凯恩斯认为,经济波动的根源在于有效需求不足而引起的生产过剩。实际经济周期理论认为,经济波动来自实体经济的冲击,特别是技术冲击。经济波动是经济主体应对外生冲击所作出的理性反应,此时资源配置不具有帕累托改进的余地,政府干预往往适得其反。

三是政府失灵。市场失灵产生了对政府干预的需求,但政府干预同样存在着政府失灵的可能性,即在对经济生活的干预中,由于自身行为的缺陷而使资源配置无法达到帕累托最优。一般而言,政府失灵主要包括行政低效率、财政赤字、以权谋私、官僚主义以及政府机构的自我扩张等。低效率是政府失灵的主要表现。由于政府官员受到了终身雇佣关系的保护,缺少提高行政运行效率的动力。与此同时,政府花费的是纳税人的钱,不会像花自己的钱那样精打细算,缺少降低行政运行成本的激励。财政状况恶化是政府失灵的集中表现。新制度经济学派认为,政府是抽象的,但政府官员是具体的,他们也是经济人,因此他们也存在通过扩大政府规模、增加政府权力、提高官员待遇等途径,实现个人利益最大化的可能,从而导致财政收支形势恶化,公众税收负担加重,比如自 20 世纪 60 年代起,政府支出占国内生产总值的比重高速增长,如今不少国家或地区已不堪重负,爆发了主权债务危机,在这种情况下,政府干预成本可能超过市场失灵损失。抑制私人部门发展是政府失灵的突出表现。在一些国家,数量日益增加的公共机构和规模日益庞大的公共支出挤出了私人部门的投资和消费,高税率更是直接损害了居民和企业的激励机制。同时,社会公众会对政府提供的公共服务和就业岗位产生依赖,助长了"搭便车"行为。可见,不是所有的市场缺陷都需要政府干预,政府干预的弊端或许更大,成本或许更高,还有可能造成政府与市场同时失灵。

总的来讲,西方传统经济理论对政府职能的认识,大致经历了这样五个阶段:守夜人阶段,倾向于小政府,政府职能仅先定位为保护国防安全、建立司法行政、维持竞争秩序;裁判员阶段,认为自由竞争的市场经济能够有效配置资源,并对市场进行有效调节,直至实现帕累托最优,政府的价值在于它是规则的制定者和竞争的裁判者;经济管理者阶段,认为价格刚性潜在导致经济的长期衰退,政府可以通过扩大公共支出来弥补私人部门的总需求不足,对宏观经济进行管理;市场干预者阶段,认为即使在成熟的市场经济中,也存在微观经济无效率、宏观经济不稳定以及社会收入分配不公平等现象,这些市场失灵需要政府的政策调节;产权保护者阶段,认为一国经济长期增长的关键在于制度因素,其中最重要的是产权制度,政府的主要职责就是保护产权。可以看出,政府职能不是一成不变的,它具有明显的时代和阶段特征。

(三)国家职能的最新研究进展

概括地讲,西方经济学认为国家主要有这样几种职能:一是制度供给职能,认为国家最重要也是最困难的任务是建立一系列的游戏规则,并付诸实施,以规律全民充满活力地加入到经济活动中来。二是产权界定和保护职能,认为国家在暴力方面具有比较优势,相比个人,更能有效地界定和保护产权。三是第三方实施职能,正式制度的制定及其实施机制的运作主要由国家来完成。四是利益关系协调职能,在制度变迁中协调不同利益集团的利益关系。总的来讲,西方传统经济学理论关于国家职能的研究更多集中在国家内部,似乎境外活动不在国家和政府的职责范围之内。然而,近几十年来,全球化进程发展之快,国与国之间的联系之紧密,使得任何一个国家或政府在处理国内事务时,不得不考虑来自境外的政治、经济和文化影响与冲击,政府职能必须要进行相应的调整,做到与时俱进。从目前来看,在国家和政府职能的国际层面,还没有形成系统的理论,但在一些问题上,如全球公共产品提供上亟须各国政府职能做相应改变,达成共识。毕竟环境、气候、金融、海洋开发、恐怖主义、跨国犯罪、全球争端、经济稳定等问题都具有全球性质,非一国之力所能应对,亟需相应的理论提供指导、支撑。国与国之间的这种"溢出效应"表明,"随着不在政府直接控制范围内的活动对一国的影响越来越大,资源配置、收入再分配和经济稳定不再只是国家层面的问题,而是越来越具有国际性的问题"①。无疑,这将在一定程度上要求当下乃至未来的国家和政府职能作出相应的改变。

二、制约经济发展方式转变的制度根源——市场层面

(一)市场经济优化资源配置的机制原理

市场是指在人类社会经济活动中人们进行商品和劳务交换的场所,体现

---

① [美]维托坦茨:《政府与市场变革中的政府职能》,商务印书馆 2014 年版,第 345 页。

着各市场交易主体之间的交换关系。正如萨缪尔森所说的那样,市场经济是一架精巧的机器,通过一系列的价格和市场,无意识地协调着人们的经济活动。它也是一部聚集信息的机器,把千百万不同个人的知识和行动汇集在一起。虽然不具有统一的智力,它却解决着一种当今最大计算机无能为力、牵涉到上百万未知数和关系的问题。但是,市场机制发挥其优化资源配置、促进经济增长方式转变的积极作用是有前提的,需要具备以下基本条件。

1. 市场主体的独立与自由

市场主体内在特性决定了市场机制的运行状态和调节功能,是市场机制赖以发挥作用的基础和保障。首先市场主体应该是完全的产权主体,拥有排他的独立的产权。市场主体还应该是独立的利益主体,即参与交换的各市场主体之间不存在任何依附、从属关系。市场主体还必须是行为主体,在经济活动中能自主决策、自我调整,并承担相应的责任。现代市场经济中的市场主体一般包括个人、企业和政府,其中,企业是最重要的市场主体。按照市场经济对市场主体的要求,企业必须是完全的产权主体、独立的利益主体和行为主体,产权机制、激励机制和行为约束机制对这样的市场主体才能有效。激励机制能够激发各经济主体进行的经营活力,捕捉市场上的各种机遇,能根据市场供求变化及其价格涨跌自主进行决策,并对生产经营活动进行调整,使生产要素和资源实现从低盈利部门向高盈利部门流动。随着资源配置效率的优化,既定条件下的社会总产出得以提高,社会福利得以增进,市场主体的福利状况也得以改善。约束机制则使得各市场主体在追求自身利益最大化的同时,除了受自负盈亏的预算硬约束外,还不得损害其他市场主体的合法权益。

2. 价格机制形成的竞争性

价格竞争、价格运动是市场机制的核心,价格运动的背后是利益关系的博弈。价格竞争性形成的实质在于,各市场主体为获取各自的利益平等的参与市场交换,在供给双方的利益博弈中,通过多次交换能够反映市场供求状况以及资源稀缺程度的均衡价格,并引导生产要素进行合理流动,实现资源配置优化。竞争,作为价格形成机制的主要推动力量,应该是公正、公开、公平和自由的竞争。相反,权力竞争、恶性竞争、不正当竞争只能破坏正常的供求关系,并影响市场对经济活动的调节作用的发挥。而竞争性价格的长期运行会造成和价值的背离,使市场价格信号长期处于失真状态,令市场机制丧失价格发现功能,无法发现要素资源的稀缺性,无法反映市场的真实供求状况,最终限制市场机制对资源合理配置的作用的发挥。

3. 市场体系的完备性

健全的市场体系是市场机制对经济活动进行调节的前提。完备的市场体系能为市场主体提供各生产要素顺畅流动、优化组合的市场环境,当供求变化引起价格变动时,市场主体受价格信号的引导,会及时调整经营方向和生产规模,以实现自身利益的最大化。如市场价格上涨,组织生产有利可图时,市场主体会主动地通过生产资料市场、资本市场、劳动力等市场来购买其所需的各种生产要素,以利扩大生产;而当价格下跌、生产无利可图时,市场主体同样会通过生产资料市场、资本市场、劳动力等市场将多余的生产要素转移出去,降低经营风险。健全而完备的市场体系,对于扩大市场机制作用空间具有重要的意义,此时的市场竞争已不再局限于商品市场,而是延伸到了各种要素市场,从而在全社会范围内实现资源的优化配置。

4. 市场制度的完善

良好的经济运行秩序是市场机制发挥经济活动调节作用的重要保障,而良好的市场秩序的建立客观上需要建立和健全一整套市场规则,对市场主体的某些负面行为作出强制性规定和限制,否则市场机制的作用发挥就会受到影响和干扰,并大大增加经济运行的成本,降低资源配置效率。市场规则包括制度性规则和运行性规则,其中制度性规则主要指对市场组织形式以及市场基本要素的一些限定,而运行性规则是用来确定和调节市场主体的行为规范及其相互关系的约束条件,主要包括市场准入、市场竞争以及市场交易规则。其中,市场准入规则,主要用来确定进入市场交易的主体的资格和功能规定。市场竞争规则,指能确保各市场主体在公平基础上展开正常市场竞争所需的法律规定和行为准则。市场交易规则,主要指一些有关市场交易行为的规范和要求,如交易公开化、货币化、价格合理化等。

（二）制约市场机制作用发挥的制度缺陷

迄今为止,我国转变经济发展方式虽然成效显著,但仍未达到预期目标,究其原因,总体上应归结为市场化取向的经济体制改革不到位。具体来讲,适应社会主义市场经济体制要求的微观经济基础、竞争机制、法治建设等方面还存在诸多不足之处。西方发达市场经济国家从粗放型到集约型增长方式转变的经验表明,这种转变必须要依托于市场经济成长过程中内在机制的完善与优化。

1.微观市场主体缺陷

随着社会主义市场经济体制建立健全,国有资产管理制度的改革以及非公经济的大力发展,我国经济主体在生产经营活动中自由性和自主性大为提高。但政府职能转变仍然滞后,迟迟不能到位,特别是对微观经济活动的过度干预限制了市场经济主体的自由和自主,其中国有企业的自主性不足、民营企业的自由性限制是最明显的例子。

改革开放以来,我国国有资产管理实现了政企分开,但在实际运营中仍存在政企不分的问题,国有资产经营者按照党管干部的原则仍由政府部门任命,任命制这一纽带使国有企业的实际运作很难摆脱政府的影响,不可能完全按照市场经济规律开展日常的生产经营活动,生产经营也缺乏自主性。此外,尽管我国在投资体制上形成了多元化的投资主体,但本质上国有企业仍具有政府的附属物特征,并没有真正成为独立的投资主体,企业的投资自主权、资产处置权、机构设置权等经营自主权仍未完全落实。再加上国有企业在日常经营中存在的预算软约束、经营目标多重化等因素,只能导致经营者的行为扭曲,比如通过拼投入、拼资源、拼消耗的方式来追求任期内的政绩最大化,而对企业经营缺乏长远规划、不考虑经济增长的负外部效应,在这种情况下的经济增长往往具有短期性、粗放性的特征。尽管自2000年我国国有大中型企业基本实现三年脱困目标,逐步建立起现代企业制度,逐渐实现了政企分开、政资分开、经营权和所有权分开,确立了"权利、义务和责任相统一,管资产和管人、管事相结合"的国资监管重大原则以来,国有企业的独立性、经营状况、社会贡献均较以往出现较大改观,然而客观上还存在发展活力有待加强、运营效率有待提高、市场竞争程度相对不足、存在一定程度的垄断等情况,显然在成为一个完全独立的市场主体方面,我国的国有企业仍有较长的路要走,国有企业的管理体制仍需进一步的改革。

出于意识形态或其他因素的影响,与其他经济主体相比,我国现有经济政策对民营经济的发展仍带有一定的歧视和抑制,民营经济的经济地位不平等、竞争机制不对称,削弱了民营经济的经营自由度。从财政政策看,财政政策在我国经济发展中起着积极作用,但财政政策的实施很少能够惠及民营企业,几乎全部在国有经济体内循环。从融资角度看,融资歧视使得以中小企业为主体的民营经济无法获得自身发展壮大所需要的资本,中小企业融资难的问题多年来一直难以解决,无论是以银行贷款为主的间接融资,还是以股权、债券为主的间接融资,几乎和民营经济无关,尤其是在我国 2000 多家上市公司中,民营企业仅占很小的比例,这与民营经济在我国国民经济中的比重毫不相称。当前我国的资本资源分配更多地流向了国有经济主体,民营企业要获得这些资源显然要付出较高的成本,支付给影子银行平均 12%—15% 的高额利息便是最好的例证。从行业准入看,民营经济还面临严重的进入壁垒,行业进入自由问题十分严重。据调查显示,在我国的行业准入方面,国有企业具有绝对的优势,民营企业的准入数量只有国有企业的半数左右,在政策方面还不及外资企业具有优势,显然这种经营活动范围限制,剥夺了民营企业作为独立市场主体应有的权利,使民营经济失去了必要的发展空间。

尽管党的十六大、十七大均提出要坚持和完善公有制为主体、多种所有制经济共同发展的基本经济制度,毫不动摇地巩固和发展公有制经济,毫不动摇地鼓励、支持和引导非公有制经济发展,然而遗憾的是,民营经济这一重要市场主体的发展权利一直受到方方面面的不同程度的抑制,已是不争的事实。未来,如果民营经济不能在资源占有、资金要素使用、产业分布、行业准入、财产权利等方面得到有力改善,切实实现党的十八大报告所提出的"平等使用生产要素,公平参与市场竞争,同等受到法律保护"的"三个平等",那么新常态下,在经济发展放缓、国有企业经营效益日益低下的情况下,我国未来经济社会的可持续发展、全面小康社会建设将面临严峻挑战。

2. 要素市场发育缺陷

我国对生产要素的价格管制除了受计划经济体制价格管制的遗留影响之外,在很大程度上还是改革开放后,我国以"经济增长"和"社会稳定"两大发展目标为导向的经济政策的产物。因为,一方面生产要素价格的低估能够扩大要素使用者的收益,对于市场主体的投资行为具有促进作用,有利于实现经济的高速增长。另一方面生产要素价格管制能够有效抑制由于经济过热和"巴拉萨—萨缪尔森效应"导致的价格总水平的上升,有利于宏观经济运行环境以及社会环境的稳定。也正是因为这种重"稳定"和"增长"的政策取向,使我国要素价格的改革和要素市场的开放相比产品市场严重滞后。

迄今为止,我国要素市场仍然存在着明显的政府管制特征,直接体现在,尽管市场机制已经开始成为配置资源的基本力量,产品价格市场化已经形成,但是以资本、土地、技术为核心的要素市场化进程迟缓,价格形成机制仍受政府主导和控制,资源产品的价格不能反映资源的稀缺程度。西方经济发展的历史表明,价格扭曲会降低资源的配置效率,如果这种扭曲出现在生产链条初始端的要素中的话,负面影响就更为严重。目前,由于我国资金、土地和劳动力三大要素的市场化改革远远没有到位,价格管制也在一定程度上导致要素价格的低估,从而造成要素与产品之间的比价关系严重扭曲。这种扭曲直接带来了经济和社会的双重负面效应。在经济效应方面,要素价格的扭曲降低了我国要素资源的使用效率。在社会效应方面,生产要素价格的扭曲影响了社会收入分配,造成了财富从要素所有者向使用者的转移,它所造就的既得利益集团对今后要素市场化改革以及经济发展方式转变势必会产生阻碍作用;同时,财富转移造成的社会贫富差距过大以及其他不满情绪还给我国未来的经济社会发展埋下了隐患。此外,扭曲的低成本虽然增强了出口产品的竞争力,增加了对国外直接投资的吸引力,加速了全球产业链向我国转移,但客观上也使我国的经济发展失衡,越来越依赖于外部需求,为经济的可持续发展埋下了隐患。随着 2008 年美国次贷危机和欧洲债务危机的爆发,我国对西方发达国家的出口骤然减少,国内的经济社会发展受到了严重的冲击。出于稳增长和就业考虑,我国推出了 4 万亿的投资计划来应对国际需求的减少,应该说海量的宏观经济刺激,对于化解突如其来的金融危机发挥了重要作用,但这种短期刺激客观上是对我国以往经济发展方式的一种强化,其结果便是延缓了我国经济发展方式转变进程。

尽管从理论上通过要素价格扭曲实现经济增长是不可持续的,但是只要在土地和劳动力等要素价格可以按远远低于市场价格获得持续供应时,政府主导的经济增长就不会考虑走集约化发展的道路,而走粗放型扩大再生产模式更为简单、有效、有利可图,所以,政府干预下的要素价格扭曲是造成我国粗放型经济增长方式锁定的主要缘由,"要实现经济增长方式的转变,其中关键之一是要消除要素价格体系的扭曲"。① 鉴于要素市场化是提高要素质量、提升要素效率、支持技术进步的最为重要的市场体制条件,只要要素价格形成机制没有改变,我国转变经济发展方式就难以取得实质性进展。

3.市场主体竞争失灵

随着社会主义市场化进程的推进,我国逐渐确立了以公有制为主体、多种所有制并存的国民经济结构。一般来说,合理的市场竞争有助于提高经济的运行效率,如果缺少任何一个主体的充分参与,市场功能发挥必将受到限制。在我国社会主义市场经济发展过程中,实现国有资本、外来资本和民间资本的良性竞争,对于提升我国经济竞争力具有重要的战略意义。然而在现实经济发展中,这一美好战略设想并没有完全实现。同时,由于政府对三种所有制经济主体在经济政策上并没有一视同仁,而是区别对待,最终导致了外资企业蚕食了我国多个行业市场。民营经济长期在狭小的市场空间内挣扎成长,而国有经济的粗放型发展模式不但没有得到有效改观,在新形势下反而愈演愈烈,负的外部效应日益严重。

我国的民营企业成长时间短、发展不平衡,边成长、边学习是重要的发展特征。客观地讲,相对于西方发达国家的现代企业而言,民营企业在公司治理结构、管理水平、财务规范、经营策略、法律观念等方面均存在劣势,这些因素制约着民营企业的健康成长。但改革开放以来民营经济未能做大做强,除了

---

① 林毅夫:《论我国经济增长方式的转变》,《管理世界》2007 年第 11 期。

上述因素外,政府在诸多方面对民营经济的限制,也是妨碍民营经济实现资本积累、做大做强的重要因素,其中市场准入是最重要的问题之一。在实践中,一些行政部门假以"公共利益""国家安全""经济秩序"为名,对不同经济主体的市场准入设置障碍,这种干预行为直接妨碍了公平竞争的市场环境的实现。注册资本、技术标准、程序注入等方面的限制,使我国民营经济在改革开放后相当长时间内,在全社会众多的经济行业中能够参与的竟不足半数,经营范围还不如外资具有优势,更不用说同国有企业相比了。此外,民营企业在税收政策、政策支持、意识形态等多方面还普遍受到歧视,享受最差的国民待遇,这一点在第十届全国人大五次会议闭幕会通过《中华人民共和国企业所得税法》前表现得尤为明显。民营经济在我国国民经济发展中所处的不利地位,致使其发展几乎被严格限制在了回报率相对低下的传统制造、服务性等狭小的发展空间内,在一定程度上丧失了快速发展、做大做强的绝好机会,不利于民营经济竞争能力的积累与提升。

同外资企业相比,民营企业整体实力"天生"相差较大,在行业准入和政策待遇方面也受到制约和歧视,这使得民营经济无力与外资经济进行竞争;同国有企业相比,由于行业准入壁垒的存在,两种经济主体难以发生直接交锋,市场竞争机制失灵,这使得国有经济的粗放型经济增长方式转变缺少外在压力,民营经济缺少足够资本积累去进行产业转型升级,客观上都对我国企业走集约型的发展道路形成了制约。市场在资源配置方面之所以较其他方式富有效率,缘于竞争,如果市场主体在竞争方面存在障碍,那么最终的资源配置肯定不会是最优的,经济发展方式具有缺陷也就成为必然。

4.市场法治建设滞后

市场经济是法治经济,市场经济的有效运行要以完备的法律体系和严格的执法系统作为基础和支撑。但目前由于法治文化的缺失以及"一把手"权力过大,缺少有效监督机制,致使我国市场经济的法治建设进展缓慢,并直接导致了市场经济运行秩序的混乱,提高了整个经济社会的交易成本,降低了经济运行效率。

市场经济法治建设滞后严重主要表现在两个方面:一是立法滞后。在经济领域,主要表现为与市场经济相适应的法律法规体系建设滞后,法律法规不够科学、健全,不能完全适应市场经济发展的要求。例如,一些市场经济运行所依赖的法律,如物权法、侵权责任法、企业破产法、反垄断法、反倾销法等法律迟迟不能出台,即使在迫切的市场需求和民间的强烈要求下得以推出,但在贯彻执行中,各相关部门未能及时跟进,制定相应的实施细则,导致这些法律无法发挥相应的作用。再如,我国的基本税收法,在改革开放之初,资金短缺严重影响了我国的国民经济建设,为了实现经济快速发展、吸引外资,我国实行了内外有别、区别对待的企业所得税制度。但随着我国经济发展,资本短缺情况大为缓解,甚至在一些时期还出现了流动性过剩,显然此时区别税负的作用较改革开放初期大打折扣,最重要的是限制了不同市场主体之间的平等竞争,对民营经济成长的束缚最为严重,修正基本税收法势在必行。但这个过程略显漫长,使我国民营经济丧失了绝好的发展壮大的机会。在行政领域,我国始终缺少一部能真正对政府权力进行有效规范的法律,这无法对政府及官员滥用权力、肆意干预市场交易等行为进行有效约束,这不利于我国市场经济的法治建设。二是执法建设滞后。我国市场经济法治建设滞后还体现在执法方面存在一定的问题,其中以执法力度不够、执法效率不高最为严重,这主要体现在对一些市场经济条件下的刑事责任追究问题上,相关处罚缺乏力度,导致经济活动中一些违规行为屡禁不止,再加上政府行政部门之间职能交叉、职责模糊,也影响了政府部门的执法效率。执法力度的不足和执法效率的缺陷,两种因素的叠加,导致了我国市场经济秩序的混乱难以得到根治。除了执法力度、效率缺陷外,在我国法治运行中还存在执法透明度问题,地方政府在司法过程中的行政干预影响了司法的公正性。在一些和地方政府利益具有冲突的问题的处理上,地方政府屡屡采取司法地方保护主义,以行政权力干扰一些案件纠纷的审理和执行,损害了我国的司法形象,触犯了法律的威严。司法公正性、透明性的缺失,使民众对法治建设丧失了信心,严重阻碍了我国的市场经济法治建设。

尽管经济经过30多年的探索与发展,我国已初步建立起具有自身特色的社会主义市场经济体制,然而市场经济法治的缺失,随着经济发展的深入,政府主导的经济社会发展所带来的问题日益突出,如市场主体地位不平等、法律地位差异、寻租腐败严重、交易成本高、市场信用缺失等,这些问题对市场经济的健康发展构成了严重制约。在一定程度上,法治建设的相对滞后,既限制了市场在资源配置中决定性作用的发挥,也阻碍了中国经济潜在活力释放和转型升级进程。特别是在我国经济增长面临持续下行压力、资源环境生态束缚日益趋紧的情况下,经济发展模式转变异常迫切,迎接新常态、适应新常态,更加依赖市场经济的法治完善。

三、制约经济发展方式转变的制度根源——政府层面

（一）我国地方政府的经济职能溯源

一般而言,由市场机制本身固有缺陷造成的市场失灵,由政府进行纠正是适宜的,比如提供公共产品、解决外部性、消除垄断、调节收入分配等。然而,对于转型国家而言,仅凭市场机制是难以完全解决经济体制转轨问题的,在打破原有利益格局和权力结构,建立新的制度体系方面,政府的作用难以替代。此外,对于这类国家来说,还存在由于市场机制发育不完善而出现的失灵,对于这类失灵,同样离不开政府的纠正。无论针对哪种失灵,政府的出发点应该是通过政策手段来促进市场机制的发育、完善,而非替代市场去直接配置资源,否则市场机制将永远难以成熟,政府干预造成的市场扭曲将日益严重,最终降低整体社会福利。

具体到我国来讲,经济社会运行机制由计划到市场的转变,市场机制发育的相对滞后,使得政府对宏观经济的调节成为必然;经济社会发展的时空压缩特性,决定了政府职能必须随着经济社会发展不断做相应的调整和改变;经济社会发展非均衡性和开放性,决定了政府职能在不同地区具有显著的差异性和复杂性。现阶段,我国政府的职能应主要体现在两个方面:一是要提供稳定的可预期的市场经济制度基础,以利于理性的经济人作出有利于经济社会发展的决策;二是政府要处理好政府和市场的边界,有意识地培养和发展社会的自生能力,而不是代替社会和微观经济主体作出决策,尤其是伴随着市场化进程的深入,政府更应该逐渐把主要精力转到法治建设、市场秩序维护、提供公共服务等职能上。

1.地方政府经济职能的必然性、合理性

传统经济学的政府理论认为中央政府是全知全能的,能够准确认识和了解全体公民的偏好,代表公共利益,且拥有恰当的政策工具。然而事实并非如此,中央政府和地方政府的分权很有必要。施蒂格勒认为,地方政府与中央政府相比,更接近于本地居民,对其辖区内居民的效用和需求有更深刻了解;奥茨则直接指出地方政府在提供公共产品上比中央政府更加具有效率,地方政府信息优势是分权理论的依据和基础。张五常也认为与中央政府相比,地方政府由于信息优势而引起的交易费用相对较低,因此地方政府的行动更有效率。具体到我国,幅员辽阔,人口众多,各区域之间资源禀赋、经济社会发展水平差异巨大,使得各地很难套用相同的模式去发展,因此,国家的作用更多地应体现在宏观调控上,而要把发展的权利更多的留给地方政府,毕竟地方政府对辖区内的情况更为了解和熟悉,有利于地方政府进行制度创新。

我国经济社会发展中也经历了集权与分权的不断调整。在行政和经济集权时期,地方政府缺少独立性和相应的利益基础,是一个执行国家计划的行政单位。分权之后,地方政府可自主安排人力、物力和财力,可以在一定条件下对辖区内经济发展进行安排和调整,此时地方政府既是接受中央调控的地方政府,又是对地方事务拥有调控权的主体。中央与地方利益关系的调整与变化引发了地方政府推动制度创新、支配制度创新的过程。尤其是我国市场经济体制改革初期,存在市场信息不对称、要素流动不充分、市场交易费用比较高、市场机制还不能发挥作用等不利因素,地方政府作为市场化进程的设计者、组织者、调控者,其履行经济职能有其必然性、合理性。

2.地方政府履行经济职能的动因和优势

在现实中,地方政府行使经济职能主要出于以下考虑:一是获取潜在的制度创新收益。新制度经济学把获得潜在的制度变迁收益作为制度创新主体进行制度变革的动力。潜在的收益是指在现有制度安排下经济主体无法获得这种利润,这表明现有制度安排还不是最理想的制度安排,社会资源的配置还没有达到帕累托最优,还存在改进的空间。二是提高地方在经济发展中的竞争力。制度吸引力是地方政府在发展经济、招商引资方面的重要竞争力,当本地的制度比其他地方更具有吸引力时,就会加速企业、资金、人才等资源向本地聚集。三是获取更大的经济或政治权力。地方政府主导的制度创新涉及地方经济体制的变化,必然会带来地方政府职权范围的调整,而职权范围的扩张意味着地方政府可支配更多的经济资源,有利于其辖区内经济的进一步发展以及个人升迁资本的积累。

同中央政府以及其他市场主体相比,地方政府更适宜行使经济职能、推行经济制度创新,这源自地方政府在国民经济活动中的特殊地位和优势。

首先,地方政府在信息获取方面具有明显优势。地方政府在中央政府和地方非政府主体之间起着一个承上启下的作用,是一个信息、政策的交汇中枢,而且地方政府和中央政府同属于一个政治体系,因此在政策获取和理解方面,地方政府要比非政府组织更具有优势。而与中央政府相比,地方政府则更接近当地社会,对辖区内的基本情况更为了解和熟悉,信息获取具有便利条件。

其次,地方政府在制度创新中具有身份优势。由于地方政府承上启下的地位以及政府官员的经济人属性,使得地方政府在制度创新中往往有较大的回旋余地。尤其是当国家推行的制度创新影响到地方政府自身利益时,地方政府会通过各种对策来抵消制度创新带来的负面效应;当非地方政府主体推行的制度创新使地方政府利益受损的情况下,地方政府常以维护国家利益的名义,假以中央政府不允许为由,压制民间的制度创新,进而影响到潜在的资源配置效率的提升。

最后,地方政府在制度创新中具有成本优势。成本是影响制度创新的重要因素,好的制度如果实施成本太高也无法实施。一般来讲,制度创新都由中央政府实施,会提高制度实施成本,还可能引起意想不到的负面后果。而个人和团体进行制度创新一般都很缓慢,需要较高时间成本。地方政府负责的辖区相对较小,信息获取成本相对较低,其制度创新方案也更容易符合地方实际,实施成本更小;而且由于地方政府制度创新都限定在特定区域范围内,即使造成负面影响也不会扩散,这有利于减少制度创新的代价。

3. 地方政府行使经济职能的主要不足

从微观角度来看,我国地方政府行使经济职能主要表现在以下几个方面:

一是直接创办企业,这在我国20世纪八九十年代的乡镇企业发展大潮中表现得最为明显。二是政府投资兴办各类市场,推动投资、贸易等商业活动的开展。三是组建各类企业集团公司,进行企业资产、产品以及组织结构的优化调整,降低交易费用。四是履行市场中介职能,依靠挂靠在政府部门的中介组织进行生产性服务业活动的开展。五是利用行政权力对企业生产经营活动进行干预,政府具有明显的"企业化、公司化"的特征。

尽管在我国市场经济发展初期,政府职能侧重于通过行政干预促进经济增长并不会产生太大的负面作用,但政府干预经济活动,从本质上来讲是对市场活力和创新能力的抑制,从长远看,政府直接干预会引发盘根错节的行政性扭曲,造成一系列的经济社会发展失衡,并阻碍经济社会的正常发展。

(1)政府通过行政手段配置资源容易造成产能过剩。政府通过主导资源配置,可以在较短时间内,通过行政力量迅速展开投资活动,并形成生产规模。而一般来讲,政府主导的经济增长往往具有典型的粗放式或外延式经济增长的特征,在很大程度上是一种行政性的重复建设,是一种低效率的增长模式。事实证明,行政性重复建设往往会带来产能过剩,降低经济社会的整体运行效率。行政性重复建设虽然在客观上使地方政府展开了相互竞争,但这种竞争实际上是一种无效竞争,因为它并不能促进经济结构的改善和优化;另外,在竞争中经常出现狭隘的地方保护主义行为,阻碍着市场机制优胜劣汰的实现。

(2)政府主导的经济增长会影响经济社会发展和宏观调控。近年来,地方政府除了沿用以往向中央政府争项目、要资金以实现区域经济规模扩张的手段外,还假以市场化之名"创造性发明"了土地财政,通过土地批租、运用政府信用作为基础设施担保,通过低效率的投资扩张来实现辖区内的经济增长。这进一步拉大了居民尤其是城乡居民间的收入分配差距,为经济社会的可持续发展埋下了隐患。此外,行政性重复建设还导致了经济过热,增加了我国宏观调控的难度。调控力度过小,无法遏制经济过热;而调控力度过大,势必会导致经济过度紧缩,有可能出现硬着陆。

(3)政府主导的经济增长还会导致政府官员的机会主义行为。一般来说,政府官员推动的制度变革会出现供给不足的情况,这是因为改革收益和官员激励之间没有制度性的联系,不能像激励企业家那样激励官员,使政府官员的改革收益预期处于稳定状态。但如果政府在制度创新中有可能获得更大的财政收入以及官员自身的升迁资本,制度供给则面临着截然相反的局面。制度变迁的机会主义供给是指制度变革目的在于个人升迁的最大化,为此政府官员会不顾改革后果,甚至不惜损害公众利益。如果改革失败,政府官员所承受的仅是升迁可能性的降低或丧失的影响,而真正的改革成本和损失则由社会承担,把失败归于制度变革的探索性;如果制度创新一旦成功,政府官员利用信息不对称,把成功归功于自身的决策和努力,并获得了升迁的资本与筹码。在这一背景下,以 GDP 为核心的地方经济增长速度成为许多地方政府追求的首要目标,一部分政府官员的主要精力投放到了土地经营、招商引资和城市建设,最终导致粗放型经济增长方式的产生,降低了经济运行效率,造成了经济发展中的只重数量、不重质量局面。

(二)政府层面对我国转变经济发展方式的制约

我国经济发展方式转变的实质是伴随政府职能转型,经济增长由政府主导向市场主导的转变。然而,从现实情况看,由于政府职能的转变滞后,政府主导经济增长的负面效应已经开始凸显,主要表现在由政府主导的经济增长往往带有预算软约束和资源软约束的性质,无法保证经济增长的质量和效率。而且,由于政府控制着众多经济资源,这为权力寻租提供了温床,容易导致腐败以及幕后交易,也加剧了社会不公以及收入分配的扩大,影响着经济社会的和谐稳定和可持续发展。

1. 政府主导的创新向市场主导的创新的转型滞后

从理论上来讲,政府对经济生活的参与是经济发展阶段的函数,随着经济社会发展水平的不断提高,政府职能必须进行相应的调整,否则便会对经济社会的发展构成阻碍。

在我国由计划经济向市场经济转变的过程中,政府的积极参与必不可少,因为从计划到市场的转变,本质是政府不断放权让利的过程,离不开政府参与。而且,在我国市场经济发展初期,市场的力量十分弱小,特别是中介组织还没有发育,社会自组织能力很弱,企业的经营能力尚待增强。在这种情况下,政府主导的经济增长模式有相当大的适用空间,它弥补了市场失灵,政府主导经济活动的开展也比较容易取得成效,因此政府主导的制度创新在我国市场经济发展早期具有必要性、合理性。我国的市场经济体制改革和创新是在政府主导下进行,并沿着两条线索展开:一是政府对资源配置的直接干预,迅速启动了经济,推动了产业的发展;二是政府对市场取向的经济制度变革的推动,奠定了我国经济发展的市场经济方向和基础。这两条线索是对立统一的,在市场经济发展早期是相互促进、共同作用,造就了我国持续30余年的经济发展奇迹。

但是,随着经济社会、技术发展水平的提高以及市场制度的不断完善,政府主导经济增长模式的弊端日益明显,尤其是随着市场经济的不断成熟和深入发展,民间经济部门的活力以及能力不断提升,社会自我组织的能力逐步壮大,政府干预经济发展的负面作用越来越显著,政府职能与经济社会的发展出现了不适,出现了政府失灵,在很大程度上制约着经济社会发展,主要体现为以下几个方面:一是有限理性对经济社会发展的制约。随着商品交换的频繁,市场交易空间的拓展以及交易规模的扩大,日趋复杂的市场环境对政府的信息收集、事务处理能力提出了更高的要求,然而政府官员的有限理性决定了政府的经济决策不可能总是保证最优,因政策失灵导致的政府失灵在所难免,这也从另一个侧面揭示了党的十八届三中全会提出要让"市场在资源配置中发挥决定性作用"的原因之所在。二是政府干预对市场活力的抑制。政府干预是对社会自发经济活动的替代,这种替代具有明显的市场压制特征,抑制了市场经济的自我协调能力以及社会的自生能力的发展,使经济社会的发展丧失了活力。新常态下,受国内外需求放缓影响,政府主导的投资驱动模式难以为继,同时,经济回落致使一系列经济社会问题逐渐显露,危机化解关键在于实现经济增长的软着陆,经济增长动力的平稳交替,经济发展由政府主导向市场主导转变。显然,深化行政体制改革,进一步简政放权,减少对市场经济活动干预是正确的选择。三是政府干预对制度创新的抑制。政府职能的转变滞后,迟迟不能从对经济活动的深度干预中撤出,导致了在制度变革方面,微观主体对政府过分依赖,把制度变革和创新看作是政府的事,而自身缺乏创新的积极性和动力。客观地讲,在我国经济转型过程中,制度创新主体是政府有其合理性,毕竟像 1984 年的《中共中央关于经济体制改革决定》、1992 年的《中共中央关于建立社会主义市场经济体制若干问题的决定》等制度变革与创新非政府主导莫属。然而,市场经济制度初步建立后,这种经济体制的进一步发展和完善,更多依赖政府和民众的良性互动,进一步的制度创新应更多发挥市场的力量。

2. 政府职能转变动力的缺失

市场化取向的经济体制改革目标是为了实现经济增长,更好地推动我国经济社会的发展,而转变政府职能是适应这一形势的需要,是我国社会主义市场经济发展的必然要求。但是,由于政府在制度改革中所处的核心位置与优势地位,影响了政府的权力让渡,除非政府切实感受到生存危机,面临较大外部压力,否则政府职能转变停滞是常态。同时,受利益牵制,政府还会在推动市场经济发展、培育市场机制等方面缺乏动力,裹足不前,在制度变革与创新方面出现政府失灵。"经济发展模式转变的过程,绝不是一件简单的事情,它不仅受制于社会对未来的认知,而且受制于既有的利益关系。"[1]

我国的计划经济体制改革表明,在政府使用计划手段无力实现经济社会的稳定和发展的情况下,通过市场手段来实现经济增长是明智的选择。尽管我国已经明确了建立健全中国特色的社会主义市场经济体制,但这并不意味着我国政府经济职能的淡化以及政府对市场机制的培育是一个顺理成章、水到渠成的过程。如果不采取"亲市场"的政策也能实现经济增长,那么对于也具有"经济人"属性的政府官员来说,没必要通过放弃自己手中的权力来进行市场化建设,转变政府职能也就缺少了压力和动力。近十多年来,我国经济实现了高速增长,但政府职能转变以及行政机构改革却缺少实质性进展,便是一个最好的证明。

经济增长的本质就是通过生产要素的投入来实现社会财富的产出和不断

---

① 刘刚:《中国经济发展中的涌现现象及其发展模式的形成和演化》,《经济学家》2011 年第 1 期。

扩大,因此,经济增长必然会涉及生产要素供给以及产品和劳务的需求两方面的问题,与之对应的经济增长类型也可以分为两种——供给推动型与需求拉动型。从需求拉动角度看,经济增长动力可分为投资、消费和出口,即三驾马车;从供给推动角度看,经济增长动力也可划分为三个层面,分别是要素供给推动、结构供给推动与制度创新推动。可以看出,实现经济增长有多条途径。我国通过改革开放,参与国际分工,获得了足够大的外部市场,解决了发展中国家内部需求不足对经济增长的制约问题。而从经济增长的资源投入方面,分权化改革使我国的地方政府获得了足够的经济发展积极性,它们无论是出于增加财政收入,还是出于谋取政治升迁的考虑,都具有推动经济增长的动力;而地方政府手里又掌握着充足的经济资源,如土地要素、资本要素以及行政审批、垄断权力,这些足够丰富的资源可以使政府通过简单的投资实现经济的增长,而且还具有立竿见影的效果;再加上政府寻租的存在,这就使以经济发展为目标的政府,在转变职能方面缺少动力和压力,结果只能导致政府职能转变滞后,制约市场自发秩序的形成,同时受路径依赖影响,经济增长方式的粗放型和外延型不断强化,最终致使转变经济发展方式越来越困难。

3.公地悲剧与产权制度缺陷

囚徒困境是博弈论中非零和博弈的典型案例,它反映了个人最佳选择并非是集体最佳选择的博弈状态,个人理性选择的累加亦可能导致集体的非理性。毕竟,当每个参与博弈的主体都试图实现自身利益最大化,而将全部外部性都留给他人,这样多方博弈的结果只能是全输,我国粗放型经济增长方式的形成在很大程度上也是类似囚徒困境选择的结果。

主导我国经济增长的地方政府,都清楚现有的经济增长方式从资源消耗、环境污染、可持续性等角度看,并不是一种最优的经济发展模式,但谁都没有足够的积极性首先停止采用这种经济增长方式。因为谁先停下来,走集约型的经济发展道路,不仅需要较长的时间,而且还要面临较大的机会成本以及经济增长的不确定性,更重要的是还在与其他地区的经济增长比较中失去优势,这无论对于提升自己辖区在整个国家经济发展体系中的话语权,还是对官员自身晋升都没有益处。在这种情况下,不顾一切地追逐短期利益,把经济发展的外部性留给社会或更高级别的政府,反而是地方政府发展经济的理性行为选择。

此外,经济学中的"公地悲剧"理论表明,当资源或财产有许多拥有者时,每一个人都有权使用资源,但没有人有权阻止他人使用,这会导致资源的过度使用以及资源配置效率的低下。这种资源和财产可划分为有形资源和无形资源两种,前者主要是指以土地、矿产、资本为主要内容的生产要素,而后者更加侧重于政府手中的经济发展和支配权力,比如提供地方保护、对特定企业提供优惠政策等。这两类资源尽管在名义上产权界定是明确的,即归国家所有,权力也是人民赋予的,但在实践中真正的产权主体是缺位的。作为国有资产产权主体的人民无法直接对国有资产进行经营管理,只能委托给政府。而对于作为产权代理人的地方政府来说,其根本利益和产权主体的根本利益不完全重合,企业发展的长远化与政府追求业绩的短期化之间存在冲突,在对其缺少必要的监管情况下,他们在经济发展中很难对这些资源和权力的经营效率负责,尤其是在考虑到个人或部门的利益时,地方政府往往会在经济发展过程中,忽略自然资源的稀缺,无视自然环境的独立性地位,无视自然环境在社会化再生产中的特殊作用,毫不顾忌经济增长的外部性,一味追求经济增长。这些都加剧了地方政府在经济增长过程中对生产要素的无节制消耗和过度使用,使得经济增长具有明显的粗放型特征。据海关总署统计,2014 年我国原油进口 3.1 亿吨,外贸依存度高达 59.6%,两者均创 2005 年来新高。高消耗带来的高污染问题越来越严重,除去江河湖泊污染外,我国经济发展方式的负外部性又增添了雾霾,东部地区大面积雾霾频发,已经引起了社会各界的广泛关注。迄今为止,中央正式提出转变经济发展方式已将近 10 年,当下的高消耗、高污染数据,再次表明我国转变经济发展方式是何等艰难与迫切。

4. 利益博弈导致的政策失效

分权改革后,我国以 GDP 增长为目标的升迁考核机制,给地方政府发展经济以足够的激励,但经济社会发展的其他目标在很大程度上被地方所忽视。现今我国经济社会发展过程中存在的各种失衡,很大程度上都可归结为这种激励有余而约束不足的财政分权改革,这种改革在一定程度上为粗放型经济增长方式的发展提供了便利。

分权改革给地方政府的激励主要体现为晋升激励和财政激励,而这些激励都是与当地 GDP 增长紧密相连。为实现经济增长,获得足够的晋升资本以及财政收入,地方政府会不遗余力地争取一切可利用的资源推动经济增长。而且同分权改革前相比,地方政府在推动经济增长方面还具有更重要的激励,即预算外收入,这些收益是无须和中央分成,而是由地方政府单独支配。地方的预算外收入鼓励了地方政府的新的"攫取之手",以往的"掠夺之手"更多的是通过显性的收费罚款,而分权改革后的则是通过投资来开启了隐形掠夺的方便之门。① 1998 年我国住房改革和 2003 年土地"招拍挂"令国有土地出让价格显性化上涨,土地出让收入在很多地方发挥了"第二财政"甚至"第一财政"作用,占地方财政收入比例平均在 50%左右,最高达 72%。除此之外,地方政府还以土地进行抵押融资,截至 2013 年底全国 84 个重点城市处于抵押状态的土地面积 40.39 万公顷,抵押贷款总额 7.76 万亿元。地方通过对经济资源的控制来实现经济增长,除了能够实现累计升迁资本和增加财政收益的双重目标,还会给官员带来隐性收入,这也滋生了大量腐败。例如,自 1997 年以来,河南省交通厅 5 任厅长有 4 任因经济问题落马。事实证明,显性以及隐性激励都使政府在 GDP 增长方面展开了"竞赛",导致近年来地方政府为维持一定的经济增长,资源投入比重越来越高,在一些省份的 GDP 构成中,固定资产投资占比已超过 50%,粗放型特征异常显著。

有利益就会有博弈,分权改革后,地方政府具有独立的经济利益,从理论上讲,地方政府和中央政府作为人民政权的代理机构,在利益上是一致的;但在实际的经济实践中,由于部门利益或官员自身利益的影响,中央和地方在一些问题上存在利益冲突,中央和地方的关系不再是简单的服从、执行的关系,而具有了博弈性质。出于自身利益的考虑,地方政府落实国家的经济政策时,常常是"上有政策下有对策",这种执行国家政策的灵活性直接影响了政策的

① 参见陈抗、Hillmam、顾清扬:《财政集权与地方政府行为变化——从援助之手到攫取之手》,《经济学(季刊)》2002 年第 1 期。

效率,甚至在某种程度上造成了国家宏观经济政策的失效。例如,在近年的房地产价格调控中,中央多次强调要稳定房价,但实际情况是房价仍在快速增长,不能达到调控的预期效果,始终存在"硬着陆"的潜在危险,这应该与地方政府不真正贯彻国家的宏观调控政策有关。而且,部门利益还影响着国家经济政策的走向,如在房地产价格调控中,人民银行希望通过限制房地产开发贷款来防止房地产泡沫,降低房地产泡沫引发金融危机的风险,建议采用房屋预售制度来终结我国房地产价格不断攀升的势头;但建设部关注的却是房地产建筑行业的发展,对人民银行提出的房屋预售制度调整表示强烈反对。表面看来,这是不同部门在宏观调控中的目标取向不同,但背后往往在一定程度上也代表了不同政府部门和一些利益集团的利益与意志。从国外的经济发展经验看,部门利益对政府决策的影响只能导致经济发展的路径依赖问题愈加严重,经济运行风险累加,并最终延缓整个经济社会的制度变迁进程以及经济社会前进步伐。

5. 地方政府间竞争行为失范

分权改革使地方政府具有独立的经济利益,而且与地方政府展开了横向竞争,这种竞争不是市场性的,而是行政性的,是一种过度的、无序的、无效的竞争,只能导致重复建设,从而导致粗放型经济增长方式的加剧,并在一定程度上形成了相应利益集团,阻碍着经济体制改革乃至经济发展方式的转变。市场机制通过竞争优化资源配置,提高经济效率,必须要以产权明晰为基础,否则,在产权不明晰又缺乏必要资源使用约束的情况下,这种竞争就不是市场经济所指的那种竞争,而是一种无效的竞争。

诺贝尔经济学奖得主弗里德曼曾经说过,花别人的钱办别人的事,既不讲节约,也不讲效果。我国政府主导的经济发展过程就具有这样的典型特征,主要体现为政府主导的投资,在资源利用方面就缺少必要的约束,不像民间私人投资那样产权更明晰,产权约束力更强,投资更讲究经济效益,地方政府之间展开的是不计成本和效益、只重视规模和数量的竞争。这种"竞争"的激烈程度和资源利用效率大致成反比关系,竞争的结果只能导致粗放型增长方式愈演愈烈,失去控制。2014 年上半年,我国公共财政收入 74638 亿元,全国政府性基金收入 25968 亿元、社会保险基金总收入为 17096 亿元,仅此三项政府收入便接近上半年 GDP 总量的 44%。这为粗放型经济增长方式的产生提供了充足的要素投入,并导致行政性重复建设难以得到有效抑制,产业结构的同质化、低端化难以扭转。与政府间的非理性竞争不无关系,毕竟在对如此众多的资源利用缺少约束的情况下,政府之间的竞争只能导致经济增长粗放型的比拼,继而带来严重的重复建设和经济资源的巨大浪费。

重复建设除了涉及传统行业外,也波及新兴战略产业。例如,光伏产业作为高新技术产业,发展前景曾普遍为人们看好,但地方政府不顾市场规律,不考虑实际市场需求,在短短几年内纷纷大规模上马,结果国外市场的风吹草动很快就影响到了国内的光伏企业。2011 年全球光伏需求量预计为 22G 瓦,但是全球产量预计超过 30G 瓦,出现了严重的供求失衡。我国光伏组件的产量占全球产量 60%—70%,而且在技术含量上处于劣势,产品同质化严重,在市场供大于求、竞争激烈的情况下,企业只有通过恶性竞争来尽量减少自己的损失,这造成了资源的极大浪费。更为危险的是,光伏项目的盲目扩张,并把主要销售市场寄托于国外,这犹如把鸡蛋放到一个篮子里,一旦出现贸易摩擦,将会对我国光伏产业发展产生严重影响,这一判断在 2014 年得到了应验。随着全球需求放缓,世界各经济体之间的竞争日益加剧,贸易保护、摩擦不断。2014 年欧盟、美国先后对我国光伏产品启动了"双反"调查,令我国光伏企业出口严重受挫,并引发了一系列破产事件,尽管最终国家相关部门出面,与美国、欧盟相关机构进行调停,最大限度地保护了国内企业利益,减少了损失,但政府间狭隘的粗放型竞争所带来的负面影响至今犹存,其教训值得我们深刻反思。

此外,地方政府在横向竞争中还存在地方保护主义、竞争无序和市场分割等问题。为了实现自己辖区内的经济增长,地方政府在市场竞争中屡次突破既有的规则,依据自身的需要自行调整优惠政策,在招商引资过程中的优惠政策满天飞、零地价,甚至地方政府负责为园区企业招工,就是最明显的例子。恶性竞争的结果不仅导致财富向资本的转移,尤其是向国外资本转移,而且狭隘的地方保护主义行为还阻碍了生产要素和产品在部门与地区间的自由流动,造成了当前的市场分割和区域行业垄断,妨碍了我国统一市场体系的建立,制约着我国潜在规模效应和大国优势的发挥。

小　　结

本章基于当前我国的经济发展方式,针对我国国民经济运行中存在的问题,分析了影响我国经济发展方式转变的制约因素,并从政府和市场两个维度,剖析了经济发展方式难以转变的根源。首先,结合我国经济体制改革的实际情况,对当前经济社会运行中存在的主要问题进行了归纳和整理,指出我国在转变发展方式中所面临的制度创新供给乏力、制度创新需求不足、技术创新缓慢等实际困难。其次,探讨了特定的历史阶段、特定的发展条件、经济政策的缺陷以及经济发展的路径依赖等因素对我国经济发展方式转变的制约,指出当前我国经济发展方式的粗犷性具有一定的历史必然性与合理性,是中国特色社会主义市场经济在特定历史发展阶段的必然产物。最后,从市场和政府两个层面深入剖析了我国经济发展方式转变难以实现的制度根源:一方面,市场主体不够健全、要素市场发育迟缓、市场竞争机制失灵、市场经济法治建设滞后等因素影响了市场在资源配置中的决定性作用的发挥,致使集约、高效的发展模式难以在短期内得以构建;另一方面,现有经济运行体制和机制无法解决政府主导经济增长的预算和资源软约束问题,再加上当前的领导干部晋升考核机制缺陷,分权改革、政府竞争等只能导致粗放型经济增长的加剧,在一定程度上成为这种粗犷发展模式的制度根源。

第四章　制约我国经济发展方式
转变的非正式制度

　　无论正式制度还是非正式制度,在我国经济社会发展过程中都发挥着重要的作用,许多经济现象都可以用它们来解释,尤其是非正式制度。毕竟我国是一个历史悠久、文化深厚的大国,在漫长的经济社会发展过程中,在法治缺位的情况下,伦理文化对于经济、社会的正常运转功不可没。然而,非正式制度亦是一把"双刃剑",其历史延续性使得它的改变不会在短期内完成,并且对人们的行为取向和行为方式的影响也是长期、持久的。正如诺斯所言,尽管正规制约可能由于政治或司法决定的影响而在一夜间发生变化,但是,内含着习俗、传统和行为准则的非正式规则却并未受到多大影响。

　　非正式制度在制度变迁过程中的滞后性表明,以非正式制度形式存在的传统价值观念和行为方式仍然对我国市场经济体制的完善与发展具有重要影响,并在很大程度上影响着市场资源优化配置机制作用的充分发挥。因此,在对转变经济发展方式研究方面,不仅要研究产权制度、市场制度、国家制度等一系列正式制度,还要对以意识形态、法治观念、伦理道德以及契约精神等为主要内容的非正式制度进行研究,并积极构建、培育与正式制度相容的非正式制度。

第一节　非正式制度的一般分析

一、非正式制度的基本内涵

新制度经济学派认为制度由正式制度与非正式制度组成。正式制度是指人们广泛认可和共同遵守的一系列规则,这些规则对于规范人们的行为具有重要的作用。正式制度既包括以国家、政府为主要内容的各种政治活动规则,也包括与人们日常生产经营活动密切相关的经济规则。而非正式制度则来源于价值的文化传递,来源于为解决特定的交换问题而对正式制度的扩展与应用,来源于解决简单的协调问题的方法,主要指经济社会中广泛存在发挥着不可替代作用的具有非文本形式特征的规则,包括价值观念、伦理道德、风俗习惯、意识形态等。它们更多地来源于一个国家或社会的传统文化,有效的传统,如勤劳、诚实、正直,能减低交易费用,并促成复杂的、生产性的交换。总体而言,它们对制度结构具有广泛而深刻的影响。

在非正式制度中,意识形态居于重要地位,它是个体与周围组织环境达成一致协议的工具,其包含的价值观念、伦理道德、风俗惯例等内容,不仅缓解了人的有限理性与世界复杂性之间的矛盾,降低了经济社会运转的交易费用,而且在一定程度上还是某种正式制度形成的理论基础,或者说是在形式上是某种正式制度安排的"先验"模式。在新制度经济学家看来,意识形态是最重要的节省交易费用的制度安排。风俗习惯,更多指那些在没有明确规则场合前人或多数人的行为惯例,这些惯例可以理解为受人们长期经验积累决定的一致行为。伦理道德、价值观念,作为非正式制度的另一项重要内容,无论其正确与否,都会直接影响制度的价值取向,换句话说,人们具有什么样的价值观念,就会构建出什么样的制度规范。

非正式制度蕴含了人们过去经济活动中的成功经验,也明确了人们在日常生活中的权利、责任和义务,遵从习惯进行生产社会活动,有助于克服摩擦,稳定交易预期,往往是人们的最优行为选择。在人类社会发展史上,人们彼此之间的关系协调,最早是通过非正式制度来实现的。即使在现今制度高度发达的社会形态中,正式制度也只是整个社会约束很少的一部分,非正式制度仍然影响着人们的日常行为,毕竟正式制度不可能穷尽人们的一切行动细节,经济社会运行也无法承受高昂的强制实施成本。人们不可能对所有的经济行为都进行思考后再采取行动,日常行为很多是按照一种惯性来进行的,"它不是一种理性的随机选择,而是一种习惯心理在特定环境刺激下所作出的行为复制;它没有缜密的逻辑推理形式,仅仅靠一种稳定的心理定式和人类长期实践活动形成的习性及取向,来判断主体与对象存在的关系"[①],这也是非正式制度产生和存在的一个重要原因。

非正式制度的文化特征显著,是人们在长期的社会实践中集体选择的结果,因此,无论其如何演变,始终都能在其身上找到文化传统的痕迹。一般来讲,文化多样性决定了正式制度的多元化,这是由于即使初始的非正式制度环境相同,但不同国家或地区所处的现实条件、要解决的问题和矛盾是不同的,因此在制度选择上必然会出现差异,从而影响人们的行为选择,并逐渐渗透到人们的价值观念等,久而久之,会形成新的社会、文明差异。

二、非正式制度的一般特征

非正式制度具有自发性、非强制性、独立性、隐蔽性、广泛性、持续性、时滞性、地域性等特点。

自发性主要有两层含义:一是指人们遵循某种非正式制度安排,经常是出于习惯而不是理性思考,是人们在长期的社会实践中形成的一种自觉行为。二是说这种不成文的非正式制度,如价值观念、道德规范、行为准则的形成是一种自发秩序,是一个自然生长、自我发展演绎的过程。

非强制性是指人们遵循非正式制度主要靠行为主体内在的自觉性,不像正式制度那样必须遵守,并有一套强制性的实施机制作为保障,因此它对人的制约形式更多表现为道德谴责、舆论压力,具有显著的非强制性特征。

独立性是指非正式制度可以不依赖其他任何制度而单独存在,人类社会

---

① 张雄:《习俗与市场——从康芒思等人对市场习俗的分析谈起》,《中国社会科学》1996年第5期。

早期的简单社会生产活动就表明了这一点。相比之下,正式制度的形成、发展都要依赖特定的非正式制度,这在制度移植过程中体现得非常明显。

隐蔽性是指非正式制度发挥作用是通过不成文的规定实现的,并且对人们的社会实践活动具有很强的渗透性,就像一只无形的手一样在引导人们进行社会交往,规范着人们的行为,保证经济社会的正常运行。

广泛性是指非正式制度几乎无处不在,广泛渗透到经济社会生活中的每个角落,深刻影响着每一个人的行为方式,调节着人们大部分的行为选择,其对社会经济秩序的作用远远超过了正式制度安排。

持续性是指非正式制度,如思想观念、价值取向等一旦形成便能够得以长久的延续、不易改变,而且其变迁具有显著的渐进、缓慢特征,路径依赖明显,这从另一个角度揭示了非正式制度的稳固性。

时滞性是指在制度变迁方面,非正式制度要明显滞后于正式制度,即非正式制度变迁需要一个较长的过程,这种滞后会使正式制度变迁出现不同程度的水土不服,降低正式制度变迁的效率。

地域性是指从非正式制度的形态来看,尽管它是无形的,但它不可能悬在空中,而必须存在于特定国家和地区的社会结构之中,即在研究非正式制度时不能脱离特定的社会结构。非正式制度只有在其依存的特定类型的社会关系和结构中才能起作用,例如亲缘关系、地缘关系、非正式组织等,如果脱离了一定的关系网络,这些内容很可能就失效了。可见,非正式制度的适用范围也是有一定边界的,它必须在一定的区域范围内才能发挥节约交易费用的作用,而一旦超出了特定的边界范围,非正式制度可能会低效或者无效。

三、非正式制度的主要功能

和正式制度的功能类似,非正式制度也能通过影响并确定人们在日常生活中的行为方式,使人们的行为选择更加明确,并对自己的政治经济活动的开展有一个相对稳定的预期,以实现经济社会的正常运转。一般说来,非正式制度具有以下主要功能。

(一)凝结聚集功能

非正式制度是在漫长的历史时期中,在特定的区域环境下逐渐形成的。

以风俗习惯、价值观念、意识形态为主要内容的非正式制度一旦形成就很难改变。而且由于非正式制度作用广泛,凡是受同一非正式制度影响的群体和社会成员往往都具有共同的文化价值观,日常行为方式也有许多相似之处。这些共同之处使得受同一非正式制度影响的社会成员之间缩短了彼此的距离,增加了彼此的认同感,并在某种程度上形成了一种向心力,如爱国传统在外敌入侵时,可以把整个国家和民族团结起来共同对付外敌的进犯。这种凝聚力或向心力的力量是非常强大的,而且也并不是依靠正式制度的强制性来实现的,而是一种完全的自发力量,是人们的一种自觉行动。

(二)行为评价功能

非正式制度像一只无形的指挥棒,指引着人们的日常行为选择,维护着经济社会的正常运转。在行为选择方面,人们的很多行为往往程序化、固定化,甚至不需要任何思考。人们的社会实践活动要受到非正式制度的评价,人们的有序行为要和社会的主流道德评价标准相符。行为评价是非正式制度发挥行为选择作用的前提,因为只能先有了评判标准,才能对人们的行为进行一定的约束和指导。客观地讲,这种评价标准是人们在长期交往过程中积累下来的生活经验、行为准则的集合,带有一定的道德经验色彩,由于不同的经济社会道德准则不同,人们的行为评价标准也会有所差异。不同的行为选择没有绝对的对错之分,它只是特定地域内的人们价值取向的一种反映。如"君为臣纲"在过去两千年的封建社会里是主流的道德评价标准,人们都会自觉地遵守和服从它,但在现今社会这种思想已无立足之地,这充分反映了非正式制度评价功能的历史和区域相对性。

(三)行为选择功能

非正式制度尽管是无形的,它的推行并不需要国家机器的强制力作为保障。它通过一定的社会价值取向和行为评价准则,来对人们的日常行为方式产生影响,分别通过直接和间接的形式表现出来。从间接形式看,由于非正式制度是正式制度的基础,它对正式制度的影响必然会传导到人们的行为选择上。从直接形式看,非正式制度作用的人的行为,客观上会促使人们的活动符合非正式制度的要求。在实际中,这两种影响是同时存在的,对人们的行为选择共同发挥作用。尽管与正式制度不同,当人们违反非正式制度时,惩罚更多的是非议或谴责,而无法从法律法规方面进行制裁。但即使是这样,非正式制度在日常经济生活中还是发挥着积极的行为选择作用。而且,从某种程度上讲,从制度作用范围、持续时间来看,非正式制度在规范人们行为方面发挥的作用甚至高于正式制度,毕竟非正式制度的广泛性、稳固性等特征是正式制度无法比拟的。

四、与正式制度的主要区别和联系

新制度经济学研究表明,各种制度安排之间是彼此联系、相互制约的,任何一种新的制度安排,都会打破原有的制度均衡,如果其他相关制度安排的调整过程缓慢,或与新的制度安排不相容,这一制度变革就会受阻、变形,这是由制度之间的内在联系决定的。

（一）表现形式和实施机制差异

正式制度往往都有正式的、规范的、具体的文字和条款,其制定和实施都有专门的机构来负责,其制定和实施是一个公共选择的过程,需要耗费必要的人力、财力、物力来保证立法机关、执法机关的运转,具有较高的制度运行成本。而非正式制度则不同,它几乎完全是无形的,是存在于人们脑海中的一些思想观念和价值取向,这些内容为人们所熟悉且自觉遵守,通过以身示范、口谕相传,实现代继传承。这一特性,使得非正式制度以一种隐蔽的方式渗透到人们的交往中,对人们的行为具有潜移默化的影响。非正式制度实施不需要专门的实施机构,由于它依靠的是人的自觉行动,其实施几乎不需要花费成本。

（二）制度来源不同

非正式制度往往是正式制度的基础,因为从两种制度的起源来看,一般是先有人们无意识的自觉行动,然后再有正式的政治经济制度。显然,这些制度不是立法者凭空制定的,而是适应经济社会发展需要的产物。这是由于随着人们生活范围的扩大,市场交易活动日趋复杂,人们出于维护交易秩序、减少交易成本的考虑,会把一些非正式制度上升为正式制度,来更好地对人们的行为进行约束,为经济社会有序运行提供保障。但正式制度并非单向地受非正式制度的影响,它也会对非正式制度的形成和改变具有反作用,这是因为非正式制度上升为正式制度后,通过对人们的行为习惯的强化,久而久之又会产生新的行为规范、价值观念和道德准则,从而构成新的非正式制度。

(三)制度可移植性差异

非正式制度是一种历史积淀,是一种历史文化演进的结果,是特定的历史环境和地理环境的产物,其形成和发展要受政治、军事、社会等诸多方面的影响,往往要历经较长时间,是一个相对漫长、渐进发展、逐渐演绎的过程。非正式制度一旦形成,会具有较强的稳定性,无疑增加了非正式制度变迁的难度,致使非正式制度的可移植性较差。而正式制度则不然,它可以较为容易地将一些具有共性的国际惯例或规则,从一个国家或地区移植到另外一个国家或地区。在全球化时代,西方市场经济国家的一系列制度在发展中国家的大量移植、复制就是典型,这种移植不受传统文化、风俗习惯等非正式制度的影响,只要制度变迁主体需要即可。

(四)功能上的互补性

正式制度的实施有国家机器作为保障,能使人们在市场交易中获得稳定的行为预期,有利于减少人们在市场交易中的不确定性,并降低交易成本。但是任何正式制度安排都是有限的,不可能包罗万象,对经济活动中的各种细节都毫无遗漏地进行规定,只能对那些交易复杂、存在信息不对称或容易产生机会主义行为的情况进行约束,而其他大部分经济行为的约束都要靠非正式制度的软力量,即人们在长期的社会生活中形成的非正式行为准则来实现。由此可见,非正式制度在对人们的行为选择方面具有补充性作用,正式制度必须要以非正式制度的补充才能有效运行。在某种程度上,正式制度只有嵌入特定的非正式制度中才能恰当发挥作用,脱离了适宜的非正式制度环境,正式制度的移植很快会出现失灵。

(五)内在冲突与相互转化

从构建过程来看,非正式制度是一种自发秩序,正式制度则是一种强制规则。由于制度目标存在差异,两种制度之间存在冲突不可避免,这种冲突既是非正式制度变迁的重要影响因素,同时,出于降低经济社会交易成本考虑,这种冲突和矛盾也成为正式制度变迁的再完善动力。尽管在某些时候,比如节省交易费用、制度收益大于制度成本,非正式制度可以上升为正式制度,但往往是正式制度更容易转化为非正式制度。例如,我国上千年的封建制度虽然结束了,但其许多制度由于运行多年,已经深入人们脑海,致使今天很多人仍不自觉地受着原来制度的影响,"学而优则仕""无商不奸"就是最典型的例子,尽管时过境迁,但若干封建制度仍对人们的行为选择具有重要影响。

总之,正式制度与非正式制度相互依存、相互补充,是一个不可分割、互为条件的整体,它们共同对经济社会的有序运转发挥着重要作用。因此,在制度与经济发展关系的研究中,不仅要关注制度创新,同时也要关注非正式制度变迁,否则非正式制度对正式制度的反作用,会使正式制度变迁事倍功半,甚至出现制度移植失灵。

第二节 我国经济发展过程中的制度冲突与融合

一、制度之间相互冲突与融合的作用机制

正式制度与非正式制度彼此之间相互制约、相互影响的作用机制表明,两种制度形态只有实现了相容才能保证正式制度变革的有效性。离开了非正式制度的支持,正式制度变迁的绩效很难获得保证。

一般来讲,制度融合是指正式的制度规范与该制度下的社会道德规范、价值取向相一致时,两者的关系相互支持、相互促进,并不断强化。这主要表现为组织的正式制度规范能够被充分认可,个人利益与组织或社会的利益趋于一致,因此,在对组织成员的日常行为进行激励和约束时,彼此之间的界限是模糊的,两种制度没有太大的区别,都从不同角度发挥了积极作用,两种制度实现了有机的结合。制度融合能够大大降低交易成本,因为规则的监督和实施可以通过人们的自发行动来完成,不需要耗费什么成本。显然,这种融合有助于组织行动绩效的提高。非正式制度与正式制度的融合还有助于减少市场交易中的人们行为不确定性,稳定人们的行为预期,这是因为两种制度的价值取向和评价标准都趋于一致,不存在冲突和矛盾。而当一个组织的正式制度

规范与该组织成员的利益偏好、价值取向不一致时,就会产生非正式规范与正式规则的冲突,此时人们便有可能不遵守既定的正式制度,尤其是当正式制度规范的强制性缺乏保障时,人们可能冲破正式制度的束缚,依据各种形式的非正式制度来开展行动。这种情况下组织的正式规则只能成为一种标准化、仪式化的制度躯壳,无法再对组织成员的行为选择进行有效激励和约束,组织成员更多的是依据具体情况相机行事,行为方式具有不确定性。

非正式制度是在人们的长期交往中无意识形成的,历经多年,在人们脑海中根深蒂固,早已成为人们思想的一个重要组成部分,而且经过代代相传,具有持久的生命力和强大的惯性。这种特性使得非正式制度的变迁相比正式制度变迁更加困难,过程也更加漫长。历史上,西方的市场经济国家在摧毁消极、保守、维护等级、追求虚无的封建神学观,树立民主、自由、追求科学进步的理性主义观,构建以自由、平等、法治、创新等理念为核心的意识形态和价值体系,历经了几百年的时间才得以实现。随着我国社会主义市场化经济体制改革的逐渐深入,制度变革和创新的结果便是传统社会的各种器物、制度,在较短的时间内被具有市场经济特性的新制度和机制迅速取代。但是,我国的传统文化有着非常深厚的文化积淀,尽管通过制度变革和创新,很多东西在形式上被西方文明取代,我国传统社会的各种器物和一些制度,特别是传统文化的影响还不能被迅速消除,它们还将在相当长的时期内发挥作用。市场因素的外来性和市场化变革的急剧性,这两种因素的叠加,带来了非正式制度与正式制度的冲突,并在很大程度上决定了我国的市场经济要经历一种由冲突走向融合的发展过程,经历一个计划与市场、传统与现代的相互调节和不断适应的过程。只有经历了这个过程并建立了与市场经济相适应的市场文化之后,我国的市场经济制度才能够实现真正意义上的确立。

二、制度冲突的表象特征以及历史根源

(一)制度冲突的表象特征

在我国经济社会的发展历史上,市场经济存在的时间还很短,可以说完全是个新生事物,两千年的封建文化以及计划经济意识形态束缚了市场经济的产生与发展。近百年来,我国多处在半殖民地半封建状态,自然经济向商品经济的发展过程也几乎中断;新中国成立后,受意识形态以及特定历史背景的影响,计划经济体制又人为扼杀了社会经济生活中脆弱的商品经济。因此,从历史上看,我国严重缺乏市场经济赖以生存的文化积累和市场基础,而且在意识形态、价值观念以及文化习俗等非正式制度领域,甚至还存在着抑制市场机制作用发挥的力量。

尽管我国的经济转型过程中,政府通过强制性制度变迁打破了以往的计划经济体制,迅速建立了市场经济运行所需的一系列正式经济制度,但由于与之相适应的政治、文化基础的变革进展缓慢,旧的社会政治结构、经济制度、价值观念等对市场经济的影响依然深刻。正式制度与非正式制度存在着显著的冲突,直接表现为关系也成为一种资源配置方式和手段,关系文化对市场经济制度的运行构成严重的冲击。

市场经济是契约经济,也是法治经济,经由人们公认的且上升为法律的制度在经济社会中具有至高无上的地位,任何人都不能凌驾于法律之上,法治是市场经济的核心,也是市场机制正常运转的重要保障。改革开放后,伴随着我国市场化进程的推进,一系列经济制度迅速建立,维护着市场经济的正常运转。但由于人们深受传统文化的影响,在日常生产生活中,仍旧习惯沿用传统的关系规则采取行动,而用来维护市场公平竞争的市场规则和制度被弃之不用。关系文化引致的制度冲突直接导致正式的制度规范形同虚设,具有非常明显的"仪式化"特征。关系也成了资源配置的一种手段和方式,表现为在很多领域,资源配置不是依靠市场手段也不是依靠行政手段,而是通过带有幕后交易性质的关系来实现的,资源供给者与需求者之间的关系远近、亲疏对于资源配置具有决定性的影响。此外,资源控制权一般在政府官员手中,由于公众无法对其权力进行有效的约束和监督,权力集中很容易产生贪污、腐败以及内幕交易等一些消极现象。

依据关系规则来配置资源,容易导致资源配置被局限在一个个狭小的、依靠亲情血缘关系连接的社会网络内。由于这种网络具有一定的隐蔽性和封闭性,因此各种生产要素资源难以在不同的社会网络之间自由流动,这不利于商品交换的广泛形成,也不利于经济合作在全社会范围内广泛展开,最终只能是制约着社会整体资源配置效率的提升和优化。

(二)制度冲突的历史根源

市场经济中,随着人们交易范围的扩大,交易行为的开放性、松散性和易变性增加了交易过程中的机会主义行为。为保证市场交易的顺利进行,减少交易过程中的机会主义行为,建立公正、公平的契约制度至关重要。西方国家的市场经济是以契约文明为前提和基础的,各交易主体地位上的平等、交易过程中的自由等观念早已深入人心,成为西方发达国家市场经济正常运转的基因。西方市场经济的演变和发展是以全体公民对法律契约的认同为基础的,整个社会普遍存在的信任关系是基于对法律制度的信任。因此,西方社会是法治社会,市场经济是法治市场经济。无论是法治社会还是法治市场经济,它们都有一个共同特征,就是充分尊重个人的权利,强调个人的自由和人与人之间的平等,而我国的传统文化缺乏自由、平等这两种元素,个体往往不能被充分尊重。

两千多年来,我国几乎始终处在一个典型的以血缘宗族制度为基础的身份社会中,儒家文化中的"三纲五常"确定了人们彼此之间的相互关系和身份地位,国家依据身份等级制度来分配国家的政治经济资源。以儒家文化为代表的传统文化重集体、轻个体,重人治、轻法治,强调国家利益高于一切,个人利益要服从集体利益。在经济社会治理方面,国家倡导"性善论"、主张"德治",强调依靠道德伦理来维护社会的秩序,希望人们加强自身道德修养,通过"一日三省吾身"来进行自律。儒家文化作为官方主流意识形态,它把做人的规范和要求作为进行日常活动的原则,致使整个经济社会的运转更多地依赖人的因素,因此疏于法治建设,忽视了法治在社会发展中的地位和作用,久而久之形成了一种以等级制度、情感关系来配置资源、权力制约机制不健全的社会体制。应该看到,德治依靠的是人的内省和自律,是一种软约束;而法治则具有明显的强制性特征,是一种硬约束。两者在维护社会运转的作用方面都很重要,而且不可替代,长期强调人治、忽视法治,会带来"长官意志""家长作风",法治缺位打开了以血缘宗族为基础的关系本位上升为社会治理准则的通道。

儒家文化成为主流意识形态,主要缘于我国封建社会的经济形态和社会特征。在漫长的封建社会中,经济形态基本以小农经济为主,人们的生产活动范围较小,生产活动基本以血缘、宗族为单位来展开,相对比较简单,在这种情况下,以关系伦理作为事务的处理原则更为有效。此外,统治阶级出于维护自身统治的需要,对"三纲五常"长期推崇和贯彻,等级观念、顺从意识已深深地印入了人们的脑海之中,成为人们思想意识的一个重要组成部分。相比西方国家市场经济萌芽阶段,在我国传统社会,人们理性精神匮乏,鲜有对统治阶级的伦理规范、价值观念的怀疑,这从客观上也对儒家文化的主流意识形态地位起到了强化作用。

传统文化"重人治、轻法治",忽视个人的权利和自由,致使血缘、情感伦理关系渗透到经济社会运行中,在事务处理上,情理、事理、法理相互影响,法律法规具有一定的随意性和弹性,这直接带来了制度运行的不稳定性和运行结果的不可预见性。显然,我国传统文化所孕育出来的以关系、情感为导向的行为方式不符合我国市场经济的法治要求,与市场经济的自由、自主、公平、公正等原则形成了鲜明的对立和冲突。人情关系对正式规则的直接取代,削弱了经济契约的严肃性、公正性和公平性,造成了市场经济秩序的混乱,降低了市场运行的效率。因此,加快市场经济的法治建设,不断健全市场运行规则,对于形成以公平竞争为基本原则的市场预期,压缩关系规则的运行空间,减少关系文化对市场经济秩序的冲击具有重要的意义。

三、非正式的"关系"规则的效应分析

新中国成立后,经过一系列的改革和文化运动,以血缘宗族、各种成分为特征的身份社会在形式上被摧毁了,随着改革开放与社会主义市场经济体制的建立,我国政府逐渐从经济领域中退出,依据"身份"等级制度运行的经济社会逐渐瓦解。但传统文化和价值观念仍在起作用,没有遭到实质性的摧毁,以"祖籍认同""血缘""地缘"等为纽带的各种关系文化在我国社会仍然具有重大的影响力。

辩证地看,关系文化对我国经济社会发展的影响具有双重性。一方面,这种文化在改革开放初期,在吸引国外资本尤其是华裔资本的过程中发挥了积极的作用。在西方国家对中国还不是很了解的情况下,是"血缘关系、地缘背景"的隐性担保,使我国在改革开放后获得了极为宝贵的资本,也正是这些资本在国内的良好发展,促进了我国改革开放的顺利推进。但是,另一方面,随着市场经济发展,关系文化与市场机制的冲突愈发明显,对我国经济社会向现代契约社会推进产生了明显的制约作用。

首先,关系文化限制了市场交易规模的扩大。市场经济的正常运转要以明晰的产权制度、健全的市场机制以及必要的国家干预为前提。尽管经过30多年的发展,我国初步建立了具有中国特色的社会主义市场经济运行框架,但是目前我国的市场经济体系还不是很健全,一些重要的机制和制度建设还存在缺陷。在这种情况下,当理性的"经济人"无法通过遵循正式制度实现自身的利益时,便转而依靠传统的"关系文化""潜规则"等非正式制度来作为自己的行动指南。关系文化以权力为依托、血缘宗族等关系为纽带,使市场交易集中于一些特定的相对封闭的网络,而该网络对外具有明显的排斥性特征。这种排斥无论从宏观层面还是微观层面,都对我国市场经济的运行产生了负面影响。从宏观角度看,在市场交易活动中的区别对待、内外有别,会造成人为的市场割裂、地方保护主义的盛行,阻碍资源自由流动与配置的优化,导致市场竞争机制难以形成、市场优胜劣汰机制难以发挥作用等局面。从微观层面来看,建立在血缘、地缘等关系上的交易活动,尽管在一定范围内可减少信息不对称带来的道德风险问题,有利于降低交易成本,但是由于人们在市场交易中更多的是用关系的远近、亲疏来进行经济行为的选择,正式制度规则缺乏刚性,而是随着关系的不同而有弹性地伸缩,其公正性受到了质疑和削弱,导致以契约关系为基础的正常市场关系难以建立,不能满足现代市场经济大规模的、复杂的商品交换的基本要求。

其次,关系文化影响了正常的市场经济秩序。当人们把关系文化用于开展经济活动、进行市场拓展时,其行为也在构建一种与正常的市场秩序相冲突的交易结构。具体表现为,在市场交易活动中,人们依赖关系采取行动,而不遵循正式的制度约束。此时,一切正式约束、规范都可以因各种"特殊"情况进行变通,随机的行为控制居于支配地位。这虽然使经济人在制度变迁过程中对外界的变化有较强的适应性或灵活性,并可以因地制宜选择较为合适的制度安排,降低制度创新的成本,但从长期看,人们在开展经济活动时,不是依据相关的政策、法规,而是在揣测权力行使者的行为之后相机行事。这是与法治市场经济建设相悖的,在一定程度上导致了市场经济秩序的混乱。正如詹姆斯·布坎南等人的研究表明,在经济社会转型期间,当游戏规则的改变发生时,新规则的缺乏可信性给关系文化以可乘之机,带来了社会的无序。

最后,关系文化延缓了我国的法治化进程。在我国两千多年的社会运行中,人治而非法治是我国政治、经济以及社会治理的主要特征,关系文化的诞生、成长乃至壮大具有肥沃的土壤。市场经济本来是法治经济,人们之间的经济活动是通过契约关系来维系和调节,要求经济主体在市场交易中尊重契约,重信用、守合同,但关系文化的排他性和非公平性致使契约无效或低效,失去了契约规则的应有之义。伴随着关系网络向政府行政体系的渗透,关系原则在一些情况下对市场经济的法律法规进行了扭曲或替代,人治在一定程度上取代了市场经济的法治,客观上影响了我国市场经济法治化进程。东南亚一些国家的社会经济发展也表明,经济活动开展依靠人治而不是法治,法律制度、规范条例等约束都具有可回旋的余地,缺乏刚性,致使理性的经济人对市场竞争失去了兴趣,没有动力通过创新提高经营能力,转而把精力放到了关系经营上,投入大量的人力物力对官员进行公关,结果导致了设租—寻租等消极腐败行为,造成经济发展的长期停滞。诺斯《西方世界的兴起》一书中,在分析这些国家贫穷落后的原因时指出,这些国家缺少进入有法律约束和其他制度化社会的机会,因此造成了经济发展的缓慢甚至停滞。

四、对"无序"问题的进一步探讨

在动态的制度变迁过程中,建立和维持社会经济秩序是一个重要问题。制度变迁引起绝对或相对收入的改变、经济地位的改变以及个人或集团在社会中的保障的改变,利益的重组与分配,给无序提供了滋生的沃土。无序状态的持续则令人困惑,且增加了不确定性,这时因为个人或组织的权力很容易被攫取,意味着现有的政治和经济交换关系的中断;而且,随着规范的分崩离析,人们对秩序的遵守也消失了,致使绝大多数参与者最终都是输家。

良好秩序是长期经济增长的必要条件,也是建立和维持构成个人自由和产权基础的必要条件。从历史上看,秩序的长期维持以及社会激进变革后的秩序迅速重建,是发达国家与一般国家在经济社会发展方面的重要区别,其中,最为关键的莫过于非人格化交换制度的确立。典型的如美国,在过去的300多年间,独立革命、南北战争,使美国的社会经济结构发生了重大调整,然而在剧烈的制度变迁过程中,秩序总是能迅速地重建,具有适应性效率的制度能有效调整与制度变迁相关的问题,不断地推动着经济社会向前发展。制度之所以具有较强的适应性效率,与赋予公民相应的权利,并对政府官员行为进行限制,防止公共官员的机会主义和掠夺行为有很大关系。这些信念为大多数人所共享,并且融入到社会的主流文化和价值观念之中。

纵然美国经济社会发展,具有适应性效率的制度结构还有其他支撑因素,如有利的资源要素禀赋(广阔而富饶的土地和资源、来自欧洲的资本、技术移民和劳动力等),然而一个关键的事实不容否定:英国制度的继承为非人格化交换制度的发展提供了有利环境,而非人格化交换制度正是美国经济长期增长的基础。这可以从北美与拉丁美洲的对比中看出来。同样是从欧洲殖民体系中独立出来,但拉丁美洲国家在新的共和制度(受美国启示制定的宪法)建立方面,与旧有的政治制度基础产生了冲突。由于受西班牙皇家体系的影响,权利依然被赋予了少数人,大量的生产和贸易为特权阶层垄断,由于缺乏政府角色、国家、公民权利等观念,人格化交易仍然主导着政治和经济交易。这样,那些从皇家体系中继承了权力的人与共和制度及其伴随独立不断演化的组织产生了根本冲突。美国的联邦主义、民主、有限政府等信念,是美国的经济社会制度不断向前演化并且具有较强适应性效率的源泉。而拉丁美洲脆弱的民主制度、可疑的公民权利基础、人格化交换主导的政治经济秩序,为其走走停停的经济社会发展提供了有力注脚。

受路径依赖限制,人们往往不能迅速地从人格化交易转化为非人格化交易。毕竟人类自诞生以来,在上百万年的演化过程中,不利的物理环境使得小集团互动是绝大多数人类的行为选择,可以说人格化交易几乎主导了人类的整个发展进程。而非人格化交易,也就是近几百年发生的事情,要想实现交易方式的转变,要有足够的动力去摆脱原有的路径依赖,让人们充分认识到非人格化交易比人格化交易更有利可图。显然这需要更多的实践和观念的不断改造,让人们逐渐接受新的交易方式和制度。从西方世界的实践来看,非人格化交换并不是轻而易举就能实现的,从 10 世纪的相对落后到 18 世纪的世界霸权建立,其间也历经了几百年的时间,而且在不同国家,转换的效果也存在较大差异。同时,这种转换更不是自然而然发生的,它要求不断发展经济和政治制度,恰当处置交换中的分配,来回馈不同市场主体间的分工与合作行为,保证非人格化交换制度的实施。从这一点来看,要想扭转我国市场经济的无序局面,实现由人格化交易向非人格化交易的转换,离不开市场经济的法治建设,这其中关键要建立强大而有限的政府。强大是要尊重产权与契约精神,确保正常市场交换的顺利进行;有限则是指要明确界定政府的权力,防止政府在市场经济运行中出现越位。否则,我国的资源配置效率不可能得到有效改善,寻租、设租行为依然会长期存在,显然这不利于转变经济发展方式的实现。

第三节 制约我国经济发展方式转变的传统文化探析

转变经济发展方式、提高资源配置效率要依赖于市场机制的完善,发挥市场在资源配置中的决定性作用。然而,市场机制的完善,除了要建立一系列正式规则外,还要改造传统文化中与市场文化不相协调的部分,构建与市场经济相适应的非正式制度。毕竟现代经济是法治市场经济,它不能超越特定社会经济结构以及由它制约的社会文化发展。尽管我国传统文化具有许多优秀的内涵,但其本质是抑制创新的,是反市场的,尤其是以重人治、轻法治、身份等级为核心的思想价值观念对我国的市场经济运行产生了严重的影响,并对我国的经济体制改革与经济发展方式转变都构成阻碍。

一、中庸思想对转变发展方式时滞的影响

(一)传统中庸文化的历史表现

自汉代董仲舒"罢黜百家、独尊儒术"以来,儒家文化在我国的传统文化中一直处于主流地位,为历代君王所推崇和提倡。儒家文化作为一种重要的非正式制度,对我国的政治、经济和社会生活均产生了深刻影响,其中中庸、求稳、贵和等思想在经济社会运行中发挥着重要作用。但是,这一传统思想是"双刃剑",它曾经有助于我国改革开放后选择适合自己国情的、避免社会动荡的经济体制改革路线,带来国民经济的长期高速增长。但是,儒家思想也在一定程度上阻碍了我国的制度创新,延缓了我国经济发展方式转变的步伐。

首先,由于长期深受儒家文化影响,致使人们在对周围世界认知上崇尚平稳和谐、中庸之道的行为准则,强调世界是一个有机整体,处理问题要注重整体和谐,行事公正而不走极端。中庸之道的精髓就是"过犹不及",既反对"过",又不主张"不及",提倡走中间路线,否定两个极端。"枪打出头鸟",与大家保持一致,把中庸之道体现得淋漓尽致。转变经济发展方式,就是要通过制度调整,增加推动经济增长的约束条件,使得经济发展朝着人们预期的方向前进。这其中制度创新必不可少,然而作为制度创新主体的人却深受中庸之道的影响,往往通过规避制度变革来减少风险,避免因制度创新失败而使自身利益受损。维持现状,与众人保持一致,虽然没有额外的收益,但也不会有损失产生。

其次,在义利关系方面,儒家思想重义轻利、见利思义、以义驭利,反对功利主义价值观。尽管儒家文化并不否认义、利可以统一,但这种思想更多的是为了引导人们遵循现有社会制度,以维护封建社会的运行秩序,客观上对尊重个体、崇尚竞争的现代市场经济构成了抑制,毕竟其鄙视功利的价值观不利于形成市场经济的内在动力。在漫长的经济社会运行过程中,人们在"重义轻利"思想的影响和渗透下,与西方市场经济相比,逐利动机严重不足。而且,人们生产的目的不是为了交换而是为了自给,彼此之间的社会分工程度较低,信息、物质的交流同时又具有较大的封闭性;久而久之,这种封闭性也使人们逐渐养成了安于现状、不思进取的求稳心态,构成了渴求稳定、和谐,注重规避风险的社会心理,在久远的历史传统中沉淀了一种封闭的惰性心理和惯性思维方式。这不仅与游牧民族长期奔走、迁移所带来的勇猛、彪悍、积极进取的精神形成强大反差,更与那些在开放的沿海环境中产生的擅长贸易、追求财富、勇于冒险的海洋文化差异巨大。从这个角度看,儒家思想是不利于现代市场经济发展的。在没有足够大的制度创新预期收益驱动下,受保守、求稳心态影响的行为人很难改变现状,主动承担风险,进行制度创新,制度变革出现推迟或停滞也就不难理解了。

（二）中庸思想与制度变迁时滞

儒家文化推崇尚古,言行循规蹈矩,凡思考问题或做事之前,习惯查看先哲们有无先例和经验可循。然而,现代市场经济发展最需要的就是创新,一味崇古,显然与市场经济所要求的求实创新、敢为人先的精神相悖。而且,中庸、求稳、贵和的思想观念使得我国传统的认知方式偏向于实践理性,倾向于从实际经验中总结归纳出有规律的东西,并把它用于指导实践,我国的经济社会发展就是在如此的循环反复中实现的。与我国的实践理性不同,西方国家对世界的认知方式,更多的是先提出假说,然后对假说进行逻辑论证,并构造出一个可行的先验模式,继而进行实践。两者相比较,很难说哪种认知方式优越,因为从不同的角度看,会得出不同的结论。中国的认知模式有助于制度创新的平缓推进,顺利地实现制度更替,但制度创新可能需要花费较多的时间。而西方的认知模式刚好相反,它易于保证制度创新的速度,但毕竟制度创新是新的事物,即使进行了充分论证,由于不可预知因素的存在,也会影响制度创新的成效。具体到制度变迁,按照西方的认知模式提出的假说以及论证,很有可能是颠覆性的想法和逻辑,具有激进性和爆发性,易于导致制度创新环境状态的不稳定,不利于制度变革的顺利推进。而按照中国的认知模式,更容易接受并采取渐进的制度变革方式,但容易带来制度创新的时滞,即潜在利润的出现和潜在利润内部化的制度创新之间存在的时间间隔,或者说制度创新供给滞后于制度创新需求之间存在的时间间隔,这是因为制度创新往往要经过创新认知、识别以及实施等多个步骤,需要一个时间过程,存在时滞难以避免。

回顾我国经济发展方式的变革之路,可以看到,尽管有西方成熟的市场经济理论可以借鉴,但由于深受传统认知方式的影响,我国的经济发展模式没有全面照搬西方的经济理论和做法,而是立足于中国国情,积极探索适合自己的制度和发展方式,制度变革和创新是"走一步,看一步""摸着石头过河",这表明了我国传统的经验理性的认知方式一直发生着作用。"局部试点、效果评定、经验总结、传播推广"的做法遍及我国的经济发展以及制度变革过程,大至区域的制度创新试点,小至企业或个人等微观主体的产权调整,无不体现出制度变迁深受传统认知模式边实践、边总结、边提高的影响,这也就揭示了为什么在我国的经济发展过程中,制度变迁存在时滞,制度创新供给多数情况下滞后于需求。

我国传统的认知方式以及人们的有限理性,决定了经济发展方式转变的路径和我国的经济改革一样,具有明显的渐进性特征。正如林毅夫所说"如果人心的理性是无界的,且建立制度安排是不花费用,不花时间的,那么社会在对制度不均衡做反应时,会立即从一种均衡结构直接转到另一种均衡结构。然而,人心的理性是有限的,建立新制度是一个消费时间、努力和资源的过程"。① 由此不难看出,当制度运行出现失衡,由于人们不能马上摆脱传统认知模式的影响,在有限理性的约束下,制度变迁或创新只能渐进的,这也从另外一个角度说明了以制度创新为主要途径的转变经济发展方式不可能是一蹴而就的,必然要经历一个长期的复杂的探索过程。辩证地看,尽管渐进认知缺陷从表面上延缓了我国经济发展方式的转变进程,但相比采取激进式改革的国家,如俄罗斯国民经济长期负增长,通货膨胀严重,国民生活水平急剧恶化,综合国力显著下降等,我国经济社会仍在一个相对稳定的速度上向前发展,尽管发展方式转变看似慢,但实际上它在不断发生着改变,这种"慢"从某种意义上讲,也成了一种相对的快。同样是建立市场经济,中国与俄罗斯采取了不同的变革方式导致了迥异的结果,这一事实再度表明,制度变革在打破以往制度均衡后,如果未能迅速完成对旧有文化的改造,那么新的社会秩序便不能得到有力保障,制度变迁只能会"欲速则不达",如果经济社会发展都面临障碍的话,那么转变经济发展方式就更无从谈起。

二、国家本位主义对政府干预行为的强化

(一)国家本位主义的表现与历史渊源

我国的市场经济是政府主导的市场经济,尤其是在从计划经济到市场经

---

① 林毅夫、蔡昉:《论中国改革的渐进化道路》,《经济研究》1993 年第 9 期。

济的转型过程中,经济发展带有明显的国家干预特征,这一方面是由我国经济社会发展的现实基础决定的。在经济社会转型过程中,市场制度还没有完全建立起来,市场机制还有待健全和完善,经济社会的发展还需要政府之手。而且,退一步讲,从市场经济本身的产生与发展过程来看,在世界上任何一个国家,政府不可能对所有的经济活动放任自由、听之任之,真正的"守夜人"式的政府只是一种理想情况。另一方面,在我国的经济发展过程中,政府主导经济增长,对社会经济生活进行管制还有着深刻的思想根源,是受我国传统文化长期影响的结果。准确地讲,儒家文化思想深深根植于封建制度之中,它集中反映了以皇权为核心或以国家为核心的一套价值观念,认为皇权和国家是至高无上的,我国长达两千多年的封建社会体系和制度结构就是依此构建的。在该制度建构下,人们认为国家应主导经济社会的发展,否则,社会经济秩序将无法有效运转,最终导致崩溃。于是,人们把经济社会发展的主导权交给了国家,听从政府的领导。

千百年来,封建社会的等级、臣服思想广泛地渗透到了社会生活之中,影响着人们的日常行为方式。这种单向服从的价值取向导致了人们在现实生活中机械地、不自觉地接受着统治阶层的意识形态,使自身的思想发展受到了严重束缚。驯化服从教育的长期运行在保证了统治者意志得以贯彻实施的同时,也造成经济社会运行的僵化和落后,并逐渐形成具有浓厚封建统治色彩的国家本位主义,强调经济社会的一切活动都应当受到国家的控制,个人的意志要服从于国家的意志。

(二)国家本位主义的负效应分析

早在汉朝,国家对经济干预的合法性与合理性就得到了确认,一直延续了近两千年的时间。新中国成立后,由于受传统的单向服从的思维影响,经济社会发展主导权又重新回归政府,人们高度服从中央政府的安排,政府的指示成了人们判断事物的价值标准,经济社会发展的一切重大活动由政府来决策。不可否认,政府在我国社会转型过程中发挥了重要作用,对于推动我国经济发展具有积极的效应,主要体现在两个方面:一方面是积极借鉴国外经验,发挥国家在制度变迁方面的强制性优势,依靠超强的推动力直接规定了市场经济体制改革的方向和路径,奠定了经济发展以超常规的形式加速前进的制度基础。这在很大程度上降低了市场交易费用,节约了市场建设成本。另一方面,政府主导经济发展工作还直接推动了市场经济的法治建设,并为市场经济的运行提供了基本的制度规范,为各市场主体创造了一个公平、公开、公正的市场环境,维护了市场经济的正常运转。但是我们应该看到,以国家本位主义为特征的国家干预是国家意志和利益的体现,长期的行政干预对我国经济社会发展造成了一定负面影响。

首先,国家干预影响了制度供给效率。在市场经济发展初期,市场机制不够健全,在经济活动中所发挥的作用也较小,但当市场经济发展到一定规模、市场化程度大幅提高时,市场规律和政府意志之间就会产生矛盾和冲突。比如公平竞争与行政垄断之间的矛盾。在市场经济发展初期,国家通过行政干预,集中资源用于重点建设,对于促进经济增长是有益的。但行政干预的本质是一种排斥竞争的行为,它的长期推行限制了其他市场主体的发展空间,扼杀了它们的经济活力,不利于整体经济运行效率的提升。而且,出于自身利益和意志的考虑,或受既得利益集团的阻挠,政府可能对公平竞争和行政垄断的矛盾进行模糊处理,减少制度供给或停止制度供给,导致市场化改革进程的延缓,使改革进入了所谓的"深水区"或"攻坚阶段"。

其次,国家干预影响了资源配置效率,不利于市场在资源配置中发挥基础性作用。在经济发展中,政府掌握着过多的资源要素,比如土地、资本以及其他自然资源,这些资源的配置手段更多带有计划性质,即通过行政手段取代市场机制来配置资源。在这种情况下,价格机制、竞争机制无法在资源配置中发挥作用,带来了经济社会发展中的投资过度、结构失衡、资源枯竭、环境破坏等问题。此外,资源要素的控制权力过度集中在政府手中,带来了寻租、设租等贪污腐化问题,也提高了社会运行的交易成本。我国改革开放30多年来,经济高速增长的同时伴随着资源配置效率的低下,这一问题的形成应该与政府的过度干预有一定的关系。

最后,国家干预妨碍了市场经济优胜劣汰机制的实现。政府山丁扶持国有经济的考虑,在行业准入、财政税收、资源供给等方面进行区别化管理,这种人为的政策差异,限制了民营企业的资源获取和发展空间,制约了民营企业的成长。此外,政策差异还使民营企业在市场竞争中处于劣势,无法和国有经济进行直接竞争,导致竞争机制在国有经济和民营经济之间,在一定程度上处于失灵状态,从而致使市场的优胜劣汰机制无法实现。改革开放后,民营经济未能做大、做强、充分参与国际竞争,应该说与政府对国有经济的过度保护、对民营经济的支持不足具有直接的关系。以资本市场为例,一些地方政府视公司上市为圈钱,为了自己辖区的经济增长,对国有企业的弄虚作假、包装上市行为态度模糊,一方面,导致了上市公司的质量普遍比较低下,降低了金融资源的配置效率;另一方面,民营企业无法分享金融体制改革的成果,利用资本市场进行投融资活动,致使民营企业投资难、融资难的境遇没有本质性的改变。

三、市场经济平等自由的契约精神的缺失

（一）西方契约市场理论的确立与发展

契约必须严守来源于罗马法的一项基本原则,它要求当事人双方都要受到其合意的拘束。通常认为,这是私法自治的具体体现,私法自治必然要求当事人依法享有自由决定是否缔约、与谁缔约和内容如何以及是否变更、解除等权利,私法自治也决定了当事人之间的合意应当优先于合同法的任意性规定而适用。只要当事人协商的条款不违背法律的禁止性规定、社会公共利益和公共道德,法律即承认其效力。

任何一种经济形态都不可能孤立存在,必然要受到特定的政治制度、伦理规范、价值观念的影响和制约。现代市场经济作为一种交换经济,在全社会范围内开展经济活动,也离不开特定的人文精神的支持。从西方市场经济的发展历史看,在市场经济的契约化、制度化、法治化形成和发展过程中,新教伦理在与市场经济相适应的人文精神和价值观念的形成和确立中功不可没,帮助人们摆脱了传统宗教的束缚和压制,唤醒了人们自由、平等、公平竞争等意识,确立了法治的文化和精神,带来了社会治理方式从人治向法治的转变,使人们能依据法律、契约开展社会经济活动,并使社会契约论逐渐上升为主流的政治哲学理论,成为当代资本主义国家的民主政治制度、市场经济制度的理论基础。在经济发展的漫长过程中,人们的交易行为不断扩展、演变,人们之间的

交易关系也日趋复杂,契约在经济发展中的作用越来越重要。可以说在现代生活中,契约的安排千差万别、丰富多样,简直是无处不在,无所不包。由于契约在经济活动中的广泛性、重要性,契约问题的研究在西方经济理论中具有重要地位。

在商品交换中,"契约"反映了交换主体双方的权利和义务,体现了商品交换的本质规定和要求。从抽象意义上讲,契约履行、契约自由、契约道德、契约精神等概念描述了市场经济中人与人之间、人与社会之间的基本关系,这些概念反映了契约的主要内容及其本质。市场经济是法治经济,其正常运行离不开必要的法律法规和经济契约。随着商品交换的不断发展,经济活动的日益繁荣,商业活动已不再是小范围的、局部的商品交换,而是涉及若干个商业群体,交换频繁而且越来越复杂。为了保证商品交换的正常进行,需要将契约关系上升为法律关系,以增加契约制度的效力。不难看出,契约安排或产权的界定是市场交易的前提,任何商品或资源的交易只有在契约条款或产权界定清楚的情况下才能顺利进行,市场价格机制才能起到作用,资源才能有效地得到配置,这是现代契约理论最基本的原则。

(二)我国契约文化缺失的历史根源

改革开放以来,虽然我国逐步建立了社会主义市场经济体制,并进行了一系列的市场经济制度建设,但是在与之相适应的非正式制度创新方面则进展缓慢,如市场经济赖以生存的契约文化、意识和精神等都发展滞后。究其原因,除了重视不足外,还有一定的历史和思想根源。

首先,农耕文化限制了契约制度的产生与发展。从形式上看,我国契约的发展历史可以追溯到汉代,甚至更早。但我国古代的契约在本质上与西方发达国家的现代契约有所区别,它更多的是指证明出卖、抵押或租赁等关系的一种凭证,证明产权关系的一纸文书,强调书面主义与形式主义,不像现代契约是以合意主义为基本原则。从这些角度看,与起源于古罗马的现代契约相差甚远。正如契约经济学所说的那样,现代契约至少同时包含三层含义:(1)契约是一种债务关系,在很大程度上是产权的跨期交易或延期支付;(2)契约的签署要以缔约双方的平等、自由的合意为前提;(3)契约的履行受到法律的保护。

我国古代契约发展历史源远流长,民间的契约活动也比较频繁,但并没有产生与契约相关的法律,并形成一种契约文化,这与我国更多的是处在农耕文化阶段有一定关系。商业文明缺乏发展壮大的文化土壤、没能在经济发展中占据支配性地位有着密切的关系。在我国经济社会发展中,自给自足的农耕经济几乎始终是我国主流的生产方式,适宜农业耕作的自然环境为这种生产方式的生存与发展提供了基础和保障,但同时也限制了人们的商品交换关系发展,使人们缺乏发展工商业的欲望与动力。这在一定程度上也解释了工业革命为何发生在欧洲,而没发生在中国。进一步讲,契约文明是要以市场经济的充分发达为基础的。正如恩格斯所言,文明时代是以商品生产、商品交换和商业文明的充分发展为基础的。而我国在以农业生产方式为基础的传统身份社会停留了几千年后,尽管走上了建立现代市场经济体制的大道,迈出了走向现代契约文明的重要一步,但应该清楚地看到,无论是我国计划经济还是市场经济,其建立和发展缺乏恩格斯所提及的前提条件和基础,封建文化残留以及计划经济思维方式的影响依然比较严重,而且短期内也难以根除,这严重制约着我国以契约制度为核心的市场经济建设。

其次,封建社会的身份等级文化对自由、自主、公平意识的制约。人类文明不断发展和进步的特征,就是家族依附的逐步消灭和个人独立的不断增长的过程。正如法律史学家梅因在对人类社会制度的演进研究成果中指出,社会进步的运动迄今为止,是一个从身份到契约的演变,是一个从以身份等级为特征的社会向以契约关系为特征的社会的转型过程,从强调身份的传统社会向自由平等的以个人为基础的现代社会转型的过程。但是,在我国经济社会发展的历史长河里,等级限制、血缘氏族关系不仅一直没有受到有力的冲击和破坏,反而长期存在于社会经济和政治生活领域中,并与国家的政治生活紧密连为一体。在意识形态领域,儒家文化在大多数时间里都是官方的主导思想,它强调礼法、服从、仁政以及尊卑有序的人伦秩序,人与人之间依据宗族以及社会地位划分关系,每个人都能在既定社会体系中找到自己的位置,确定与自己身份和地位相一致的权益。强调等级观念,忽视自由、平等和人格的独立,可以看出,我国古代社会是一种典型的身份社会。人作为社会的个体,普遍缺乏自由和独立,只能存在于家族或国家之中,这种意识和观念经过长时间的历史沉淀,已经深入人心,深刻影响并支配着人们的思维方式、行为方式。强调群体规范、抑制个体意识的意识形态,束缚了人们的自由与发展,否定了人们对个体价值的追求,妨碍了个体价值的实现,这是与市场经济以人为本,追求自由、平等的本质相矛盾的。在个体缺乏自由、人与人之间缺乏平等、个人权利无法得到尊重的情况下,自由交换的商品经济显然无从发展。

最后,法治缺陷对契约制度的影响。契约制度是现代市场经济发展中的产物,在商品交换中的地位举足轻重,是现代市场经济正常运行的前提和基础。契约文化的产生是有条件的。一方面,产权能够得到法律的保护,产权主体具有完全的自由与平等,这是契约关系建立的前提,也是契约关系赖以生存的基础;另一方面,契约制度的运行还需要相应的法律作为支撑,即需要有市场机制之外的其他机制来对经济主体的违约失信行为进行制约,以减少人们的机会主义行为。在西方,与契约相关的法在整个经济社会法律体系中占据重要位置,而我国自古代以来的法律,更多的是公法发达而私法萎缩,直接表现为法律更多的是以王权、皇权为核心,以家国宗族为本位的用来维护统治阶级利益的刑法。统治者全力以赴进行公法体系的建设和完善,以求得国家机器的正常运转和长治久安,而忽视了市场经济赖以生存的私法体系建设。私权的地位一直让位于皇权或公权,契约的合意原则从来没有在经济活动中发挥应有的作用,导致民众普遍缺乏"私权神圣""契约神圣"的概念和意识,使得民事关系的处理大多停留在民间,而没有上升到法律阶段。商品交易者的权益无法得到保障,这在根本上制约了商品交换关系在我国的发展。显然,在这种社会形态里很难产生契约文明。

小　　结

本章重点研究了非正式制度对我国转变经济发展方式的影响。首先从理论上简要分析了非正式制度的主要内涵、基本功能、主要作用和特征。接着研究了以传统文化为核心的非正式制度对我国社会主义市场经济建设以及市场机制运行的影响,分析了我国市场经济发展过程中的市场经济制度和传统文化的冲突与融合问题,认为在以制度模仿和移植为主要特征的制度创新过程中,制度创新的成败关键在于能否将模仿、移植来的制度进行因地制宜的调整,提高其环境适应能力,以实现与本土的传统文化、价值观念、伦理道德等非正式制度的融合。具体到我国经济社会发展实际,认为尽管经过 30 年左右时间迅速构建了市场经济体系和一系列经济制度,但由于非正式制度变革具有长期性、艰巨性等特点,两者之间出现了强烈的制度摩擦,并导致了在一些领域市场经济正式制度的"仪式化",市场经济文化建设的滞后直接降低了市场在资源配置中的效率,在某种程度上构成了我国经济发展方式迟迟得不到改变的深层次障碍与根源。遵循这一逻辑,本章最后进一步分析了我国传统文化中不利于经济发展方式转变的因素,指出传统文化中的中庸思想、等级观念、服从安稳、重人治、轻法治等都对我国的市场经济制度的正常运行具有一定消极影响,在现阶段阻碍了我国市场经济的进一步完善与发展。

第五章　转变我国经济发展方式的
制度创新实证研究

——基于温州经济社会发展的分析

第一节　温州经济崛起的历史过程考察

我国改革开放以后,温州经济率先崛起并非偶然,具有一定的历史必然性。尽管温州地处偏僻,在地域覆盖上不具有典型意义,但它在我国市场经济的探索方面始终走在全国前列。如今,温州经济在发展过程中的遭遇可以看作是我国整体市场化进程中遭遇问题的先兆。通过对温州经济发展历程的研究,可以为我国市场经济体制改革乃至经济发展方式转变提供许多有益的启示。

一、温州经济发展中的制度创新——以民营经济发展为线索

随着社队企业的解体和家庭联产承包责任制的推行,加上计划经济体系的瘫痪,温州国营和集体经济等体制内经济处于崩溃边缘。而民间经济在温州特殊的地理经济环境下开始活跃,地下经济逐步发展壮大,温州民营企业在体制、机制创新方面逐渐开始了探索和实践。

(一)民营经济的发展起点:家庭手工业

随着社队企业的解体,在改革开放的大背景下,温州民间企业逐渐兴起。据统计,1982 年,温州地区非国有集体单位占全社会固定资产投资比重 49%,比浙江省最发达的地区杭州高出 2.88 倍,非国有集体经济工业占工业总产值比例为 13%,位于浙江省第二位。随着家庭联产承包责任制的推行,温州的传统产业——家庭手工业往往容易成为民营企业进入的主要行业,进而成为温州经济制度创新的逻辑起点和历史起点。家庭工业以拥有生产资料的家庭为基础,以家庭劳动力和少量帮工为主要参与者,以家庭住宅为生产场所,利用当地原料发展家庭工业,生产出来的产品大多数是日用品。由于这种以家庭小作坊为主的经营方式所需的技术较低、占用的资金较少,温州市许多农村地区出现了一家一户的家庭手工业生产。从基本形态看,温州农村的家庭工业可分为四种:农户兼业经营、家庭作坊、家庭工场以及联户工厂。

1. 农户兼业经营。这是家庭工业的原始形式。农户兼业经营是指农村家庭在从事农业耕作之余,在农闲(或渔闲)时间利用多余的劳力、资金等生产要素生产农副加工品。这种形式基本不脱离农业生产,是温州家庭工业的原始形式,也是温州农村工业化历史进程的起点,更是温州农村经济体制机制变革的前提。

2. 家庭作坊。这是家庭工业的初级形式。家庭作坊是指以家庭经营为基础,以传统手工艺为条件,以土地流转为依托,主要依赖家庭内部劳动力,辅以少量的雇工来发展劳动密集型的日用小商品。随着家庭分工兼业化的发展,家庭作坊逐渐成为家庭经营的主业。与家庭兼业不同的是,家庭作坊中的农户家庭经营收入绝大多数来源于家庭工业的收入,农业生产逐步脱离家庭经营。

3. 家庭工场。这是家庭工业的典型形式。家庭工场是温州农村工业的主导产业。它主要以市场为需求,以家庭经营为基础,以非传统的生产工艺和设备为条件,通过雇工,实现住宅与加工场所分离以及生产机械化,分工专门化,并逐步形成产加销一条龙的产业化经营模式。

4. 联户工厂。这是家庭工业的创新形式。随着家庭工业的不断发展,温州农村地区出现了联户工厂。联户工厂是指由多户家庭通过合股集资、共同管理而办起来的工厂。这类联户工厂以家庭经营基础的松散联合,家庭工业年产值一般为 30 万—50 万元,用工一般是 30—50 人,年税后利润 3 万—5 万元,也被称为"35 牌"。这种模式突破了兼业农户、手工作坊以及家庭工场在人力、资金、技术、设备、土地等方面的局限,形成了相对稳定和较高层次的经济联合体。这种农村工业组织形态的形成和发展,促进了家庭工业生产逐步向规模化发展,提高了农村综合生产能力。

以血缘、地缘关系为基础的人际关系网络,是温州家庭工业组织建立的基础,这一交易网络有效地降低了交易成本,实现了内部利益最大化。农户兼业—家庭作坊—家庭工场—联户工厂的逐步演变,纵向反映了温州工业化程度的深化,从客观上构成了温州民营经济崛起的基础。

(二)成长过程的制度创新:挂户经营

根据《温州市挂户经营管理暂行规定》(温政〔1987〕54 号),挂户经营是指未取得独立法人地位和不具备在银行开户立账的家庭或联户在从事工业或商业时,将其生产经营活动与具有法人资格的公有制企业(或者政府)挂钩,以便开展其业务、拓宽销售渠道的一种经营方式。这些家庭或联户必须具备一定自有资金和生产经营能力,直接从事生产经营,并能独立承担相应的民事责任。他们要接受挂靠企业的监管,同时挂靠企业对这些挂户者提供一定的信息和咨询服务,支持和帮助挂户者开拓销售渠道。挂户者和挂靠企业通过契约的形式来明确双方的权利、义务。

根据挂靠契约的复杂程度,温州的挂户经营可分为松散型和紧密型两种类型。松散型挂户是指挂靠者只需按其营业额划分合同协议的比例或根据挂靠时间向挂靠企业交纳一定的"管理费",挂靠企业则对挂户者提供出借企业业务介绍信、经济合同书以及银行账户"三借"产前服务,仅限于向挂户者提供企业公章、经济合同书、介绍信、统一发票的使用权,同时代征相关税费,不提供其他任何服务,也不承担挂靠者的经济纠纷和经济责任,这种挂靠也称为"虚挂"。紧密型挂户是指挂靠企业向挂靠者提供"三借""四代"(代开统一发票、代经济往来结算、代扣代缴税款、代交集体提留)服务的同时,还向挂靠者提供经济信息、技术咨询,甚至还提供仪器设备、原材料、人力资源等产前综合服务和生产经营渠道,推销产品等产后服务,并且对下属的所有挂靠者的生产经营活动进行统一资源调度、统一规划兴办公共事业、统一产品检验、统一行政领导和经济管理,协助处理和解决违约、被索赔和债务等经济纠纷。一般而言,无论是紧密型挂户还是松散型挂户,挂靠企业均是具备一定资金和固定场所、设施等生产经营条件,并且具有法人资格的集体或国营企业,其服务的核心是"三借""四代",即挂靠的本质是购买身份。

农户采取挂户经营的经济组织形式是在温州特定的政治、文化约束下的理性选择,是温州民间企业成长过程中一个重要的制度创新。挂户经营是温州人民在实践中的创新举措。它是农户分散经营向合作经济(统分结合、双层经营)转变的有效经济组织形式,有力地破解了当时一些不利于民间经济发展的障碍因素,使得民间企业逃避了姓"资"姓"社"的质疑,最终为温州民营企业在政治取向多变的环境里获得相对平稳发展发挥了重要的作用。

(三)发展过程的制度创新:股份合作

合伙或股份合作企业被认为是我国农民继家庭联产承包责任制、乡镇企业之后的第三项伟大创举。温州股份合作经济发展于改革开放初期,但早在改革开放前的温州农村地区就已出现了一些初级形式,从发展进程来看,温州股份合作的兴起和演进可以划分为三个阶段。

萌芽发展阶段(1980—1986 年)。温州家庭工业蓬勃发展,联户工厂的产生和发展为温州发展合作经济奠定了基础。20 世纪 80 年代中期,一些经过整顿的挂户经营户和联合企业为突破家庭工业自身的局限性,开始实施"自愿参与,共同出资,利益均沾"的合资合劳的合作经济形式,如钱库区李家车村苍南毛纺厂便是由家庭作坊向股份合作转变的家庭工业组织。1985 年,温州出现第一个股份合作企业——瓯海登山鞋厂。这一时期,合作是十分有效的。据统计,1986 年,股份合作企业即发展到 10413 家,工业总产值为 13.61亿元,占全市工业总产值的 27.8%。但是由于政府的漠视态度,合作的时期十分短暂,往往在不到五年就散伙了。

改革试验阶段(1987—1992 年)。1987 年,温州市政府组织调查组对股份经济发展的情况进行调查,并以政府名义出台第一个关于股份合作企业的文件《关于农村股份合作企业若干问题的暂行规定》,随后温州当地政府先后出台多个关于股份合作制企业的全市性文件,鼓励股份合作企业的发展,并对股份合作企业提供了优惠的政策措施。这是政府对股份合作制企业进行改革试验的阶段,更多的是对股份合作制的肯定和鼓励。

创新规范阶段(1993年至今)。1993年,温州股份合作制企业达到顶峰,企业数达到36887家,其中工业企业27771家,工业总产值192.84亿元,占当年全市工业总产值的56.2%。随着股份合作制在农村工业经济发展优势的凸显,股份合作制逐步被引入城市集体所有制企业改制当中,并扩展到其他产业。然而,由于股份合作制企业股份构成的个人化和股权结构的集中化,如1993年少数人持股的股份合作企业占95.6%,导致企业规模难以扩大。于是,20世纪90年代中后期,许多温州企业发动了优化股权配置的制度创新,股份合作逐步向集团化和股份制转变,企业集团和有限责任公司逐步出现,市场化趋势愈发明显。

股份合作制企业是合资合劳的经济组织形态,尽管温州的股份合作制企业合股的色彩浓厚,而合作的色彩淡薄,本质上还是一种变相的私营企业(这种股份制的联合更多地表现为以家庭血缘为纽带的联合,即所谓的家族制企业,是对政府优惠政策的本能的一种反应),但作为一种新型的民间经济组织,股份合作制企业对加快温州工业化进程起到了不可忽视的作用。股份合作制使温州民间企业从一家一户的家庭小作坊经济形态由挂户经营发展到股份合作,超越了家庭工业组织形式,逐步实现了专业化分工与产业合作,适应了社会生产力发展的需要,同时为实现现代企业制度跨越奠定了基础。

二、温州经济发展的本质特征

(一)民营经济特征

温州地处偏僻,交通闭塞,人口众多,资源短缺,在这种情况下温州人为了谋生路,没有完全受制于当时主流社会意识形态的约束,自发进行了以家庭或集体为单位的小商品生产,开展简单的市场交换。无论明清社会还是计划经济时期,私营经济都是受到严格限制的,在这种情况下,温州的私营经济很难规模化发展,这种特殊的历史背景造就了温州小而灵活的民营经济。改革开放后,我国确立了以市场为导向的经济体制改革,民营经济取得了合法的政治地位和经济地位,温州的私营经济终于得以合法化发展,民办、民营、民有、民享、民富,成为温州经济发展最鲜明的特色之一。目前,在温州经济比重中,民营企业数量占 99.5%、工业产值占 95.5%、上缴税收占 80%、外贸出口额占 95%、从业人员占 93%。立足民力、依靠民资、发展民营、注重民享、实现民富，是温州经济发展的本质特征。这种"民本型区域经济发展模式"，彰显了温州经济的旺盛活力，打造了藏富于民的全新样本。

（二）实体经济特征

改革开放初始，温州就注重发展实体经济，从家庭工业起步，从小商品生产入手，从小经营发家，呈现出小商品大市场、小企业大协助、小区块大产业、小资源大制造、小资本大经营的鲜明特征，走出了一条实业致富的路子。在区域基础上发展起来的温州经济，是典型的区域性规模经济。经过长时间的发展，温州的民营经济逐渐形成了合理的社会分工，较好地实现了专业化、精细化的社会化生产，这有利于生产规模的扩大和规模效应的发挥。此外，温州的民营企业在专业化分工的基础上，通过市场机制把彼此紧密地联系在一起，实现了专业化合作，构建了区域性企业集群。企业间的分工合作降低了企业个体的市场风险，提高了个体的市场适应能力以及市场竞争能力。

（三）人本经济特征

如果说温州人是温州经济崛起的核心，那么温州精神则是温州经济崛起的灵魂，温州经济崛起与温州独特的人文精神密不可分。温州独特的历史、地理环境造就了温州人敢为天下先的冒险意识，造就了温州人的创造力，海洋文化的潜移默化更使得温州人具有了吃苦耐劳、勇于冒险、团结合作以及市场捕捉能力强的个性。自古以来，温州人始终是活力、创造力的象征，是我国经济建设中的一支重要经济力量。改革开放后，温州人更是充分发挥其在人力资源方面的优势，利用其敏锐的市场需求捕捉嗅觉，在原有传统手工业基础上快速组织生产，迅速推进农村的工业化进程，在以最快速度满足市场需求的同时实现了自身的原始资本积累。随着商业资本的不断积聚，温州人很快实现了商业资本到产业资本的转换，各种专业市场相继建立，形成了以消费品市场为基础、专业批发市场为骨干、生产资料和生产要素市场为支撑的市场体系。

（四）适度政府规模

适度的政府规模以及对民营经济的恰当支持和正确引导，是温州经济成功发展的关键。在温州民营经济的成长过程中,政府经济职能的相对弱化以及对经济干预程度的相对较小,给温州民营经济的自由成长提供了较好的空间,这是温州经济崛起中的最重要的外部因素之一。温州经济发展在一定程度上表明,在经济发展中,政府只有本着"有所为,有所不为"的原则,不断矫正自身的坐标,明确自身的功能定位,正确地发挥自身在经济建设中的作用,大力推进市场经济体制的建立,才是市场经济条件下建立政府正确发展导向的根本途径。在实践中,主要体现为:当个体私营经济萌芽的时候,政府不压制,放手让群众创业,尽量不干预微观经济主体的活动;当民营经济起步之后,政府不被各种争论和非议所惧,积极鼓励、支持、引导民营经济发展;当市场经济发展到一定水平之后,政府把能交给市场办的事尽量交给市场办;在市场出现失灵、失缺时,政府做好补位、到位,引导市场经济健康发展。"有所为,有所不为"的"适度政府"的恰当定位对于市场经济活力乃至市场经济效率具有重要意义。

第二节　温州经济崛起过程中的制度因素探究

一、内嵌的市场、经济和文化基因

(一)悠久的手工业发展历史

温州历史悠久,有记载的历史可追溯到春秋战国时期。唐朝以来,温州一直是浙江南部、福建北部所构成的孤立区域的社会经济活动中心。在历史上,温州由于土地稀少,农业发展十分落后,但手工业相对比较发达,陶瓷、造纸、造船、丝绸、鞋革等在我国历史上均有一定地位。西晋时,温州的瓷器制作水平就已经达到了较高水平,缥瓷的制作工艺名震江南。而在东晋年间,温州的青釉、彩褐瓷烧制水平又取得了长足的进步,我国"釉下彩"的主要起源地就在温州,"釉下彩"的生产,是我国制瓷技术的重大突破。北宋时期,随着水利兴修、土地综合治理,温州手工业进入全面兴盛时期,成为我国著名的手工业城市。到了南宋,随着当时政治、经济、文化中心的向南迁移,北方的许多民族蜂拥南下,导致广大南方地区以及温州的人口不断集中。为进一步推动温州商品经济的发展,针对温州交通相对闭塞的情况,当时人们从陆运和海运两个角度对温州的交通进行了改善,取得了明显的经济效应。随着人力资本投资的不断扩大及专业化生产的进行,温州的造船、瓷器、纺织、造纸、印刷等行业不断繁荣,商品的流通速度越来越快,到明清时期,温州纺织业水平发展到了一个较高的位置,并且已经开始受到商业资本的青睐和支持。明末时期,温州商业进一步发展,其中以中药业、酱园业、南货业和绸缎业为主的商业网络发展最快,其他行业的商业网络也初步建立起来。清朝末期,外敌的入侵也带来了相应的先进技术,在先进技术的改造和支持下,温州针织作坊、石墨印刷、肥皂制造等快速发展。民国时期,温州皮鞋业快速发展;1931 年,温州的皮鞋制造已颇具规模,在国内具有较高的知名度。如今温州之所以成为中国的鞋城,应该与温州当初皮鞋生产起步较早、发展较快的历史密不可分。

温州的手工业史悠久绵长,专业化分工清晰明确,商品交换频繁而发达,从这个角度来看,温州经济很早就具有了西方市场经济的一些特征。

(二)重商思想——商品经济发展的重要基础

温州经济的快速崛起,与温州独特的文化传统密切相关。在永嘉和瓯越文化的熏陶下,温州人逐渐形成了独特的商业思想。这种重商思想使温州后人形成了务实之风、适应竞争环境的圆通精神和学以致用的创新能力。

两千年以来,农耕文化是我国传统文化的主流。然而,随着唐宋以来全国经济重心和政治重心南移,江浙地区人口数量有了显著增加,北宋中期,一些州郡就已出现人稠地狭局面。北宋崇宁年间(1102—1106),温州有 119640 户,到南宋淳熙年间(1174—1189),上升到 170035 户。沿海多山的地貌,导致温州平原面积狭小,人多地少矛盾激烈。为了生存,温州人除努力提高农业生产率外,还不得不寻求其他途径来转移剩余劳动力。越来越多的过剩人口通过从事手工业生产、经营商业来满足物质需求,客观上促进了当地手工业和商业发展以及社会经济水平的提高。此外,南宋与金战争频繁失利,宋廷收复北方政权的无望和时政中的诸多弊病,进一步激发了人们的社会危机感。于是,温州地区的有识之士纷纷针砭时弊,著书立说,以发展工商业为主要经济形式的重商和功利主义的经济理性、意识形态逐渐形成,富工、富商和经营工商业的地主也纷纷出现。永嘉学派就是在这样的时代背景和社会环境下逐渐形成的,客观上反映了当时温州社会的发展情况。

永嘉学派的学术主张与当时朱熹理学、陆九渊心学等大讲身心性命之学不同,而是以强烈的爱国主义思想、注重实用和创新、重视事功为特色,倡导轻税赋,尊重人的自由和交换权利;在学术上突破了"重本(农)轻末(商)"传统思想,主张"功利与仁义并存",认为"利者为义之和",形成了"事功之学"体系;提出了"道不离器"的朴素唯物主义思想,主张为学务实,反对"空谈心性";提倡学以致用的教育思想,运用"道义"与"功利"相结合的"义利双行"的伦理思想;强调以民为本,主张"通商惠工,以国家之力扶持商贾,流通货币";肯定雇佣关系和私有制的合理性,认为应该大力发展工业和商品经济;等等。永嘉学派关注实际问题、注重实际功效的经济思想应该说体现了当时工商业阶级和广大市民阶层的生存意愿,反映了宋代商品经济发展的时代特征和客观需要。

近代以来,在西方市场经济的不断冲击下,中西文化的融会开阔了温州人视野,进一步加强了永嘉学派对温州人的影响力,激发了温州人的创业热情,强化了温州地区的经商传统,并逐步整合出了一种务实、重商的独特地域文化,直接构成了今天温州独有的经济发展特征。如果说海洋文化的潜移默化使得温州人具有了吃苦耐劳、勇于冒险、团结合作以及市场捕捉能力强的个性的话,那么永嘉文化就像文艺复兴更新了欧洲人的思想观念一样,使温州人在彻底抛弃传统的农本经济思想的同时,树立了重功利、重商业的经济思想观念。这两种优势的有机结合,使温州地区较早萌生了民族资本主义的运动,奠定了改革开放后温州经济率先发展的基础。

改革开放前,温州人均耕地面积 0.53 亩,相当于当时全国平均水平的三分之一,人多地少矛盾特别尖锐,约有 110 万农村人口无田耕种。自然条件不够优越、矿产资源贫乏、交通条件差、国家投资少等不利因素,限制了温州非农产业的发展。实行了几十年的计划经济体制,更是束缚了温州传统市场经济发展。温州经济几乎陷入绝境,人民承受着巨大的生存压力,全市约有 2/3 人口在温饱线上挣扎。根据历史经验,温州人认识到必须要发展非农产业才能扩大生存空间,受传统重商文化熏陶,他们心中充满了经商的悸动和渴望。同时,历史上温州经济的繁荣富庶,奠定了温州人对物质生活的较高追求。理想与现实的巨大反差下,不安现状的温州人暗自思索、寻找着发家致富道路。否极泰来,在中国改革开放的历史机遇面前,在传统永嘉学派事功思想的指导和推动下,具有变通思维的温州人率先发力,从实际出发,凭借无畏无惧的勇气、吃苦耐劳的韧劲,以经济发展为根本,以市场化为依托,以群体经济为保证,以创新发展为动力,走出了一条适合本地经济发展的道路。

二、特定历史条件下的理性选择——社会资本的作用

一般来说,经济体制的基本性质和特征是由该经济体制的内在结构及其相互依存关系决定的,不同的经济制度在表面上会体现为明显的制度差异,在经济绩效方面也会有所不同。任何经济制度和经济行为不能脱离与之相对应的社会结构和社会关系。因此,要想弄清经济制度对经济发展的深刻影响,首先要对经济制度所依赖的文化传统、社会关系进行研究。

客观地讲,人类行为是相互依赖的。这种相互依赖既可以产生效率,产生合作,也可能形成低效、内耗,甚至冲突和对抗,并产生外部性。人类社会的许多制度就是在社会相互作用过程中逐渐形成的,由于自然环境、地理位置等差异,导致人们的文化、生活方式、生产方式也具有多样性。为此,法国社会学家皮埃尔·皮迪厄提出了社会资本的概念,并把它界定为"实际或潜在资源的集合,这些资源与由相互默认的关系所组成的持久网络有关,而且组合中关系或多或少是制度化的"[①]。速水佑次郎认为,社会资本是一种包括关系网络、规范和信任等在内的社会关系中的一种作用机制,是一种非正式的制度,它有助于促进处于该社会关系中的人们相互合作。从以上定义可见,社会资本与诚信守诺、履行义务及互惠合作等相关的传统职业美德相联系,它有助于促进群体之间的互惠合作,从而形成群体经济理性。处于社会关系网络中人们彼此信任,又隐藏着比物质和人力资本更为高尚的价值,在某种角度上讲,社会资本具有传统经济学中的资本的属性特征。从社会资本的性质来看,社会资

---

① 李惠斌主编:《社会资本与社会发展》,社会科学文献出版社2000年版,第3页。

本是一种达成的共识,它在一定程度上是产生凝聚力、认知力和共同意志的社会纽带;社会资本是社会关系网的集合,是一种社会组织;社会资本是声誉的聚集和区分声誉的途径,声誉的投资有助于减少进入各种生产和交换关系网络的交易费用。社会资本与经济增长紧密相关,其贡献主要体现在,社会资本能够促进市场更好地发挥作用。

一般情况下,社会资本密集度与经济发展水平呈倒 U 形关系,即在市场经济发展早期,当市场狭小且不完备时,人际关系的大网发挥了解决配置和分配问题的作用。然而,随着市场的发展和深化,人际关系网开始受到冲击和破坏,私人关系的价值以及与之相关的社会资本的价值变得不再像以往那样重要了。

历史上的温州土地稀缺、资源匮乏、交通不便,传统农业发展落后,难以与温州实际相适应,而人口的膨胀使得温州在经济社会的发展中一度面临马尔萨斯般的"人口危机"。基于这种近似封闭的地理经济环境,出于生存需要,温州人走出了一条与农本文明截然不同的发展道路,并积累了独特的社会资本,主要表现为温州人在社会经济活动所具有的群体经济理性。这种理性能够提高温州人的环境适应能力,帮助温州人更好地生存和发展。温州工商业的产生、发展以及温州人口的外流,几乎始终处于"农本文化"为主的社会环境中,这使得温州人和温州以外的人在意识形态方面存在巨大差异,并为跨意识形态的群体之间进行合作构成了障碍,即使有合作,成本也会很高。此外,伴随着温州工商业的发展以及市场与分工相互带动和深化,温州人内部的商品交换是出于一种内在的需要,因为基于地缘、血缘或亲缘关系的商品交换,在很大程度上可以简化交易程度,降低交易成本。久而久之,温州人在商品交换之间形成了一种内部的基于特定关系的交换网络,并且随着生产规模的扩大以及企业自身成长的需要,在温州人有意识的向外扩张中,这一交换网络依然在发挥作用,只不过作用范围由原来基于农业社会中的家族和村落,转向更大范围的温州人,形成了一种"泛温州人交易网络"。

可以看出,温州社会资本的形成显然应该得益于温州独特的区位条件和资源禀赋,而我国改革开放政策释放了这种社会资本的力量,直接表现为温州乃至浙江的非公有制经济得到较早、较快的发展。人均资源匮乏、曾经地处国防前线、国家投资经济建设的比重较低、在经济发展方面难以得到国家的大力扶持等不利的、曾一度被视为温州地区经济发展障碍的因素,在我国经济体制转型过程中,反而成了温州地区经济发展的优势。温州相对封闭的地理经济环境以及与政治中心的远离,使温州受到传统体制的束缚以及意识形态的约束较少,因此,温州比国内其他地区更容易发展非公有制经济。温州的社会资本积累很好地解释了为什么我国改革开放后,温州人能够在计划经济体制改革过程中异军突起,率先举起市场经济大旗,在我国的社会主义市场经济建设中始终走在前列,成为我国市场经济发展的标杆和旗帜。

三、政府"无为而治"的积极效应

在温州民营经济的崛起过程中,温州政府既没有像苏南地区那样,从始至终主导整个区域的经济发展、一直在经济发展的舞台上充当导演的角色,但也不是完全的放任自流,听之任之,任凭民营经济随意发展,而是在民营经济崛起的过程中,恰当发挥其在公共政策供给方面的优势,尽力满足民营经济成长所需要的条件,减少民营经济所受到的政治经济束缚。相比苏南的政府主导,温州政府的无为而治是在特定环境下的理性选择。

温州民营经济并非是在改革开放后才出现的,而是久已有之。在计划经济体制下也不例外,尽管曾经受到严重的管制,但依然以各种形式或明或暗地存在着。温州地方政府在温州民营经济崛起过程中,对于民营经济的各种创新更多地采取一种默许的态度,这源于地方政府所面临的经济社会环境压力,而非一种默契。改革之初,迫于生计,温州大量的农村剩余劳动力向城市转移,寻求出路,而地方政府对当地经济社会的稳定负有主要的责任。当农民的生存受到影响、人们面临的生存危机有可能转化为政治危机之际,传统的价值观念以及意识形态的束缚会退居到相对次要的地位,解决生存危机成为地方政府执政所面临的首要任务。随着民营经济的发展,许多地方政府难以解决的问题比如就业、社会稳定在温州地区都得到了较大程度的化解,而且辖区内的财政收入也得以提高,人民的生活水平进一步改善,这使地方政府不得不承认民营经济的优越性,并迫使地方政府在制度层面作出认可。

　　温州地方政府在面临政治压力和经济压力的两难选择时,选择的"无为"这一折中的行为方式,客观上形成了对温州早期民营经济发展的一种保护,实际上也是对温州政府自身的一种保护。"无为而治"反映了地方政府在面对民间经济行为与主流的意识形态相左时而采取的一种模糊态度和折中选择,是出于对自身利益的考虑对僵化不合时宜的意识形态的一种理智放弃。在改革开放初期,温州的民营企业在经济发展方面所采取的创新在很大程度上是为当时的主流意识形态所不容的,在这种情况下,地方政府出于自身利益的考虑,绝不敢冒天下之大不韪擅自触碰当时的主流意识形态,公开或主动地支持温州民营企业的发展,因为触动刚性的意识形态的结果只会导致自身利益受损。然而,温州民间的意识形态是灵活的,这种灵活的意识形态帮助温州民营企业规避了许多风险,巧妙地找到了政策的模糊或空白地带,使温州民营企业的经营行为避免了和国家主流意识形态发生直接的冲突。这种具有创新意义的灵活性,为温州民营经济发展提供了必要的经济资源和生存空间。尽管这种民间的意识形态不被当时的主流意识形态所接受,但一旦获得官方的认可,这种意识形态就会爆发出惊人的力量并成为市场化改革的先导因素。地方政府由于身处温州基层,显然对这一客观现实具有清晰的认识,所以采取"无为而治"也就不难理解了。

　　政府的这种无为,相对于其他地方政府对民营经济的围堵打击来说,客观上造成了温州地方政府对域内民营经济发展的一种"有为",并给民营经济的早期发展提供了一个相对宽松的制度环境。尽管这种宽松并不能完全满足民营企业茁壮成长的要求,但和其他地区相比,它给温州民营经济一定的经济自由度,就是这一宝贵的自由度使温州的民营经济倔强地生存下来。此外,温州经济发展除了不受主流意识形态的约束外,还与温州的国有经济一直不够发达有关。温州地处偏僻,国有经济一直较弱,地方政府对经济资源的控制力十分有限,这也是温州民营经济崛起的一个重要因素,因为政府对资源配置的有限能力使得计划经济在温州具有较小的惯性,温州民营经济的演进路径较少地为传统体制的行政干预所阻滞。

　　温州地方政府的"无为"客观上使温州民间保持了不断试验、探索的独创精神与活力,并有力推动着温州民营经济的向前发展。这也从另一个角度说明,在制度创新过程中,政府最重要的工作是要创造一个自由创新的环境,支持鼓励市场经济主体的各种制度创新行为,而不是对市场经济主体的经济行为进行干预。

第三节　温州转变经济发展方式的困境及成因
——基于当前温州经济危机的思考

"根据浙江省统计局数据,2006 年温州 GDP 增长率为 13.3%,2007 年为 14.3%,在浙江省各市排名分别位于倒数第三和倒数第一,2008 年,国际经济形势恶化,出口企业受到很大影响,致使温州全年 GDP 增长率仅为 8.5%,再次位居浙江省倒数第一。2009 年第一季度,温州的 GDP 增长仅为 2.5%。"[①]一系列数字表明,温州的经济增长出现了一定的危机。而 2013 年的温州民间借贷危机再次让人们把目光聚焦于温州,进一步思忖温州的经济发展现状。

一、当前温州经济危机的基本特征

改革开放以来,温州经济凭借其民营化、专业化、市场化的主要优势,依靠制度变革释放出来的市场活力,成功从一个经济社会发展相对落后的地区,一举发展成为经济社会相对发达、市场经济比较活跃、体制机制相对灵活的区域,经济发展水平一直遥遥领先于全国其他地区。但是,随着我国市场化进程的推进,温州经济社会发展在制度变革方面的先行优势开始弱化,各地民营企业在新的政策环境下不断发展壮大,温州经济的发展步伐与其他地区的差距迅速减小,经济增长和城市化增速较浙江省其他地区明显减缓,产业结构矛盾逐步加深。

（一）经济增长速度放慢

2008 年以来,受经济危机的影响,温州经济发展速度缓慢,GDP 增长同比

---

① 叶舟舟:《温州社会资本投资对民营企业发展的阻碍分析》,《北方经济》2009 年第 11 期。

增幅由之前的12%以上快速下降到2008年的8.2%,之后尽管有所反弹,但依然不能扭转经济增速下降趋势,并于2012年经济增速创了改革开放以来新低,之后一直徘徊在七上八下区间,失去了改革开放伊始温州经济引领全国各区域高速增长的风采(见图5-1)。

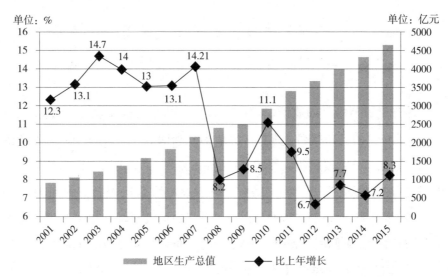

图5-1 2001—2015年温州地区生产总值与GDP增长速度

数据来源:温州市统计局。

(二)传统产业结构的调整缓慢

温州的工业化道路起步较早,并且多年来的手工业发展历史及人口的高度密集,使温州地区一直趋向于发展劳动密集型产业,区域经济发展大部分都依赖于粗放型的产业发展路径,形成了以轻工业、小型化、民营化、加工业为主要特征的产业结构。这种产业结构多年来一直没有得到有效改变,即使在改革开放后,全国经济发展突飞猛进的社会背景下也未能实现产业升级,民间资本只是在产业上进行量的简单扩张,始终无法实现产业结构调整质的飞跃。

多年以来,温州的工业经济仍以轻工业为主,传统劳动密集型产业仍占主导地位,资源型、重化工业基础比较薄弱,向资本和技术密集型产业的产业升级步伐缓慢,产业链仍处于微笑曲线的中间环节,附加值较低。据统计,

1978—2002 年间,轻重工业比例一直在 1.5 左右,轻工业占工业总产值比重均在 55%以上,虽然 2002 年后工业经济结构有所调整,但速度仍比较缓慢(见图 5-2)。

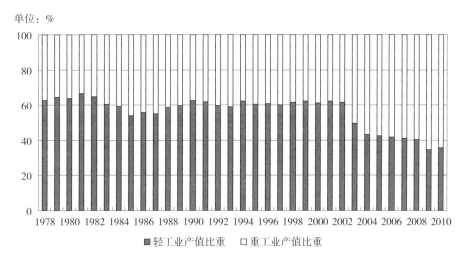

单位:%

■轻工业产值比重　□重工业产值比重

图 5-2　1978—2010 年温州市轻重工业比重

数据来源:温州市历年统计年鉴及历年温州市国民经济统计公报。

从工业企业结构看,温州市工业企业虽然已规模化发展,但中小企业数量较多,生产比较困难。据统计,2010 年不到 6%的规模以上的企业就贡献了 69%的工业总产值,而 90%多的规模以下的企业仅贡献了不到 35%的工业总产值(见表 5-1)。这些规模企业主要集中于皮革、塑料、纺织等轻工业,重化工业仍较少。

表 5-1　2003 年和 2014 年温州市工业企业结构

企业结构分类	2003 年				2014 年			
	企业数		工业产值		企业数		工业产值	
	总量（个）	比重（%）	总量（万元）	比重（%）	总量（个）	比重（%）	总量（万元）	比重（%）
全部工业企业	140220	100	2676.95	100	145358	100	6516.5	100
规模以上	3824	2.7	1265.96	47.3	8096	5.6	4494.87	68.98

续表

企业结构分类	2003 年				2014 年			
	企业数		工业产值		企业数		工业产值	
	总量(个)	比重(%)	总量(万元)	比重(%)	总量(个)	比重(%)	总量(万元)	比重(%)
亿元以上	221	0.2	539.29	20.1	802	0.6	2479.48	38.05
规模以下	136396	97.3	1410.99	52.7	137262	94.4	2021.63	31.02
个体户	111424	79.5	765.36	28.6	112836	77.6	1257.73	19.30

数据来源:2003 年和 2014 年温州市国民经济统计公报。

(三)生产要素市场的发展滞后

多年来,由于温州在人才技术储备方面存在不足、机制体制先发性优势不再明显、土地制约严重等原因,温州形成了以民营中小企业为主的产业集群,中小企业数量庞大、个体户居多,是这种集群的明显标志和重要特征。作为产业链的参与者,这些中小企业由于"规模小、贷款量少、可抵押资产不足"而遭遇融资难问题,又由于金融市场、科技市场、人才市场的发育不良以及体制创新停滞不前,缺乏足够的资金、技术及人才。这都对民营企业发展构成了制约,直接导致90%以上的规模以下企业只创造了不到20%的产值。此外,土地因素更是直接制约了企业的规模扩张,致使温州企业难以扩大再生产,同时还造成了大量企业外流、产业转移以及资本的输出,在一定程度上造成了温州产业发展的"空洞化"。总之,以资本、土地、人才等为核心的要素市场发育缺陷,给温州民营经济的发展带来了严重的威胁和挑战。

(四)城市化进程相对比较缓慢

据统计,1985 年,温州市城镇化率只有 22.8%,到 2000 年达到 51.5%,到 2005 年增长到 56.4%,1985—2005 年城镇化率年均增长 4.42%。但随后的五年里,城镇化进程速度放慢,2006 年为 60.2%,2009 年为 60.7%,仅增长 0.5 个百分点,2014 年为 66% 左右,变化并不大。然而,从非农就业比重来看,城镇化率远远比非农就业比重低,城镇化与工业化发展不协调,城镇化进程发展长期滞后于工业化进程,半城市化特征明显,主要表现为:尽管温州地区民营经济较为发达,并吸引了大量外来打工人员,但他们在劳动报酬、子女教育、社会保障、住房等许多方面并不能与城市居民享有同等待遇,在城市没有选举权和被选举权等政治权利,不能真正融入城市社会,与当地人的生活、居住环境、消费模式差异明显。从城市空间布局和功能看,经过多年发展,温州的市区部分地区已具有了现代都市特点,具备了城市要素,但由于缺乏系统规划,交通布局不合理,环境脏、乱、差,配套设施不完善等现象较为普遍。而且还具有显著的区域发展失衡问题,北高南低现象突出,温州北部和南部的城镇化率水平分别为 74.6% 和 54.6%,差异十分明显。城市功能建设滞后,公共服务供给不足,极大地延缓了温州的城市化进程,不仅使人才、技术、资本、信息和资源缺乏有效集聚平台和必要的发展空间,还使得地区经济发展失去了对人才和资金的吸引力,导致温州本地企业外迁、人才和资金大量外流,最终反而制约了区域经济的进一步发展。

表 5-2　1990—2009 年温州市城镇化率及非农就业比重

年份	城镇化率（%）	非农就业比重（%）	工业化率（%）	非农就业比重/城镇化率	工业化率/城镇化率
1990	28.2	49.6	38.2	1.76	1.35
2000	51.5	72.7	50.8	1.41	0.99
2005	56.4	79.1	49.7	1.4	0.88
2006	60.2	83.8	50	1.39	0.83
2007	60.3	82.1	49.3	1.36	0.82
2008	60.5	82.3	48.3	1.36	0.8
2009	60.7	84.3	46	1.39	0.76

数据来源:历年温州统计年鉴及统计公报。

注:国际上对工业化与城镇化协调关系的度量主要采用两种方法,即 IU 比和 NU 比(I 即工业化率,N 即非农就业比重,U 即城镇化率),国际标准值分别为 0.5 和 1.2。无论从哪个比例来看,虽然均逐渐趋于标准值,但仍存在一定距离,表明目前温州市的工业化与城镇化均是不协调的。

(五)外资引进不足的负面效应

凭借发达的市场网络以及出色的市场开拓能力,温州人的产品拓展已实现了全球布局,近年来温州的出口贸易额连年攀升。但是,受到温州丰富的民间资本的排挤、本身的区位环境、政府对外资投资认识不足等因素影响,温州的外资引进步伐一直十分缓慢。据统计,"1978—2004 年,温州合同利用外资24.78 亿美元,实际利用外资只有 10.84 亿美元,外资利用率仅 43.74%。而与浙江省同类城市相比,如嘉兴市仅 2004 年一年的实际利用外资额就达10.22 亿美元"。[①] 尽管在随后的几年,温州利用外资的规模逐渐扩大,增幅也迅速增长,但是与浙江同类地区比,仍处于相对落后的状态。2008 年,温州经济危机导致外资引进迅速下滑(见图 5-3)。2010 年,温州市利用外资进度先扬后抑,实际利用外资自 6 月份以来已连续 6 个月出现负增长。全年实际利用外资的比重只占浙江省的 1.6%,远落后于杭州、宁波,此外,嘉兴、绍兴、湖州、金华等市引进的外资额也已超过温州市。温州对外资的排斥,不利于温州民营企业转变经营观念,进行经营机制和管理体制创新,对温州民营企业现代企业制度的建立构成了制约。此外,对外资的排斥还直接阻塞了温州利用国外的先进技术和管理来实现自身产业升级的通道,导致温州产业结构调整长期在低水平徘徊。

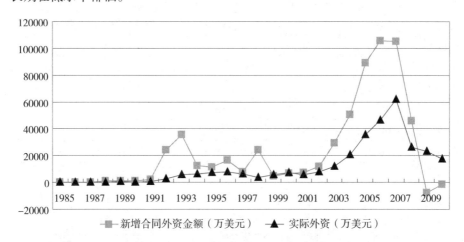

图 5-3 1985—2010 年温州利用外资情况

数据来源:温州统计局。

———————————

① 彭华:《温州利用外商直接投资的对策分析》,《北方经济》2009 年第 6 期。

二、制约温州经济进一步发展的主要因素

（一）阻碍温州民营经济发展的宏微观环境因素

1.制约温州民营经济发展的微观因素

（1）家族式管理方式的缺陷制约。民营企业在创业之初,资本有限,而且技术、管理、信息等资源极度匮乏。在这种情况下,家庭内部资源正好弥补这一不足:家庭成员更易建立共同利益和目标,更易进行合作;家族企业的性质更能保证家长在企业领导中的权威。从经济学角度分析,家族企业在创业阶段的优势在于企业内部的资源成本最小化,尤其在于企业内部资源之间整合的成本最小化。无疑,家族企业是温州民营企业的重要组成,家族式管理方式是温州民营企业的主要管理方式。这种管理方式,在企业发展初期、规模不大、经营方式相对简单的情况下是有效的,但随着企业的发展壮大,企业内部分工逐渐细化、生产经营管理日趋复杂,家族式的管理对外部发展资源的内生排斥对民营企业的进一步发展构成了制约。正如马玉国所言,"家族式管理体制适应了初创的需要却制约了企业的发展壮大"。[①] 家族式管理方式于民营企业发展的弊端主要体现在难以平衡情感利益和企业利益之间的矛盾。家族企业的管理是相对封闭的,在用人机制方面任人唯亲,过分重视家族成员内部的利益,而对企业的核心利益——长远发展有所忽视,导致民营企业难以实现由小到大的质的飞跃。

（2）民营企业产权制度的缺陷。温州民营企业的发展多靠自身的努力和常年的积累实现的,而对于企业建立、发展所需要的资金大多以民间借贷的形式来自自己的亲情圈、朋友圈,企业的产权主体带有明显的血缘、宗族的色彩,而且产权结构也基本分布于这个圈子当中,具有明显的单一性和封闭性的特征。这种产权构成与现代企业对企业产权制度的要求南辕北辙。现代企业要求企业的产权清晰、多元、开放、流动,显然温州民营企业的产权制度无法满足这些条件,这制约着温州民营企业的进一步发展,主要表现为:一方面,由于产权的亲情性和封闭性,过度强调业主及家族成员的个人利益,对企业的优化重

---

① 马玉国:《民营经济发展中的问题与对策》,《中共郑州市委党校学报》2006年第5期。

组构成了制约,使企业丧失了一些做大做强的发展机会;另一方面,家族产权的排他性,影响了企业对人才技术等社会资源的整合和充分利用,结果只能导致温州企业的发展始终在一个狭小的封闭空间运行着,无法在全社会范围内实现生产资源的优化配置,这无疑是温州民营企业的一个潜在损失。

（3）企业主自身素质制约。一般来说,企业在发展初期、规模较小的时候,企业主审时度势,抓住市场机会,采取灵活的战术可以使民营企业获得快速发展。但是,随着企业规模的扩大,所面对的外部环境越来越复杂,企业发展面临着多重选择,这个时候企业主的战略眼光至关重要,企业的发展更多依赖的是战略而非战术。一般来讲,民营企业主的文化层次偏低,整体素质较差,大多数的企业经营者在知识结构、管理能力、人格修养等方面都存在不足,个人的能力难以应对复杂多变的市场,直接表现在民营企业主对企业的发展进行战略决策时,经常表现出战术有余而战略不足,民营企业主的目光局限致使企业经营缺少战略性的规划,主要表现为在企业的发展目标定位、未来面临形势的分析判断、企业的发展规划、短期利益与长期利益的平衡方面都存在不同程度的问题,这些都对企业的可持续发展构成了严重制约。

（4）人力资本结构缺陷制约。改革开放后,温州经济崛起与温州地区富裕的企业家人力资本密不可分。企业家人力资本的充足,促使新兴企业和行业的诞生,给区域经济增长增添了活力。但长期以来,温州人大多重经济轻教育,相比其他地区,无论初等教育还是职业教育,普遍存在投入不足问题,如今温州地区专业人力资本匮乏与这不无关系。据调查,2004 年温州私营企业数量占全省的比重为 15%左右,在浙江属于较高水平;然而,专业人力资本方面却相形见绌,无论是温州专业人才占全省比重还是每万人平均受教育年限,都远低于浙江的平均水平。专业人才的匮乏,使得温州经济发展在技术引进、扩散方面,面临严重障碍,不能及时充分利用区域外现成的先进技术和工艺,来推动温州产业结构的深化与升级。区域经济增长,需要两种人力资本的配合,如果缺少了专业人力资本和企业家人力资本的某一种就会导致人力资本结构的偏态,影响经济的可持续发展,如今温州经济的裹足不前为这提供了有力的注脚。

2.阻碍温州民营经济发展的宏观环境因素

(1)民营经济发展的经营成本制约。近年来,为支持中小企业发展,国务院采取了多项措施,也取得了一定的成效。工信部信息数据显示,2010年上半年,全国规模以上中小企业实现工业总产值同比增长33.48%,31个省、市、自治区中小企业总产值增速超过两位数。但是,随着我国刘易斯拐点的临近,以劳动力价格为核心的各生产要素的价格逐渐上升,尤其是近两年受国际金融危机的影响,在国内外需求增速放缓的情况下,我国民营企业的竞争日益激烈,经营环境不容乐观。

首先,生产要素价格不断攀升,提高了民营企业的生产成本。在我国现阶段的工业发展水平下,外延式的生产方式仍是经济发展的主要手段,经济增长还不能摆脱对资源要素投入的依赖。但是,长期以来,我国地方政府用于经济建设的财政支出,大多要依靠出让土地的使用权予以保证,而为了发挥土地财政的最大效应,人为减少土地供应又带来了高昂的土地价格。而且,近年来随着国家对可持续发展问题的逐渐重视,一系列以科学发展为导向的政策制度的出台,资源、能源和环境的约束机制日益增强,以煤、油、电、气、钢铁为核心的原燃材料价格不断攀升,这些因素交织在一起,共同提高了民营企业的生产成本,限制了民营企业的规模扩张,减少了民营企业的资本积累,最终制约着民营企业的发展。

其次,学习成本对民营经济发展的影响。在我国市场经济发展初期,重工业发达,轻工业相对薄弱,以日常生活用品为核心的商品呈短缺状态,在供小于求的情况下,人们对商品的质量、功能要求相对较低,通过学习模仿、对既有的工业设备稍加改造就可以进行商品生产,对技术创新、产品创新的要求不高。而近年来,供需状况发生了逆转,市场竞争对民营企业的创新能力提出了强烈的要求,然而创新所需要的知识积累、人才储备非一日之功,民营企业要想在各种创新方面有所突破,必须要支付相应的学习成本,而学习过程的渐进性和难度,决定了民营企业的自主创新之路不会一帆风顺。

最后,民营企业的管理费用居高不下。当前,我国政府转变职能滞后,干预经济活动的负面影响尚未消除,行政审批的存在使得企业管理人员必须和政府相关部门进行沟通。世界银行曾对我国 100 个城市的投资环境进行调查,调查显示,无论在投资环境好的城市还是在投资环境差的城市,企业的管理人员每年都要拿出一定的时间和精力用于和政府部门"沟通",在一些投资环境较差的城市,有的竟需要把一年当中 30% 的时间用在政府公关上,同时还要辅之以大量的经济支出,这显然增加了企业的费用负担。改革开放以后,我国的投资环境有较大改善,但这更多的是对外资而言,而对民营企业来说投资环境还不够理想,仍需要进一步优化。总之,成本上升、负担加重等问题意味着"我国民营企业已经进入一个高成本时代,利率、汇率、税率、费率'四率',薪金、租金、土地出让金'三金',原材料进价和资源环境代价'两价',这九种因素叠加在一起推动企业成本直线上升,企业利润空间急剧减小,使得大量民营企业濒于亏损边缘或处于亏损状态"。①

(2)民营企业面临的金融环境分析。以温州企业家"跑路"为标志的温州危机表明,"国有企业与民营企业在政策上的不对等,带来的不仅是国进民退的呼吁,而且可能是一定程度上国进民亡的现实",而"造成民营企业家出走的原因当然不是一个,但其中民营企业家面临的政策困局,必是其中的重要原因"。②

尽管近年来,我国金融体制进行了一系列改革,强化了银行的商业行为、经营意识和经营约束,然而由于改革不够彻底,银行—政府在某种程度上仍存在千丝万缕的联系,这导致金融体制在资源配置方面依然重国有轻民营,国有企业和民营企业面临着迥然不同的金融约束。在投融资领域,国有大型金融机构在金融活动开展方面对国有企业和民营企业实行双重标准,对国有企业给予相对宽松的借贷条件,而对民营企业无论是从利率水平还是从抵押条件都进行了严格的限制,结果是尽管两种类型的企业都是我国社会主义市场经济的重要组成部分,但却不能享受同样的政策待遇,民营企业经常被借贷难、投资难所困扰。在我国金融信贷市场的"二元结构"下,国有企业只需付出很

---

① 辜胜阻:《中小企业如何突围三荒两高》,《中关村》2011 年第 8 期。
② 段培君:《温州老板逃逸催逼民营金融合法化》,《沪港经济》2011 年第 11 期。

少的资金成本就能获得较多的信贷资源,而民营企业即使付出比国有企业高的资金成本还无法保证能获得企业发展所需的信贷资金。据调查,仅有不到10%的民营企业能从正规金融体系得到贷款,大多民营企业只能选择利率畸高的民间借贷,不但要承受支付高利贷本息的压力,还要面临资金链断裂的风险,尤其是当国家宏观调控政策收紧时,一大批中小企业被逼得只能"走麦城",只能选择昂贵而又极具风险的高利贷。

在其他金融领域,比如固定资产投资市场、股票市场、债券市场,也存在对民营企业的限制和歧视,这也影响着民营企业的发展。近年来,随着国家对房地产调控措施的严厉推行,国家宏观经济政策持续紧缩,长期以来支撑民间借贷高回报的房地产价格持续走高的局面难以为继,民间借贷资金链陆续出现了不同程度的断裂,继而酿成了现在温州的经济危机。

(3)民营企业的产业发展空间分析。近年来,我国陆续出台了一系列鼓励和支持民营经济发展的政策和文件,如2005年的"非公经济36条",2009年的"中小企业29条"和2010年的"民间投资36条"三项国务院发布的政策。党的十七大报告中,针对民营经济的发展也提出的"两个平等"政策,即经济上的平等竞争和法律上的平等保护。在国家"十二五"规划纲要中,在"两个平等"的基础上又增加的生产要素的使用平等。可以看出,国家高度关注民营企业的发展,始终努力构建与之相适应的制度环境。然而现实中,囿于利益集团的阻碍,国家相关职能部门没有针对这些政策出台相应的实施细则,致使这些政策、制度在执行过程中往往难以落实,没有达到有效拓展民营企业发展空间的目的。例如,随着我国一系列鼓励民营经济发展的经济政策的出台,民营企业的经营环境明显改善,发展空间进一步拓展。在理论上,除了关系国家安全以及经济命脉的行业外,其他行业民营企业都可以进入,但实际情况是,民营企业在产业空间拓展方面仍没有实质性的进展,如石油行业的垄断地位依然没有打破,引入竞争机制以改善经营效率势在必行。2005年商务部在征求多方意见后,发布了两个规范,对进入该行业的企业资质给出具体的规定。这两个规范只是为民营企业的产业空间拓展打开了一扇玻璃门,看得见却很难进入,因为民营企业在短期内根本无法达到这些条件的要求。中国民营经济研究会会长保育钧指出,从政策质量的角度看,"非公经济36条"堪称一份划时代的文件,但在实际操作中,遇到了既得利益集团的阻挠,政策无法有效落实,民营企业的产业发展空间依然被限制在狭小的竞争激烈的一般性经营行业,行业垄断、人为的政策限制等问题至今仍制约着民营企业的成长。

(4)民营企业的转型之困——从模仿学习到自主创新的阶段制约。改革开放以来,模仿学习对我国的经济发展、技术进步发挥了积极的作用。事实证明,企业通过模仿国外的先进技术可以节约成本,是缩短技术差距、实现技术赶超的有效途径和重要手段。然而近年来,随着我国市场化进程的逐渐深入,沿海地区的工业化发展速度不断加快,工业化进程逐步从工业化初期和中期向工业化后期过渡,产业转型对自主创新的依赖日益增强,经济社会的可持续发展对自主创新的要求愈来愈强烈。

据统计,1978年,温州三次产业比例为42.2:35.8:22;1984年,三次产业结构调整为37.3:38.6:24.1,第二产业比重超过了第一产业比重;1990年,三次产业结构调整为27.4:44.7:27.9;2010年,三次产业结构为2.9:50.3:46.8。数据表明,温州已进入后工业化时期,需要通过自主创新来实现产业的发展升级。然而,由模仿学习到自主创新的转型是渐进的,不是瞬间就能实现的跳跃式过渡,因为自主创新不仅仅是一个孤立的技术进步问题,它要受到技术创新能力、经济发展水平以及组织管理能力的制约。从技术角度来看,知识基础、知识积累、研发投入、技术创新政策都会对自主创新的绩效产生重要影响。从经济因素角度来看,一国的经济发展水平会对产业技术创新的需求和供给产生影响,自主创新不能脱离其所处的经济发展状态,要与特定的经济发展水平相适应。从组织因素角度来看,当代的自主创新具有很强的系统性、开放性和协同性,对技术创新网络的融入和利用情况,组织内部、组织之间的分工和协作都会影响到自主创新的效率、能力和水平建设。此外,自主创新还需要适宜的制度环境,制度环境的优劣对自主创新的影响举足轻重,在一个技术创新需求受到抑制、技术因素不受重视、产权制度存在缺陷、缺少技术与经济结合机制的制度环境中,自主创新行为只能是无本之木。改革开放以后,温州乃至东南沿海地区的经济发展一直走在全国前列,这与他们在市场机制、生产组织等方面率先进行制度创新,充分利用当时的政策条件和市场资源,民营企业得到率先发展是分不开的。然而,随着我国中部乃至西部地区的广泛模仿,温州等发达地区在政策、机制等方面的先行优势逐渐减弱,而在新一轮的制度创新方面又需要进一步深化,如在公共产品和服务的供给方面、投资环境的优化、政府管理效率的提升和服务质量的改善方面都存在一定程度的不足,尤其是在促进自主创新的激励机制、市场机制以及文化建设方面进展比较缓慢,不能充分适应新的经济发展形势的要求,这些因素综合在一起,致使温州经济发展进入了一种胶着状态。

(二)阻碍温州民营经济发展的制度因素

1. 非正式制度制约:温州"社会资本"的影响

温州在历史上积累了独特的社会资本,这种社会资本一方面表现为温州人渴望通过从事工商业、获取交换利益来谋取生存与致富的倾向已经成为整个群体的一种系统经济理性;另一方面,随着温州人口压力向外释放,携带着区域工商业意识和区域分工知识技能的温州人迫于生存需要在各地寻求谋生机会,逐渐转化为自觉的工商业实践。在市场与分工相互带动与深化过程中,一张网罗市场交易机会和规范温州人社群内部交易治理的"小世界网络"逐渐形成。

马克斯·韦伯认为,只有某种超越家族伦理的文化传统才能孕育资本主义精神,血缘(家族)基础上形成的关系,与追求高效率的市场精神是不能相容的。温州企业出现的种种问题,根本原因在于超越家族伦理文化的缺失。这表明,在市场竞争中,能够获得比别人更多的收益,关键在于能否掌握足够多的非重复的社会资本,即必须要与相互无关联的社会资本网络发生联系,以获取信息和资源优势。尽管社会资本在促进经济增长方面具有积极作用,但它对经济增长也有消极的一面,由于它本质上是一种封闭的关系网络,存在诸多消极作用,如排斥"圈外人"、对团体成员要求过度、限制个人自由、用规范消除了个人差异。在一个社会资本网络中,网络成员之间的关系会阻止该网络外的个体获得网络内的资源,要么就是要付出较高的代价。这种封闭其实是一柄"双刃剑",在阻碍别人的资源获取外,也妨碍了自身资源的扩大。

温州经济的崛起表明,以族情、乡情等为依托建立起来的社会资本为温州的经济发展发挥了积极的作用,社会资本是温州经济崛起的重要因素。然而,这种社会资本也具有负的外部性,尤其是随着我国市场经济制度的不断完善和发展,市场交换的范围越来越广、市场交换的复杂程度也越来越高。受温州独特的社会资本的制约,温州人的商品交换被局限于社会资本所涉及的网络之内,未能有效拓展交易范围和交易空间,致使无法和网络之外的其他社会群体或组织实现有益的交流与合作。人格化交易特性决定了当前温州经济发展的裹足不前。据调查,温州市近20年来外资利用一直处于较低水平,实际引进外资只有10多亿元,仅为周边宁波市2004年一年引进外资的1/3;2004年实际利用外资才达到2亿美元,居全省各市的第8位,仅好于丽水、舟山和衢州市,实际利用外资不到杭州的1/7,宁波的1/10;2005年到2006年,温州共引进合同外资18.48亿美元,虽然进展很快,但是与其他外向型经济城市相比仍然有很大差距。当今经济社会发展的主旋律是开放与合作,显然温州民营经济未能积极主动适应新形势的要求,有效地利用外部资源,最终反而制约着其产业发展水平的提升,限制了温州经济的进一步发展。

2. 正式制度制约:政府从"无为而治"到"缺位、越位"

从20世纪70年代末开始,温州凭借着敢为天下先,通过率先改革和建立市场经济主导的经济体系带来的体制优势,通过发展分工明确的产业集群和利用廉价劳动力的成本优势,通过温州商人吃苦耐劳、精明灵活的优势,成为国内区域经济发展的"领跑者"。过去30多年里,温州创造了很多个全国第一,也创造了很多的经济奇迹。1978年,温州GDP只有10多亿,现在则已超越2000亿大关,城市居民人均收入也增加到3000美元以上。但是最近几年温州经济发展速度明显放缓,很多优秀企业纷纷外迁,产业竞争力越来越弱,经济增长速度放缓。如此以往,在不久的将来,温州经济将注定被绍兴、嘉兴等城市超越。之所以出现这样的局面,一方面是经济发展环境发生了根本转变。1998年以来,全国各地在体制创新上已趋于均衡,有些地方为了引资,提供了比温州优惠得多的政策。发展民营经济,促进经济增长、解决就业问题,也早已成为各地政府经济发展的共识,这样,温州创新的空间和效益没有以前大了,领先优势不再显著。另一方面,温州经济发展原有的成本优势也在减弱。温州山多地少,加上炒房成风,无论是商业、住宅用地还是工业用地的价格,几乎都是全国最高的。劳动力、原材料等成本也在提高,因此企业的成本优势也已丧失,再加上宏观环境的恶化、竞争形势的激烈等因素,温州经济发展速度放慢也在情理之中。

从深层次来看,温州的制度创新面临着严重的社会制度环境约束,温州地方政府未能给制度创新提供必要的空间。进入 20 世纪 90 年代后,温州经济发展最缺的已不是"私人产品",而是"公共产品"的供给,最需要的不是微观领域的改革,而是宏观经济管理体制的创新。而后者依靠自发的民间力量是无法解决的,它需要政府的积极推动。然而,温州政府并未在推动制度创新方面取得改革突破,结果只能导致温州民营资本在金融、基础设施、能源等领域的投资步履维艰,这不仅直接增加了民营企业的进入成本,而且,由于这些部门和产业发展滞后,政府投入又显不足,温州经济发展的环境提升缓慢,也间接地增加了市场交易成本。

事实上,20 世纪 90 年代初期,中国经济发展面临世界产业转移与市场经济体制逐渐成熟的双重机遇。但可惜的是,温州企业家、温州市政府在当时未能及时把握时机,将温州产业、温州经济进行升级,没有将产业向高附加值、科技含量高的方向升级,企业治理也没有适应规模化、集团化、股份化的发展方向,主要产业仍是低附加值的传统行业。而在同时,江苏、浙北等地的乡镇企业正在向股份制转型,主要产业科技含量明显提升。因此,温州经济增长速度落后于人,早在 20 世纪 90 年代中后期就埋下了伏笔。从 2000 年开始,温州经济增长后劲不足,部分产业开始萎缩,大批企业外流,与苏州、无锡、杭州等城市差距越来越大。造成这种局面,既有企业家的问题,也有当时政府的责任。

改革开放初期的温州政府,靠"无为而治",靠对市场尽量少干预,造就了温州民营经济的蓬勃发展。但到了 20 世纪 90 年代,这种做法已不能适应当时的经济形势,因为缺乏长远的产业布局和战略,缺乏引导和主导的强大推动能力,相比苏州、无锡等城市,温州在中长期规划、执行力、推动力、国际视野等方面都显不足。此外,受政府行政低效率与政府官员机会主义影响,温州经济发展的交易成本在不断攀升。温州发展初期,由于诸多原因,国家投入很少,公有制经济基础比较薄弱,导致地方政府对经济的弱控制,政府的经济职能因此表现得比较"软",客观上减少了因政府的过度干预形成的交易成本。但是,随着民营经济发展壮大,温州地方政府偏弱的服务功能,以及政府组织的低效能与政府官员的机会主义行为,使得温州的投资环境恶化,寻租、设租行为和权钱交易迅速萌芽并不断发展壮大,最终增加了非制度化的交易成本。一方面,政府行政低效率增加了交易成本。温州市政协对温州投资环境调查表明,企业负担重、乱收费和总体环境差是企业发展的突出问题,温州50%以上的外迁企业是由于人为原因所造成的"软环境"缺失。另一方面,公共权力与私营经济两者相互渗透,在温州形成了一张区域性的"不可触摸的网",导致温州区域内产权保护不公,从而阻碍了温州经济社会对外开放和民间资本外流。因此,从政府层面看,温州经济发展面临的困境,与政府的缺位、越位关系密切。未来温州要想重新获得区域竞争优势,必须要加快转变政府职能,切实强化服务功能,建立服务型政府,增加公共产品供给,为民营经济发展创造良好的投资环境。这就要求温州政府准确把握经济社会发展趋势,不断调整自身的组织方式和行为方式,降低市场交易成本,提升经济发展水平。一方面,要建立适度规模和高效的政府。科学合理地界定企业、政府与市场之间的关系,缩小政府规模,精简政府机构,充分发挥市场对资源配置的基础性作用。完善政府行政体制,提高办事效率。理顺管理体制,减少部门垂直组织层次,增加组织中要素的网络化联系。对现行行政审批制度进行改革,把行政审批、行政强制、行政收费纳入法制轨道,清理行政审批事项,简化审批程序,下放审批权限,减少审批事项,规范审批行为。加快地方政府信息化建设,为经济发展提供集信息发布、网上办理、管理监督于一体的廉价、高效、优质的公共服务,用现代化服务手段实现服务创新。另一方面,要加快建立服务型政府。政府要界定和保护产权,为经济主体提供追求长期利益的稳定预期和重复博弈规则。政府要通过提供公共产品、信息服务、游戏规则,以及培育中介组织等措施降低市场交易成本,为经济发展提供一个良好的制度环境。这不仅需要一个新的政府架构,更需要提高政府工作人员的服务意识、服务素质和服务水平。

三、对温州经济发展的未来展望

在我国改革开放第一阶段任务,即从计划经济向市场经济的转变中,温州人走在了前列,较好地实现了经济发展阶段的转换,大量民营经济成分的涌现,迅速打破了原来比较单一的所有制格局,以农村工业化为代表的工业化进程和以小城镇发展为代表的城市化进程得以迅速推进。同时,伴随着专业市场的兴起和蓬勃发展,温州地区的区域经济市场化进程也在不断走向深入,经济社会发展阶段快速从工业化初期迈入了工业化中期阶段。然而,此时的温州经济又面临一个新的课题,即如何完成从交易型初级市场经济向法治化现代市场经济的转变。

当前温州经济面临专业市场萎缩、人才资金外流、重经济轻教育、投机盛行等严重困境的背后反映了时代对温州产业转型升级的召唤和要求。造成温州困境的因素有很多,从"社会资本"角度去审视和解读温州经济社会发展,尽管只是从一个角度去洞察温州经济,但却有着非凡的意义。客观地讲,温州是我国这样一个人情本位、关系本位的社会的缩影,从温州的发展我们能感受到,要建立和完善以自由竞争为特征的市场经济,打造民主法制、公平正义的和谐社会,不可能不考虑社会资本的影响。温州经济要想谋求进一步发展,重新焕发活力,从社会资本角度看,对内,要大力引进现代企业制度,提高交易、决策制度的透明化,建立现代化的公司治理结构;对外,温州人必须要勇于打破自我封闭,摆脱以往的封闭网络和低层次的价格竞争,同外部广大的交换网络进行有效合作。这就意味着,未来温州经济将至少面临以下重大任务:一是实现从传统企业组织到现代企业组织的重塑,以原有家族企业为基础,迅速建立一批现代公司制的企业或企业集团。二是实现传统的市场组织与交易模式的重塑,逐步建立现代化、市场化、法治化的市场经济模式。三是实现产业结构的转型升级,将劳动密集型、低附加值型为主的产业结构逐步升级为资本和技术密集型导向的高附加值产业结构。四是城镇化水平与质量的提升,改变以小城镇平面扩展为特点的城市化进程,加速大、中城市的建设,不断提高中心城市的集聚力和辐射力,切实提高中心城市的公共服务能力。如果能实现上述发展任务的顺利切换,那么温州经济将会继续保持经济发展活力,并将重新证明其有强大的生命力;如果在上述阶段转换过程中,温州经济无法在这些方面取得重大突破,而是仍固守原有的组织与交易经济,那么温州经济将面临"锁定"的危险。

放眼全国,从更宏观角度看,以产业低小散、实业空心化、资金热钱化、资产泡沫化、环境脏乱差、公共服务低效化为特征表现出来的温州经济危机,绝不是简单的金融危机,是温州人自己的危机。温州民营企业遇到的困局应该不是个例,毕竟这些情况在全国其他地区也不同程度存在。因此,对于温州经济所面临的问题,从本质上来讲是我国民营经济当前面临的共性问题,温州经济危机是我国经济社会发展乃至经济发展方式转变所面临的严峻形势的一个代表和缩影,其背后折射出的都是改革的问题,昭示着我国市场经济发展中很多制度性、非制度性的问题需要去解决,尤其是那些限制和阻碍民营经济发展的制度和政策更需要进行深刻的反思。

小　　结

本章以我国的区域经济创新实际——温州经济发展为例,对我国的经济发展方式转变进行了实证研究。首先,对温州民营经济发展过程中的制度创新进行了梳理,分析了温州经济发展的主要特征。其次,研究了温州崛起过程中的制度因素,指出温州内嵌的市场经济文化基因、独特的社会资本以及政府在特定发展阶段的"无为而治"都对温州崛起发挥了重要作用,揭示了制度尤其是非正式制度对经济发展乃至经济发展方式转变的重要影响和作用。同时,温州经济的"盛极而衰"也表明,制度创新不是一劳永逸的,随着经济、制度环境的变化,制度创新的绩效呈衰减之势难以避免,如果温州在经济发展方式方面不能与时俱进,进行适应性创新,那么将不可避免地走向衰落。最后,分析了当前温州经济危机的主要特征和表现,并从温州民营经济发展的自身缺陷、社会资本制约以及民营经济成长的外部环境等方面深入分析了温州经济危机形成的主要根源,从实践层面再一次系统论证了非正式制度、正式制度对转变经济发展方式的重大影响。

第六章　转变我国经济发展方式的
制度创新政策建议

第一节　转变政府职能,进行市场经济制度变革与创新

政府职能解决的是政府应当做什么、不应当做什么的问题,其核心是政府与企业、市场以及社会的关系,即哪些职能应当交给市场,哪些职能应当交给社会,哪些职能应当交给政府。2003 年 10 月,党的十六届三中全会通过的《中共中央关于完善社会主义市场经济体制若干问题的决定》明确了中央和地方在经济调节、市场监督、社会管理、公共服务等方面的管理权责。

近年来,随着社会主义市场经济体制改革的深入,我国政府职能不断完善,但总的来讲,目前我国政府职能还不能完全适应社会主义市场经济的需要,政府职能转变滞后于经济体制改革。为实现经济发展方式的转变,政府要不断完善市场机制,加快财税、价格、企业等制度改革的推进步伐;要逐渐放松对社会经济生活的管制,减少不必要的行政审批行为,增强市场经济主体的活力和创造力;要把一部分政府职能逐步有序地交给社会组织,充分发挥中介组织在政府职能转变过程中的重要作用。

一、深化政治经济体制改革,不断完善市场经济制度

转变政府职能,首先要深化行政管理体制改革,这是深化我国政治经济体制改革,不断完善市场经济制度的重要前提。除此之外,还需要不断完善领导干部的考核机制、建立健全企业的现代产权制度、加快生产要素价格形成机制

改革,进一步深化财税体制改革,这是完善我国市场经济制度的重要内容。

(一)进一步改革行政管理体制。转变政府职能是为了使政府更好地服务我国经济社会的发展,从这个意义上讲,政府职能转变要以创造良好发展环境、提供优质公共服务、维护社会公平正义为基本方向,既要积极发挥我国社会主义制度的政治优势,又要有效发挥市场经济推动经济发展的内在活力。从实践来看,我国经济发展过程中出现的许多粗放型经营现象与政府职能转变滞后关系密切,因此加快转变经济发展方式需要加快转变政府职能,着力推进行政管理体制改革,正确处理好政府与企业、市场以及社会的关系,确保政府在经济发展过程中发挥合理的作用,做到不越位、不缺位、不错位。不越位,就是要充分发挥市场在资源配置中的基础性作用,切实强化并保障企业在经济发展中的主体性地位和作用;不缺位,就是要提供良好的公共服务,为经济社会的发展创造良好的环境,同时注意合理发挥政府的宏观调控职能,弥补市场失灵;不错位,就是政府应作为市场机制有效运行的调节者而非驾驭者,经济发展的推动者而非主导者,避免因政府的过度干预而对市场的资源配置效率产生影响。

(二)积极构建与科学发展导向一致的政绩考核机制。尽管在过去的经济发展过程中,政府尤其是地方政府在培育市场经营环境、塑造微观市场主体、改进资源配置效率等方面发挥了重要的作用,也维持了经济的长期高速增长,改善了人民生活水平,但是,政府对经济活动的过度干预也带来了许多新的问题。随着我国市场化进程的不断深入,这些矛盾在不断积累甚至在某些领域已经开始激化。这一严峻现实要求我国的经济发展必须以人为本,摆脱以往的经济发展方式,摆脱经济发展重数量、轻质量的粗放式经营思想的影响,改变只重视企业内部效益而忽视企业经营活动的外部性的做法。经济发展要充分考虑社会的和谐发展,不能继续走过去以资源消耗、环境污染为代价的经济增长道路。地方政府在我国的经济发展过程中一直发挥着主导作用,而领导干部的考核机制缺陷是造成我国粗放型经济增长无法得到有效遏制的重要因素。为了尽快转变经济发展方式,我们必须重新修订,完善现有的领导干部考核机制,使得政府在经济发展问题上注重数量和质量的统一,要充分考虑经济发展过程中的结构优化、效益改善、资源节约等因素，从激励约束机制方面去推动经济发展方式的转变。

（三）推进产权制度改革。产权制度由产权界定、产权运营以及产权保护等一系列制度安排所构成，是现代市场经济发展中的必然产物，产权制度体现了现代市场经济运行的内在要求和本质规定。在市场经济中，人们逐利的本质是对产权的追求，通过对具有排他性的产权的获取来实现相应的收益。健全的产权制度是使市场主体保持经济活力和创造力的基本前提和重要保障。尽管在我国的市场经济建设过程中，初步建立了"归属清晰、权责明确、保护严格、流转顺畅"的现代产权制度，但还存在产权关系不够顺畅，产权制度不够健全的问题，主要表现在两个方面：一是在公有产权方面，产权归属不清，产权所有者处于缺位状态，无法有效发挥产权制度对经济发展的促进作用。二是在非公有产权方面，产权保护存在一定的问题，尤其是一些知识产权不能得到必要的法律保护，致使人们的生产生活的创造性和积极性受到了影响。因此，为了充分发挥产权制度在现代市场经济中的重要作用，必须尽快健全完善现代产权制度，明确产权的归属、权责划分，加大对产权的保护力度。

（四）加快生产要素价格形成机制改革。长期以来，我国生产要素价格扭曲，能源和资源性产品价格不能反映其稀缺性、供求关系以及对环境的损害成本，这不利于企业形成资源节约、环境保护的意识。生产要素价格的向下严重扭曲，使企业的盈利水平难以反映企业的真实经营能力和市场竞争能力，而"虚高"的利润也削弱了企业技术创新、制度创新的动力，不利于企业的经营方式由粗放型向集约型转变。为加快转变经济发展方式，生产要素价格改革势在必行，资源性产品价格必须充分地反映资源稀缺程度和环境损害成本。在生产要素的价格形成机制改革过程中，资源价格能由市场决定的要尽可能交给市场，对那些不能或不完全能由市场决定价格的某些垄断性、基础性资源产品，政府的价格管理机制要能够反映市场有关各方面的利益，价格形成机制要具有一定的灵活性和透明度。

（五）深化财税体制改革。如果说金融是现代市场经济的核心的话，那么财税制度就是市场经济中资源配置的"指挥棒"，它通过发挥杠杆作用对整个国民经济进行有效的调节,税收政策和财政支出政策的合理运用,能够引导社会资源合理流动,有助于提高资源配置效率。进行财税体制改革,一方面要加快税收制度改革,将税收与经济资源的使用情况直接挂钩,充分发挥税收政策在促进自主创新、资源节约、环境保护等方面的积极作用。另一方面要不断完善财政政策,优化财政支出的利用效率,降低对一般竞争性行业领域的投入水平,加大财政支出对新型战略支柱产业的支持力度,增加财政资金在公共服务领域的投入,发挥财政资金在拉动内需、促进消费、改善民生方面的积极作用。此外,进行财税制度改革还要重新界定各级政府之间的关系,明确各自的权利、责任和义务,并通过法律的形式确定下来,以此强化法律法规对政府履行公共服务职能的监督和约束,切实让各级政府把主要精力用到谋求科学发展上来,力求把转变经济发展方式落到实处。

二、改革行政审批制度,加快行政管理体制改革步伐

行政审批制度是国家行政机关管理社会经济活动的重要方式,是政府对各种资源进行分配的一种手段,是依据一定的法律法规和相关政策建立的、人们必须共同遵守的行为准则,它具体包括行政审批的权力、范围、责任以及实施等内容。行政审批制度改革是我国市场经济市场化进程中的必然选择,也是转变政府职能、向市场让渡权力的主要途径。

行政审批制度在我国的经济发展中运行多年,它在一定程度上限制和干预了人们的经济活动,导致了利益集团的形成。改革行政审批制度,必然会对现有利益格局产生影响,这增加了行政审批制度改革的复杂性和难度。明确行政审批制度改革的原则和价值取向,是行政审批制度改革顺利推进的前提。进行行政审批制度改革,应遵循以下原则。

(一)科学界定政府和市场的边界。市场是一部精巧的机器,它通过价格机制、竞争机制影响着人们的行为选择,引导着社会经济资源合理流动,提高了资源配置效率,显示出了市场在资源配置方面的优势。因此在行政审批制度改革过程中,要树立市场化的行政审批制度改革取向,对于市场选择能解决的事情就交给市场,毕竟审批事项过多、管得过细,不利于调动各方面积极性、释放市场主体活力。加快政府职能转变,必须把行政审批制度改革作为首要任务,着眼于理顺政府与市场、政府与社会的关系,减少政府对微观事务的管理,大幅减少行政审批等事项。

(二)提高社会组织的参与水平。行政审批制度改革的主体虽然是政府,但并不意味着审批制度调整仅是政府的事情,行政审批制度改革也离不开其他社会组织的参与,需要其他社会组织的支持和配合。树立社会化的行政审批制度改革取向,提高社会组织参与行政审批制度改革的广泛性和深入性,使社会组织能顺利承接政府承担的部分经济职能,是我国行政审批制度改革平稳顺利推进的关键。在提高社会组织参与水平方面,要在坚持系统治理、依法治理、综合治理、源头治理前提下,不断深化基层组织和部门、行业依法治理,支持各类社会主体自我约束、自我管理,发挥市民公约、乡规民约、行业规章、团体章程等社会规范在社会治理中的积极作用。

(三)行政审批制度改革要依法进行。许多国家的政治、经济制度改革表明,如果改革的成果不以法律化的形式予以确定,改革进程中往往面临不断反复的局面。我国的行政审批制度应该树立法治化取向,依法进行,对于已经形成共识的制度调整,应该通过法律的形式确定下来,减少行政审批制度改革的反复。新设审批项目,必须于法有据,并严格按照法定程序进行合法性、必要性、合理性审查论证。没有法律法规依据,任何部门不得以规章、文件等形式设定或变相设定行政审批项目,确保行政审批要依法进行。

(四)行政审批制度改革要有绩效评价机制。改革应该有具体的时间约束和绩效评价机制,行政审批制度改革亦是如此,否则经济社会的发展无法承受巨大的时间成本和经济代价。因此,对于行政审批制度改革的效果必须要有阶段性的绩效评价,并形成反馈机制,增加对相关改革主体的约束,以保证行政审批制度改革的成效。在绩效评价机制建设方面,要大力发展行业协会、商会等各种社会组织,积极培育社会服务力量,鼓励政府稳步向市场和社会放权,在发挥好市场和社会的自我监督与管理作用同时,尤其要不断完善市场监督和社会反馈机制,不断提高行政审批制度改革成效。

(五)行政审批制度改革应该实现责权利的统一。对于行政审批制度的减量改革必须要遵循市场化、社会化、法治化、绩效化的原则和价值取向,这是行政审批制度改革顺利推进的基本保证。而对于行政审批的存量部分也要力求做到程序公开、过程透明,实现审批的责权利的对等和统一,防止滥用职权、暗箱操作等不正当审批行为的产生,以实现对审批行为进行规范化的目标,提高行政审批的效率和质量。

三、培育市场中介组织,塑造政府职能承接载体

社会中介组织是介于政府、企业以及个人之间,在市场中从事各种经济活动的社会团体,这些团体在经济社会运转中发挥着社会沟通、社会协调、社会服务等重要的作用,在一定程度上能弥补政府失灵,还可以在一定范围内弥补市场失灵,在我国社会主义市场经济建设中具有不可替代的作用。相对于政府行政运行,社会组织的运行方式能够降低社会管理的成本;相对于市场调节,社会组织的调节方式能够更好地保证社会公益的目标,从而也有利于把社会公平正义落到实处,让广大人民群众共享发展成果,更好地弥合分歧、化解矛盾、控制冲突、降低风险、增加安全、增进团结。在这个意义上,培育和发展社会组织的过程,正如整个市场经济建设过程一样,是一个制度创新的过程。从西方市场经济的发展以及我国经济社会的运转实际情况来看,发展社会中介组织是转变政府职能、实现经济发展方式转变的重要前提和保证。今后,我国在社会组织培育和发展方面,应有意识加强以下几方面工作。

(一)高度重视社会中介组织的发展。社会组织是社会管理的重要主体,是政府进一步转化职能、精简机构、构建效率政府和善治目标的重要依靠力量。发展社会组织,加强行业自治,可以减少政府对社会的细微管理,从而减少政府的负担,降低社会管理的成本,提高效率,这些与我国的改革目标都是高度一致的。因此,充分培育和发展各类社会组织是强化我国社会管理的必然选择。为此,在我国当前的行政管理体制改革中,要结合政府的职能转变和机构精简目标,制定相应的发展和培育社会组织规划,尤其要重点发展社会中介组织。要创造条件,逐步发挥社会组织在社会管理方面的功能,要增强社会的自治网络建设,充分发挥社会信任资源,建立社会对话和协商的机制,使各类社会组织能有机地融合到我国的经济社会发展之中。鉴于社会中介组织在我国是一个比较新的事物,发展历史比较短,要高度重视社会中介组织的发展

工作,立足于经济社会的发展需要,加快组建各种社会中介组织,规划引导社会组织的发展,充分发挥其在咨询、服务、监督、公正等各种社会经济活动中的作用。

(二)加强培育社会中介组织的独立自治能力。社会中介组织的性质,决定了它必须具备自主性、自律性、公共性等基本特征。这就决定了它必须依法建立或者依照自己特定的章程而设置;对其所辖范围内的事务具体负责,不受政府干预;具有独立法人资格,能够自主自立承担各种对外对内的责任(自主性);组织活动基于章程或者一些公开的条文向成员或者社会承诺,接受社会公开监督(自律性);处于政府与社会之间,发挥中观管理的作用(中介性);一般都表现为群众团体,都联系着一定方面的社会公民或者某一类社会组织,具有较为广泛的社会关系,具有公众性的特点(公共性)。独立自治是社会中介组织发挥其社会沟通、社会协调和社会服务功能的前提,是我国政府职能能够实现根本转变的关键。因此,在社会中介组织的发展过程中,要充分重视社会中介组织的自治性和独立性问题,尤其对于一些通过对国家机关、行政单位的部分职能进行剥离而成立的中介组织,务必要剪断两者之间的非正当利益纽带,理顺它们之间的关系,切实解决社会中介组织的"再行政化"问题。

(三)规范社会组织在经济社会发展中的作用。社会管理需要各类社会组织,但并不是说有了社会组织就自然地实现社会的有序管理,就能自然而然地消除各类社会矛盾。相反,如果社会管理失范,各类社会组织不仅不能解决各类企业、个人之间的矛盾,相反还会使各类社会矛盾公开化甚至激化。事实上,矛盾重在调节,调解取决于协商。因此,在培育和发展各类社会组织的同时,更重要的是要对社会组织的行为进行规范,要明确各类组织的参政议政地位,要逐步形成有各类社会组织共同参与的民主协商机制,完善决策的咨询程序,确保各类社会组织及其所代表民众的参政权。只有这样,才能有效地减少各类社会矛盾的产生,也有利于社会矛盾的顺利解决。鼓励和扶持各类企业按照国际惯例自行组建,推动行业协会成为按章程规范独立运作的社会团体,使行业协会真正成为为政府、企业服务的桥梁和纽带,充分发挥社会中介组织在承接部分政府经济职能、促进经济发展方式转变过程中的重要作用。

（四）加快各类社会组织和社会管理的法制建设。市场经济是法治经济，而社会组织在市场经济中要发挥职能和作用，有法可依是其必要的前提。从我国现阶段的实际情况来看，我国的许多社会组织还没有明确的法律规定，如社会中介组织等，致使其在产生建立、职能发挥、发展运作等过程中出现这样那样的问题，削弱了其应有功能的发挥。因此，必须从我国的现实情况出发，逐步制定和形成系统配套的不同层次法律法规体系。对于社会中介组织而言，重点要设置适应市场中介组织健康发展的监督机构和执法机构，使中介组织的活动真正做到有法可依、有法必依；同时把严格的资格审查和执业登记作为一项长期的、连续的工作来进行。各类社会中介组织的自我约束和自我发展都需要完善的法制体制来保障，否则便失去了行为依据和权益保障，那么发展便无从谈起。

第二节　重塑价值观念，进行非正式制度变革与创新

新制度经济学的理论认为，正式制度与非正式制度彼此之间相互制约、相互促进，离开了非正式制度的支持，正式的制度变革和创新很难获得成功。在我国的市场化改革过程中，非正式制度创新的不足已经严重影响了市场经济制度的运行，而进行非正式制度创新要求我们必须转变思想观念，积极构建新型市场经济文化，不断加强市场经济的法制建设。

一、解放思想，创造有利于制度创新的舆论氛围

解放思想、更新观念是最重要的非正式制度创新，其中以意识形态为核心的价值取向更新是进行正式制度变革的重要指导思想和理论基础。我国改革开放以后，在市场经济体制改革中所进行的一系列制度调整，比如从计划经济制度到市场经济制度，从生产资料的公有制到多种所有制并存，从企业制度的国有制到股份制的转变，均是对以往意识形态的突破，是不断进行理论创新的结果。更新观念也就是用一种新的符合经济社会发展要求的、符合生产力发展要求的价值观念取代不合时宜的落后的思想观念的过程。没有观念创新，制度创新就会缺少必要的理论基础，也很难取得成效。

解放思想,摆脱传统价值观念的束缚,客观上需要国家提供一个良好的社会环境和文化氛围。例如,1978年5月开始的"真理标准"大讨论,通过在社会上营造出一种真理标准的探讨氛围,提出解放思想、实事求是,才使人们冲破了旧的意识形态的防线,摆脱了"两个凡是"的束缚。而在随后的社会主义市场经济体制改革过程中,也是解放思想、实事求是结束了姓"资"姓"社"的争论,突破了以往计划经济等同于社会主义、市场经济等同于资本主义的意识形态束缚,创立了中国特色的社会主义市场经济理论,让计划和市场共同服务于我国的经济建设工作。应该说这些意识形态创新都是我国最重要的非正式制度创新,没有这些突破,我们至今很有可能还停留在计划经济时代。而欧洲文艺复兴运动也很好地说明了社会环境对于非正式制度创新的重要影响。欧洲的文艺复兴运动启蒙了当时经济社会的思想,在自由、宽松的文化氛围下,一大批哲学家、思想家脱颖而出,他们在社会、政治、经济、文化以及历史等方面进行了激烈的思想交锋,"百花齐放,百家争鸣"的结果加速了当时社会意识形态的更替,使欧洲的经济社会发展站上了一个新的历史台阶。因此,在我国的非正式制度创新方面,政府所做的主要工作就是要努力营造一个"百花齐放,百家争鸣"的宽松的社会环境,为非正式制度创新提供一个良好的文化氛围。

二、创新非正式制度,塑造新型市场经济文化

任何一种经济制度的运行都要有一定的文化作为基础,正式制度的创新离不开非正式制度的支持。20世纪80年代初,我国确立了市场导向的经济体制改革,并通过强制性制度变迁,在较短的时间内迅速构建了一系列的市场经济制度。但应该看到,我国的传统文化积淀很深,经过一千多年的发展,以农耕思想、儒家文化为主要内核的传统文化已经广泛渗透到了经济社会的每个角落,对人们的行为方式、生活方式具有重要的影响。非正式制度变迁的渐进性使得两种制度变迁不能同步进行,彼此之间出现的强烈摩擦直接制约着我国市场经济制度的正常运转。因此,我国的社会主义市场经济建设还要重视非正式制度创新,努力构建一个以自由平等、公平竞争、注重效率、尊重契约为核心的市场文化。

建立新型的市场经济文化,是维护正常的市场经济秩序的需要,是保证市场经济制度正常运转的需要,也是确保市场机制优化资源配置的需要。同正式制度一样,非正式制度也对人的行为方式具有一定的导向作用。建设市场经济文化,就是要打破以往的以重人治、轻法治、官本位、身份等级等价值观念,建立与市场经济相适应的新型文化。

(一)加强培养公民的契约意识和契约精神。党的十八届四中全会《决定》强调,社会主义市场经济本质上是法治经济,要使市场在资源配置中起决定性作用和更好发挥政府作用,必须以保护产权、维护契约、公平竞争为基本导向,并要求全社会"强化规则意识,倡导契约精神"。在商品交换中,契约反映了交换主体双方的权利和义务,体现了商品交换的本质规定。随着商品交换的发展以及经济活动的繁荣,商业活动已不再是简单的局部的小范围的商品交换,此时的契约制度对于商业活动的正常开展至关重要。市场经济的正常运转要以契约制度的完善、浓厚的契约意识以及契约精神为基础,要求人们在商品交换中重视契约、尊重契约、恪守承诺。可见,市场经济的实质就是契约经济,只有大力弘扬契约自由精神,公民牢牢树立契约意识,才能鼓励创新,激发市场主体活力与动力,更好地发挥市场在资源配置中的决定性作用。

(二)注意培养企业家精神。企业家是人类社会最稀缺的资源之一,他们具备了经营管理企业所需要的各种能力和素质,是以创新为根本手段对企业的生产经营活动进行综合协调,以实现企业与社会整体利益和自身利益最大化的有效结合为目的的企业经营者。在熊彼特的创新理论中,企业家是推动创新的主要力量,在市场经济活动的很多创新中都能看到企业家的身影。企业家的创新动力应该来自企业家的内在精神,这种精神是一种独立自由、坚韧执着、勇于探索、诚信守诺、求真务实的宝贵思想财富。企业家精神就是企业家这个特殊群体在长期的生产经营管理活动中形成的,以企业家自身特有的个人素质为基础,以创新精神为核心,包括敬业精神、合作精神等主要内容在内的一种综合的精神品质。长期以来,企业家一直是我国经济发展过程中的稀缺资源,这与我国传统文化中对商人的误读不无关系,比如奸商、投机等都是和商人相联系的。因此,消除传统"官本位、重农轻商"等思想意识形态的束缚,给企业家正名,是我国企业家精神培养的重要内容。

(三)加强培养市场经济的法治精神。在法治社会,人人自觉信仰与敬畏法律,自觉遵循法律准则,并以尊法、守法、护法为荣。在法治国家,立法科学,执法规范,司法公正,每个人的权利都受到充分尊重与保护,每个人也都尊重他人的权利与自由。法治国家既是先进的法律理念,也是科学的制度设计,更是自觉的社会实践。同样,市场经济的核心是法治而非人治,即经过人们确认并上升为正式制度的法律在经济社会的各种活动中起着绝对的支配作用,任何组织和个人都不能凌驾于法律之上。在法治社会中,公认的法律制度对政府以及所有市场参与者的行为都能够进行规范和约束,以确保各种经济活动的有序进行以及经济社会的正常运转。只有依法治国,才能有助于保护公民权利,捍卫公共利益,促进经济发展,维护市场秩序,促进社会公平,鼓励科技创新,健全诚信体系,实现民富国强。因此,我国今后的市场经济法治建设,除了不断健全完善各种制度外,还要普及法治思想,重点加强市场经济的法治建设。

三、加强法治观念,以法制完善促进非正式制度创新

推进非正式制度的创新,应该发挥正式制度对非正式制度创新的促进作用,因为一个好的制度能够被人们所广泛认同并长期遵守,久而久之会内化成一种自觉的行动。在今后我国非正式制度创新过程中,应重点加强市场经济的法制建设,不断完善与我国社会主义市场经济相适应的法律法规,充分发挥正式制度对非正式制度创新的支持促进作用。

我国社会主义市场经济的法制建设要以解放和发展生产力、有利于推动经济社会的全面进步为指导思想和出发点。同时,要针对我国从封闭到开放、从计划到市场转轨,社会经济关系已经发生重大变化而且日益错综复杂这一特殊国情,注意加强立法的科学性、前瞻性和预见性。因此,有必要借鉴西方成熟市场经济国家的法律法规及其相关经验,增强我国立法工作的科学性、针对性和实效性,从而更好地发挥法律法规在市场经济运行中的积极作用。不断健全完善我国社会主义市场经济的法律法规,应重点从以下几个方面着手。

(一)不断完善对市场主体进行规范的法律。健全如公司法、国有企业

法、集体企业法、私营企业法、合资企业法、独资企业法等法律体系,使这些市场主体能依法设立、自主经营、组织严密、责任分明。

(二)加强对各市场主体行为进行规范的法律法规建设。不断健全和完善物权法、债权法、经济合同法等法律,明确市场经济活动中各市场主体的权利、责任和义务,规范各市场主体的行为,有效减少市场交易中的不确定性因素,达到降低交易成本的目的。

(三)不断健全市场秩序维护方面的法律法规。重点围绕为市场主体创造平等竞争的市场环境和良好的经济秩序来展开,通过这方面法律的制定有效破除行政垄断、地方封锁、部门分割、限制竞争等行为,以确保我国社会主义市场经济健康发展。

(四)加强宏观调控方面的法律建设。政府要从国家和社会整体利益出发,重点加强相关法律法规的建设和完善工作,使其在对社会经济活动进行必要的干预和调控过程中,减少履行管理职能的随意性,防止过度干预情形的出现。

(五)加强完善社会保障法。在新兴加转轨的特定社会背景下,有效的社会保障制度是我国经济体制变革中的缓冲器,健全的社会保障制度是我国社会主义市场经济健康发展的重要支撑。加强社会保障方面的立法,一方面要注意保护职工权益,调动人们生产工作的积极性;另一方面,还应注意对发生特殊困难的劳动者给予特定的支持和保护,维护社会稳定,为社会主义市场经济发展提供良好的社会环境。

除此之外,还应注意加强执法层面的制度建设,加大廉洁公正专业的执法、司法与仲裁系统建设力度,不断提高执法、司法与仲裁的公信力,着力打造服务型的执法机关、司法机关与仲裁机构,实现行政处罚和刑事处罚无缝对接。缺乏对法律的信仰与敬畏,就不可能建成法治大国。只有每个人都应从灵魂深处信仰法治,自觉尊法、敬法、信法、爱法,大力弘扬契约精神,不断提升与法治社会相适应的智商、情商、法商与德商,我国市场经济的法治建设才能取得预期成效。

第三节　推进自主创新,构建与自主创新
相适宜的制度环境

国际发展经验表明,当一个国家人均 GDP 达到 3000 美元左右,传统生产要素对经济增长的贡献率开始递减,而经济增长对创新的依赖性逐渐增强。人均 GDP 3000 美元的水平标志着一个国家经济发展进入了一个重要的转型时期,即摆脱模仿学习进入自主创新的经济发展时期。在这一阶段,如果能够成功地进行自主创新,摆脱经济发展对国外技术、投资的依赖,那么这个国家或地区的经济便能更进一步,不会受所谓的"拉美陷阱"困扰。温州在产业升级受阻过程中暴发的危机,使我国经济发展出现了陷入"拉美陷阱"的隐忧。

从世界上一些发达国家的经验看,任何科技创新必须以自我为主,单纯依靠技术引进是无法实现从模仿到创新的超越的,我国推行的"市场换技术"战略远远没有达到预期的目标足以证明了这一点。这一战略的长期推行不仅使我国让出了国内的资源和市场,更重要的是还使我国的许多产业陷入了技术依赖的被动局面,直接制约了我国民族工业的发展。自主创新不仅仅是一个技术问题,也不仅仅是一个资金投入问题,它更多的是一个制度问题。没有一个适宜的制度环境,以技术创新为核心的自主创新将难以实现。因此,从体制、机制、政策、人才和环境氛围入手,通过制度创新形成一个促进自主创新的制度环境,对于从根本上实现经济发展方式的转变具有重大的意义。

一、加快形成促进自主创新的倒逼机制

在市场经济条件下,自主创新的主体是企业,企业家则是企业自主创新的最终推动力量。我国"新兴市场经济国家"和"经济体制转轨"的特殊国情,导致了我国政府尤其是地方政府在经济发展中具有"准企业"的特征,继而造成了政府决策者对我国自主创新进程的推进具有不可忽视的影响。无论是企业家还是政府决策者,他们在自主创新的决策方面都具有一个共同的特点,即对自主创新的决策都取决于对市场的未来预期和对生产要素使用成本的权衡,自主创新的目标都是围绕着利润最大化或产值最大化而展开的。基于这样的

考虑,在对外部市场难以作出准确判断的情况下,往往通过密集使用相对廉价的资源而较少使用价格昂贵的资源要素,以保证自身的收益。虽然通过自主创新,政府或企业可以在生产要素的组合方面获得领先优势和丰厚回报,然而创新是有成本的,是昂贵的,主要表现在较高的投入以及面临创新失败的风险。如果能够通过廉价的资源要素的投入就可以实现开展经济活动的预期目标,那么它们自然就缺乏创新的压力和动力。相反,如果生产要素的价格不被向下严重扭曲,而是向均衡价格逐渐靠近,那么在这个过程中企业或政府的收益就会逐渐被压缩,而出于维持必要的收益或产值水平的考虑,政府或企业会积极面对这一不利情况,主动进行自主创新,因此这个收益被压缩的过程往往也是推动企业进行自主创新的过程,"逼迫"企业或政府不得不去培养、积累以及提升自主创新能力。因此,为了提高市场主体进行自主创新的压力和动力,需要加快资源要素价格形成机制的改革,通过改革矫正生产要素价格的扭曲,形成一种倒逼机制,破解我国长期以来以资源要素的高投入换取经济增长的路径依赖,逐步使经济发展方式由"资源依赖型"向"创新驱动型"转变,实现经济社会的可持续发展。

二、重构创新观念,建设自主创新文化

文化是人类社会在长期的发展过程中传承下来的观念模式、价值模式、行为模式和制度模式的总称,它规定并潜移默化地影响着人们的基本行为和心理性格,并对人类的一切社会活动都有着深刻的影响。而创新文化作为文化的重要内涵,它是"一种能够激发人们的创新意识和创新热情,增强创新动力和创新能力,鼓励和保障创新行为,为创新活动提供更广阔空间的文化模式和文化环境的总称"。[1] 其中,倡导创新的价值导向、怀疑批判的精神气质以及创新图强的坚强意志是创新文化的主要特征。从西方国家的创新发展历程看,创新文化对自主创新的影响,主要在于这种文化能给自主创新提供一种有利于开展创新活动的外部环境和氛围。如工业革命之所以发生在英国,这与当时英国的社会环境和氛围有利于创新行为的开展密不可分。国外著名学者

---

[1]　袁炯:《解读文化创新体系》,《实践》2010 年第 6 期。

默顿在其《十七世纪英格兰的科学、技术与社会》一书中指出，"所有这一切并不是自发生成的，其先决条件已深深扎根在这种哺育了它并确保着它的进一步成长的文化之中"，"十七世纪英格兰的文化土壤对科学的成长与传播是有利的"。① 而近年来硅谷的成功也说明了产品的先进性只是表面现象，硅谷的创业文化和企业的创新文化才是硅谷成功的秘密所在。硅谷作为一个成功的高科技企业聚集地的优势在于，它有一种使创新精神转换为科技创新的环境条件。建设自主创新文化，要重点加强以下几个方面的工作。

（一）主动营造有助于推动自主创新的文化氛围。在科学研究层面，要树立正确的科学研究导向，积极构建求真务实、诚实公正、怀疑批判、协作开放的核心价值观念。在技术创新层面，要求充分发挥企业家精神，构建崇尚竞争、打破常规、敢冒风险、追求卓越的价值理念。此外，应在全社会范围内，加快形成一种以弘扬变革意识、超越精神、宽容失败、人文关怀为主旋律的创新文化氛围，增强人们的创新意识，激发人们的创新行为。

（二）更新传统文化中阻碍自主创新的价值观念。我国传统文化以农耕文化为主，在很大程度上是为封建社会的集权统治服务，因此这些文化中的大多数都会对自由、自主的创新行为产生消极作用。例如"官本位"的管理构架替代了知识生产的内在结构，直接导致部分创新主体以追求短期利益为目标的行为模式，而忽视了创新的基础性研究工作。经济社会的管理缺少法治，"家长制""本位主义""家族观念"等思想观念导致在一些科学研究或创新活动中出现了人才压制、研究封闭、创新匮乏的局面。因此，应对传统文化进行辩证取舍，合理扬弃，摆脱传统文化对自主创新的消极影响和严重束缚。

（三）尊重人在自主创新中的主导地位。人才是科技发展的根本，是科技创新的关键。要想在全社会形成尊重劳动、尊重知识、尊重人才、尊重创造和促进人的全面发展的科学理念、政策环境和社会氛围，要想使各类人才特别是

---

① ［美］罗伯特·金·默顿：《十七世纪英格兰的科学、技术与社会》，商务印书馆2000年版，第89页。

青年人才脱颖而出,努力建设适应我国经济社会发展需要的高素质科技创新队伍,就必须要通过教育、科研管理、收入分配等一系列的制度改革与创新,摒弃单纯追求名利、官本位的消极思想,改变人们传统的、保守的、惰性的、服从的中庸价值观念,并逐渐营造出一种公平竞争、推陈出新、大胆探索、追求真理、勇于冒险、青出于蓝而胜于蓝的社会环境和氛围。

三、健全完善促进自主创新的制度机制

（一）建立有助于自主创新的激励机制

新制度经济学把产权制度描述为"界定每个在资料利用方面的地位的一组经济和社会关系"。[①] 产权制度的主要功能在于降低交易费用,提高资源配置效率,更重要的是产权制度通过对知识产权的保护,界定了创新者和创新成果之间的利益关系,能够对创新主体提供一种持久的激励,有助于自主创新行为的广泛开展,因为获利毕竟是人们进行自主创新活动的根本动力。依据资产的类型可以将产权制度分为有形资产产权制度和无形资产产权制度,其中知识产权制度安排是一种典型的无形资产产权制度,对于自主创新来说,它是一种重要的产权制度安排。健全的知识产权制度不仅具有明晰产权归属、提供创新激励以及促进创新成果转化的功能,而且对于保护创新者的私人利益,促进技术合理、有偿的扩散,对于推动公平竞争的市场秩序的建立以及科学技术的进步具有重要的作用。因此,在我国的自主创新过程中,一方面,应该努力保护知识产权,进一步加强知识产权的立法和执法力度,切实保护创新主体的合法权益,使创新主体的私人收益率接近社会收益率,以保证给创新主体提供足够的动力;另一方面,要注重人力资本产权制度的建设,合理界定创新人员对团队创新成果的贡献和剩余索取,充分发挥人在自主创新中的积极作用。

（二）完善有助于自主创新的市场机制

市场制度通过一只"无形的手"协调着人们彼此之间的利益关系,不断对资源配置予以优化;同时,市场机制对于自主创新的发展具有决定性的作用,是一项重要的促进自主创新的制度安排。诚如诺斯所言,"市场制度的确立

---

① ［美］菲吕博腾、配杰威齐:《财政权利与制度变迁》,上海三联书店1991年版,第97页。

对创新具有决定性的作用,没有这一基本制度,一个国家或地区的创新活动要持续、稳定的出现是不可能的"。① 市场机制之所以对自主创新具有这样的影响,这应该源于市场机制的竞争压力和人们的逐利动机为自主创新提供了动力,在一个充分自由与自主的市场环境里,个人或企业也愿意承担一定的创新风险。在这个过程中,良好的竞争环境对于自主创新显得至关重要,因为企业如果不存在外部压力,没有被濒临淘汰的危险,它就不会把资源投到充满风险和不确定性的自主创新活动中去。因此,在我国今后的自主创新环境建设方面应注意加强市场机制的完善和市场经济制度的建设工作,不断优化公平竞争的市场环境,确保竞争机制始终能够成为促进自主创新的主要动力机制。对于企业来讲,尤其是对于国有企业这一重要自主创新主体,除了要优化外部市场环境,还要不断改进其当前的运行机制和管理体制,不断探索有利于国有企业推进自主创新的国有资产管理体制,建立国有企业经营过程中的竞争意识和危机意识,确保国有企业在我国的自主创新战略推进过程中发挥更大的作用。

（三）建立适宜的创新支持和保护机制

欧美等发达国家的自主创新过程表明,自主创新离不开政府的政策支持和适当保护,财政支持、税收保护以及政府采购制度都是国家或政府支持自主创新活动的重要制度安排。在开放自由的全球一体化的经济发展背景下,对自主创新实行适度保护的方针是必要的,彻底开放、没有任何保护的经济政策不符合国家利益,也不符合我国的自主创新实际。尤其是对于我国这样一个发展中国家来讲,很多领域的技术水平都不够发达,与西方发达国家相比都有较大的差距,根本无力与之竞争。若没有适当的保护支持,很多产业都将面临灭顶之灾,我国民族工业将重新陷入"一穷二白"的境遇。因此,应该对于这些领域的自主创新活动给予适当支持,在开放的大原则下对本土企业的创新活动给予一定的保护,支持保护政策应向那些相对幼稚的产业以及对国家经济安全具有重要影响的领域倾斜。完善政府支持创新的政策机制,应把工作

---

① ［美］诺斯:《经济史上的结构和变革》,商务印书馆 1992 年版,第 156 页。

重点转向需求激励政策的制定上,通过税收支持、财政补贴、政府采购、设立标准、倾向性措施等,激发企业的自主创新积极性。首先,在基础研究领域应重点发挥财政支出的积极作用,因为在这个领域的创新带有公益性质,存在"搭便车"的可能,市场失灵在所难免,因此必须依托财政资金来支持基础研究的发展。其次,还应发挥税收政策对创新活动的调节作用,通过税收政策对企业收益的直接调节来影响企业的创新行为,引导社会资源向科技创新活动以及重要科技产业聚集,达到促进科技进步、提高经济运行效率的目的。最后,还应该发挥政府采购制度对创新活动的支持保护作用,实施有效的政府采购政策,在产品选择上适当向本土创新活动的成果倾斜,适当分散本土企业的创新风险,达到提升本土企业的研发信心、激励本土企业的创新活动,最终达到推动我国自主创新战略发展的目的。

(四)加强促进自主创新的基础性制度建设

除构建激励机制、竞争机制以及政府的支持保护机制外,还应在创新型人才培养、创新模式探索、创新成果转化、创新主体培育等方面加强促进自主创新的基础性制度建设工作。

1. 推进教育制度改革,完善人才培养、任用、评价、激励机制。改进以往以通才培养为主的灌输式教育模式,改变以往教育体制和方法中不利于创新意识和科学精神培养的部分,探索具有深厚的知识结构、敏捷的创新思维和理性的批判精神等特点的创新型人才培养模式。

2. 不断完善合作创新制度,确保自主创新成果。自主创新不等于封闭创新,在现今开放和经济全球化的背景下,合作创新可以实现优势互补和风险共担,有助于合作双方交易成本的降低和市场的拓展,是目前西方主要发达国家重要的创新组织形式。今后我国在自主创新建设方面应充分利用合作创新制度,注意协调好合作双方的利益矛盾和价值冲突,确保我国的自主创新能够取得积极进展和丰硕成果。

3. 努力健全风险投资制度,加速科研成果市场化进程。风险投资是一种向极具发展潜力的企业或组织提供股权资本的投资行为。发达国家的风险投资发展表明,风险投资制度的出现极大地推动了世界高新技术产业的发展,大大加速了高新技术的产业化进程,对于科研成果从实验室走向市场起到了重要的作用。因此,在我国今后的科研成果转化方面,应充分发挥风险投资的产业催化作用,为风险投资创造一个适宜的制度环境。

4.加强技术市场制度建设,促进知识共享和技术交流。推进自主创新战略的实施,还应该不断加强技术市场建设,降低技术的交易成本,促进技术市场的发育和技术的扩散。同时,应进一步完善知识共享制度,建立知识共享平台,促进知识资源的共享以及组织之间的学术交流,推动学科的交叉和学术繁荣,夯实自主创新的知识基础。

5.明确产学研功能定位,发挥企业主体作用。在自主创新中产学研要具有相互协调、相互促进的关系,同时还应该突出各自的功能定位。高等院校、科研机构应该发挥自己基础研究、前沿技术以及社会公益研究方面的主导作用,而企业则应该成为自主创新投入、组织、开发和实施的主体,在自主创新中是最为关键的角色。在创新主体培育过程中,必须要从制度层面破解目前我国自主创新过程中出现的"国有企业没有动力,民营企业没有能力,外资企业不出力"这一主要难题,提高企业的自主创新活力。

小　　结

本章在前文研究基础上明确了我国今后制度创新的目标和框架,并在政府职能转变、自主创新以及非正式制度创新等方面提出了具体的推进策略和实现途径。一是转变政府职能是转变经济发展方式的基础,而转变政府职能需以深化政治经济体制改革为条件。因此,加快市场经济制度的完善,减少行政审批等政府干预行为,加强市场经济的自治能力建设应作为政府职能转变过程中的重点工作。二是自主创新是转变经济发展方式的关键,我国今后的自主创新建设应该围绕形成促进企业进行自主创新的动力和压力机制、自主创新文化建设以及自主创新制度环境建设来展开和进行。三是非正式制度创新是转变经济发展方式的保障,进行非正式制度创新,塑造与市场经济相适应的新型文化。一方面,要努力营造一个宽松的舆论氛围,减少观念创新的意识形态成本,激发人们进行观念创新的积极性;另一方面,应该重点加强市场经济的法治建设,不断完善同我国社会主义市场经济相适应的法律法规,充分发挥正式制度对非正式制度创新的支持促进作用。

结论与展望

　　计划经济的积弊、十年的"文革"运动最终酿成了我国 20 世纪 70 年代末 80 年代初的经济社会发展危机,为应对危机,我国拉开了市场经济体制改革的序幕。改革开放初期,对于市场经济的建设并没有十分清晰的目标和框架,只能"摸着石头过河"。经过 10 余年的探索,20 世纪 90 年代初我国终于明确了经济体制改革的目标,即建立中国特色的社会主义市场经济体制,推进我国国民经济和社会的进一步发展。随后,我国在市场经济制度建设方面进行了一系列调整创新,不仅涉及基本经济制度的调整,也包括宏观和微观经济制度的变革和创新,调整范围之广、程度之深前所未有,我国的经济发展方式就是在这样的制度变革背景中形成并不断发展的。

　　一提到革命,人们马上会想到流血、牺牲,想到革命的艰巨性和复杂性。对于转变经济发展方式,一些人仅仅把它当作经济领域的事,而与其他领域(如政治、思想、文化等)的内容无关。这种认识是不够深入的,甚至是错误的。政治和经济就像一对孪生兄弟,相互影响、相互渗透,很难把两者截然分开,孤立地去处理政治或经济领域中的问题。此外,任何一种经济发展方式都是和一定的经济社会发展水平相对应的,而在长期的经济发展过程中又逐渐形成了与之相适应的思想观念。转变经济发展方式必然要求人们解放思想、更新观念,改变以往的思维方式、生活方式,这势必会对整个经济社会产生极为广泛的影响。因此,转变经济发展方式绝不仅仅是单纯经济领域的问题,也必然要求政治、思想、文化等领域做相应的调整和改变。从这个意义上讲,转变经济发展方式不啻一场革命,既然是革命,艰巨性和复杂性在所难免,人们应该有足够的认识。

经济的转型过程往往也是制度变迁和创新的过程,我国由计划向市场的经济体制转型过程,必然伴随着旧的不适应的经济制度的消亡,并为新的更有生命力的经济制度所替代。然而,既有的经济制度经过长期的运行,已经对整个政治经济社会产生了广泛而深入的影响,并形成了与之相联系、相适应的利益群体,在没有外界力量改变既有制度运行轨道的情况下,利益格局具有固化的倾向,而此时的既得利益群体对于制度变革的态度已由变革之初的支持变为冷漠或阻挠。不同的制度对应不同的经济发展方式,既然制度变革会受到以既得利益集团为首的一些因素的阻挠,导致制度的交叠和更替不能瞬间完成,那么该制度下的经济发展方式的转变也不会在短时期内实现,从制度变迁的角度看,转变经济发展方式也将是一个长期的渐进的过程。

在经济发展的效率问题上,计划往往对应着粗犷,而市场则一般对应着集约。我国之所以提出转变经济发展方式,提高经济运行效率便是主要目标之一。不难发现,我国现有的经济发展方式仍带有明显的行政性色彩,政府通过掌控众多经济资源主导着经济增长。然而,政府也具有"经济人"的属性,也有自己的利益诉求,因此地方政府在执行中央的经济政策过程中,追求自身的利益诉求——GDP 的增长最大化也就是很自然的事了。一般来说,地方政府追求 GDP 的增长,促进地方经济繁荣并没有什么问题,但在产权制度存在缺陷、市场机制不完善、法律法规不健全的情况下,政府一味追求 GDP 的增长则需要重新审视,至少产权不明会对经济效率产生影响。而我国近年来经济社会发展的实际也表明了在市场机制不健全的情况下,GDP 导向的发展方式不仅存在效率问题,而且还对经济社会的和谐稳定和可持续发展构成了严重威胁与挑战。究其原因,大致可以归结为两点:一方面是政府职能转变滞后,迟迟不能到位;另一方面是市场机制不能迅速完善,无法充分发挥配置资源的基础性作用。而在实际的经济运行中,两种因素交织在一起,相互作用,相互影响,互为因果,久而久之便陷入了"政府退不出,市场起不来"的僵局。但进一步讲,政府转变职能是根本,因为经济转型过程便是政府向市场放权让利的过程,是政府职能由"管家"向"守夜人"角色转换的过程,其中,政府有责任和义务进行权力让渡,构建并不断完善市场经济制度以及相关的法律法规。鉴于传统文化对我国市场经济制度正常运行的制约,在今后市场制度建设和完善过程中,政府除了应加快转变职能步伐,还应该在非正式制度创新方面发挥更大的作用,重视非正式制度创新,积极构建与市场经济相适应的新型社会主义市场经济文化,以摆脱传统文化对市场经济制度运行的不利影响。

在经济转型时期,从制度层面对转变经济发展方式研究具有重要的意义,因为这个时期的制度往往是阻碍生产力发展的最重要的因素,制度创新可以释放足够的经济活力,推动经济社会向前发展。但从中长期来看,科学技术是国民经济和社会发展过程中的主要推动力量,也是影响经济发展方式转变的重要因素。因此,今后还需要不断加强我国自主创新能力建设,注意发挥科学技术这第一生产力在转变经济发展方式中的作用。

本书提出了促进转变经济发展方式的对策建议,包括转变政府职能、推进自主创新和非正式制度创新等方面,尽管这些对策建议更多的带有框架性质,但指明了我国今后制度创新的重点和方向。由于笔者时间和精力限制以及选题制约,本书对制度创新中一些微观领域的问题研究还有待深入,比如对制度创新的具体操作层面的研究还存在一定程度的不足,需要进一步深化。展望我国今后的制度创新之路,笔者认为关键在于如何寻找到制度创新的最佳支点,经由这个支点,能够实现牵一发而动全身,通过局部的制度变革而引致全方位的、整体性的制度创新,以此来实现经济发展方式的彻底转变。

参考文献

[1]《马克思恩格斯全集》第1卷,人民出版社1995年版。

[2]《马克思恩格斯全集》第2卷,人民出版社2005年版。

[3]《邓小平文选》第二卷,人民出版社1994年版。

[4][美]斯蒂格利茨:《政府为什么干预经济——政府在市场经济中的角色》,中国物资出版社1998年版。

[5][美]诺斯:《经济史上的结构和变革》,商务印书馆1992年版。

[6][美]凡勃伦:《有闲阶级论——关于制度的经济研究》,商务印书馆1964年版。

[7][美]科斯等:《财产权利与制度变迁》,上海三联书店1994年版。

[8][美]道格拉斯·C.诺斯:《经济史中的结构与变迁》,上海三联书店1994年版。

[9][英]斯蒂芬·贝利:《地方政府经济学:理论与实践》,北京大学出版社2006年版。

[10][圣卢西亚]威廉·阿瑟·刘易斯:《经济增长理论》,上海三联书店1994年版。

[11][美]道格拉斯·诺斯、罗伯特·托马斯:《西方世界的兴起》,学苑出版社1988年版。

[12]何自力:《比较制度经济学》,南开大学出版社2003年版。

[13]盛洪:《中国的过度经济学》,上海三联书店1994年版。

[14]吴敬琏:《技术创新的制度基础是现代市场经济体制》,《当代经济》2006年第6期。

[15]王一鸣:《经济发展方式转变与经济增长趋势》,《传承》2011年第13期。

[16]姜作培:《转变经济发展方式与地方政府的执行力》,《党政论坛》2008年第6期。

[17]林毅夫:《论我国经济增长方式的转换》,《管理世界》2007年第11期。

[18]张卓元:《转变经济增长方式要靠深化改革》,《中国高新技术企业》2005年第4期。

[19]蒋伏心:《经济增长方式转变.内涵讨论与路径选择》,《经济学家》2008年第3期。

［20］许经勇：《转变经济发展方式与发展非公有制经济》，《福建论坛》2010 年第 3 期。

［21］林岗、刘元春：《诺斯与马克思：关于制度的起源和本质的两种解释的比较》，《经济研究》2000 年第 6 期。

［22］杨依山：《制度变迁理论评述》，《理论学刊》2009 年第 5 期。

［23］黄新华：《发展的政治经济学理论》，《天津社会科学》2006 年第 5 期。

［24］齐晶晶：《制度创新与经济发展——新视角、新观点的分析》，《经济体制改革》2009 年第 7 期。

［25］周振华：《长江三角洲市场经济发展实践的理论思考》，《上海经济研究》1997 年第 8 期。

［26］杨松林：《实现可持续发展——加快经济发展方式转变的根本原因》，《云南财经大学学报》2011 年第 3 期。

［27］宋栋：《我国区域经济转型发展的制度创新分析》，《管理世界》1999 年第 3 期。

［28］陈征：《有关从战略上调整国有经济布局的几个问题》，《东南学术》2000 年第 5 期。

［29］辜胜阻：《中小企业如何突围三荒两高》，《中关村》2011 年第 8 期。

［30］刘伟：《突破"中等收入陷阱"的关键在于转变发展方式》，《上海行政学院学报》2011 年第 1 期。

［31］卫兴华：《中国经济增长方式的选择与转换途径》，《经济研究》2007 年第 7 期。

［32］张曙光：《中国制度变迁的案例研究（第二集）》，中国财政经济出版社 1998 年版。

［33］WORLD BANK，"China Governmance，Investment Climate and Hamonious Society"，Competitiveness Enhancements for 120 Cities in China，2006.

［34］黄新华：《试析中国经济体制改革实现制度转型的表现》，《商丘职业技术学院学报》2005 年第 2 期。

［35］张曙光：《论制度均衡和制度变革》，《经济研究》1992 年第 6 期。

［36］蔡德林：《试论制度创新决定技术创新》，《技术经济与管理研究》2012 年第 1 期。

［37］刘煜辉、徐义国：《中国宏观经济调控体系的逻辑顺序》，《新金融》2007 年第 6 期。

［38］［美］杰弗里·萨克斯、胡永泰：《经济改革与宪政转轨》，《开放时代》2000 年第 7 期。

［39］林毅夫：《关于制度变迁的经济学理论——诱致性变迁与强制性变迁》，上海三联书店 2004 年版。

［40］胡希宁：《当代西方经济学概论》，中共中央党校出版社 2011 年版。

［41］［美］萨缪尔森：《经济学（第 12 版上册）》，高鸿业等译，中国发展出版社 1992 年版。

［42］樊纲：《渐进改革的政治经济学分析》，上海远东出版社 1996 年版。

[43][英]哈耶克:《自由秩序原理》,上海三联书店1997年版。

[44][日]青木昌彦:《比较制度分析》,上海远东出版社2001年版。

[45]柯武刚:《制度经济学》,商务印书馆2000年版。

[46][美]奥尔森:《国家的兴衰》,商务印书馆1982年版。

[47]张建君:《论中国经济转型模式》,中共中央党校出版社2008年版。

[48]王辉:《渐进革命》,中国计划出版社1988年版。

[49]林毅夫:《论中国经济改革的渐进式道路》,上海三联书店1995年版。

[50]高萍:《经济发展新阶段政府经济职能的创新》,中国财政经济出版社2004年版。

[51]C.E.Ayres, *Toward a reasonable society : the values of industrial civilization*, Austin : University of Texas Press, 1961.

[52]鲁鹏:《制度与发展关系研究》,人民出版社2002年版。

[53]李新:《经济转型比较制度分析》,复旦大学出版社2009年版。

[54]张军:《制度、组织与中国的经济改革》,上海财经大学出版社2004年版。

[55]汪立鑫:《经济制度变迁的政治经济学》,复旦大学出版社2006年版。

[56]王焕祥:《中国地方政府创新与竞争的行为、制度及其演化研究》,光明日报出版社2009年版。

[57]刘伟:《转轨中的经济增长》,北京师范大学出版社2011年版。

[58]Lucas, R. E, "On the Mechanics of Economic Growth", *Journal of Monetary Economics*, 1988, (22).

[59]吴敬琏:《制度重于技术》,中国发展出版社2002年版。

[60]北大国民经济核算与经济增长研究中心:《2011中国经济增长报告——克服中等收入陷阱的关键在于转变发展方式》,中国发展出版社2011年版。

[61]费广胜:《制度论域下的中国企业科技创新动力》,《山东科技大学学报(社会科学版)》2009年第2期。

[62]曾培炎:《开拓创新把握未来》,《宏观经济管理》2006年第3期。

[63]沈开艳:《经济发展方式比较研究》,上海社会科学出版社2008年版。

[64]杨文兵:《论行政"德育力"与行政生产力》,《生产力研究》2007年第3期。

[65]董淑范:《制度变迁中民营企业家成长的制度环境研究》,《商业经济》2010年第12期。

[66]袁元:《自主创新领跑发展》,《瞭望》2007年第10期。

[67]新望:《技术创新的背后是制度创新——吴敬琏教授访谈录》,《中国改革》2006年第9期。

[68]黄新华:《制度创新的经济学理论》,《理论学刊》2008年第1期。

[69]董志强:《制度及其演化的一般理论》,《管理世界》2008年第5期。

[70]吴树青:《转变经济发展方式是实现国民经济又好又快发展的关键》,《前线》2008年第1期。

［71］陈抗、Hillmam、顾清扬：《财政集权与地方政府行为变化——从援助之手到攫取之手》，《经济学（季刊）》2002年第1期。

［72］许经勇：《转变经济发展方式与发展非公有制经济》，《福建论坛（人文社会科学版）》2010年第3期。

［73］唐龙：《体制改革视角下转变经济发展方式研究述评》，《中共中央党校学报》2009年第4期。

［74］卫兴华：《中国经济增长方式的选择与转换途径》，《经济研究》2007年第7期。

［75］杨万东等：《经济发展方式转变》，中国人民大学出版社2011年版。

［76］国家发展和改革委学术委员会办公室：《转变经济发展方式研究》，中国计划出版社2009年版。

［77］俞光远：《中国财税法制建设30年的主要成就和发展建议》，《新视野》2009年第3期。

［78］周叔莲：《国有企业改革三十年的回顾与思考》，《中外企业家》2009年第2期。

［79］吴志成：《国家—社会—市场：理论述评与比较分析》，《经济社会体制比较》2004年第5期。

［80］孙德林、孙安珠：《组建企业集团应注意解决的问题》，《企业经济》1996年第2期。

［81］曾铮：《我国经济发展方式转变的理论、实证和战略——基于供给视角的研究》，《财经问题研究》2011年第8期。

［82］［美］罗伯特·金·默顿：《十七世纪英格兰的科学、技术与社会》，商务印书馆2000年版。

［83］张曙光：《中国经济转轨过程中的要素价格扭曲与财富转移》，《管理世界》2010年第10期。

［84］毛健：《从制度变迁视角看中国经济增长的理论》，《时代经贸》2007年第5期。

［85］陈健：《经济转型中的政府转型》，《上海行政学院学报》2010年第5期。

［86］陈诗一：《节能减排、结构调整与工业发展方式转变研究》，北京大学出版社2011年版。

［87］洪银兴：《洪银兴经济文选》，中国时代经济出版社2010年版。

［88］胡书东：《经济发展中的中央与地方关系——中国财政制度变迁研究》，上海三联书店2001年版。

［89］中共中央文献研究室：《十六大以来重要文献选编（上）》，中央文献出版社2005年版。

［90］简新华：《中国经济结构调整和发展方式转变》，山东人民出版社2009年版。

［91］吴贵生等：《自主创新战略和国际竞争力研究》，经济科学出版社2011年版。

［92］涂成林：《自主创新的制度安排》，中央编译出版社2011年版。

［93］叶蓬、李权时：《制度创新与经济发展的人文关怀》，中央编译出版社2007年版。

[94]毛寿龙:《中国政府功能的经济分析》,中国广播电视出版社 1996 年版。

[95]罗能生:《非正式制度与中国经济改革和发展》,中国财政经济出版社 2002 年版。

[96]邹东涛、刘欣:《中国渐进式改革的理论基础和实践方式》,《云南大学学报(社会科学版)》2003 年第 8 期。

[97]胡军、盛军锋:《强制性、诱致性制度变迁及其他——兼论中国改革方式的理论基础》,《南方经济》2002 年第 9 期。

[98]金太军:《从行政区行政到区域公共管理——政府治理形态嬗变的博弈分析》,《中国社会科学》2007 年第 11 期。

[99]吕凌:《非正式制度对市场秩序建立的影响》,《中国社会科学院研究生院学报》2001 年第 5 期。

[100]North.Douglass C.and Thomas Robert P., *The Rise of the Western World:A New Economic History*,Cambridge University Press,1973.

[101]陈孝兵:《信用、权威与经济发展方式的转变》,《当代经济研究》2009 年第 8 期。

[102]刘益:《信用、契约与文明——基于契约经济学和契约文明的角度》,博士学位论文,西南财经大学,2003 年。

[103]皮建才:《中国地方重复建设的内在机制研究》,《经济理论与经济管理》2008 年第 4 期。

[104]程虹:《制度变迁的周期》,人民出版社 2000 年版。

[105]何立胜:《制度创新与产业变迁》,中国财政经济出版社 2009 年版。

[106]刘文革:《经济转轨与制度变迁方式比较》,经济科学出版社 2007 年版。

[107]沈坤荣:《经济发展方式转变的机理与路径》,人民出版社 2011 年版。

[108]韩光宇:《国际金融危机背景下的中国发展——经济影响、应对思维与发展方式转型》,中国人民大学出版社 2009 年版。

[109]彭华:《温州利用外商直接投资的对策分析》,《北方经济》2009 年第 6 期。

[110]段培君:《温州老板逃逸催逼民营金融合法化》,《沪港经济》2011 年第 11 期。

[111]刘心惠:《政府工作:转型求到位》,《瞭望新闻周刊》2003 年第 2 期。

[112]高帆:《什么粘住了中国企业自主创新能力提升的翅膀》,《当代经济科学》2008 年第 3 期。

[113]袁炯:《解读文化创新体系》,《实践(思想理论版)》2010 年第 6 期。

[114]张国云:《温州理应成为中国市场经济发展的标杆》,《浙江经济》2004 年第 5 期。

[115]黄范章:《积极创新是"十一五"规划时期的战略重点》,《经济研究参考》2007 年第 4 期。

[116]魏枫:《技术进步路径由模仿到创新的转换与中国省际数据验证》,《贵州财经学院学报》2009 年第 2 期。

[117]王珏:《民营经济持续发展的关键是提高自主创新能力》,《浙江树人大学学报》

2006 年第 5 期。

［118］张洪祥:《民营经济的现状分析和对策思考——从苏南温州模式的启示》,《集团经济研究》2006 年第 21 期。

［119］叶舟舟:《温州社会资本投资对民营企业发展的阻碍分析》,《北方经济》2009 年第 11 期。

［120］辜胜阻、杨威:《"十二五"时期中小企业转型升级的新战略思考》,《江海学刊》2011 年第 5 期。

［121］陈天祥:《中国地方政府制度创新的利弊分析》,《天津社会科学》2002 年第 2 期。

［122］World Bank,*World Development*,Oxford University Press,2000.

［123］金辉:《温州困境折射中国企业发展之困》,《经济参考报》2011 年 10 月 14 日。

［124］皮建才:《经济增长中的全要素生产率悖论》,《中南财经政法大学学报》2008 年第 6 期。

后　记

书稿行将付梓,思绪万千,感慨良多。想说的话很多,唯有一一道来。

伴随着本书的创作,自己对政治经济学的兴趣与日俱增,它让我对很多问题产生了深深的思考,通过对事物起源和本质的探索,增加了对人类社会运行以及发展规律的认识。社会科学复杂多元,博大精深,深感难以驾驭,现在看来,2009 年考入中央党校,也只能算入门而已。

很庆幸能以转变经济发展方式为题来进行学术探索与研究,转变经济发展方式绝不仅仅是个经济学问题,它涉及哲学、政治学、法学等多个学科,囿于研究需要,自己不得不对相关学科的一些理论和观点有所涉猎。从这个意义上讲,这个题目把我带入了整个社会科学的殿堂,让我对社会科学的轮廓有了进一步的认识,而这对于我今后进行深入研究大有裨益。

在本书写作过程中,得到了领导教师、亲朋好友的帮助,在此,向他们表示最诚挚的感谢!

感谢我的导师胡希宁教授。七年前,有幸成为胡老师的学生。胡老师在学习、生活上对我关心备至,在书稿写作阶段,更是反复把关、悉心指点。如今书稿顺利完成,离不开胡老师的指导和帮助。胡老师为人谦和、平易近人、不慕功名,一生致力于经济学研究,他做人、治学的态度,令我受益匪浅。

感谢经济学教研部的各位领导和老师,尤其是梁鹏老师和孙小兰老师,他们对本书的创作提出了不少宝贵建议,在此表示深深的感谢。

感谢周围的同事和同学们,在一些问题的探讨中,他们提出了许多有价值的见解,令我深受启发,获得了许多创作灵感。

最后,我还要衷心感谢我的家人。多年来,他们对我的全力支持,使我顺利走到今天。感谢我的奶奶,她老人家年逾九旬,还帮助我照看女儿。感谢我的父母,是他们给了我这个小家全力的支持,让我们能够全身心地投入工作、学习。感谢我的爱人詹玲女士,在我读博期间,她除了努力发展自己的事业外,还肩负起了家庭的重担,付出了比一般人要多很多的艰辛和努力。但她从来没有抱怨过,一直默默地支持着我,陪伴着我完成学业,鼓励我完成本书的创作。最后,还要感谢我的聪明可爱的女儿豆豆,更不能忘了这个小家伙,是她给全家带来了无尽的欢乐,是她让我体会到什么是幸福,也是她给了我更多的努力学习、工作的动力,让明天的自己丝毫不敢懈怠,要再努力些、再勤奋些、进步再快一些……

2016 年 5 月于车公庄大街 6 号

责任编辑:李媛媛

责任校对:陈艳华

图书在版编目(CIP)数据

制度创新与我国经济发展方式转变/李中 著. —北京:人民出版社,2016.10
ISBN 978－7－01－016472－4

Ⅰ.①制… Ⅱ.①李… Ⅲ.①中国经济-经济发展-研究 Ⅳ.①F124

中国版本图书馆 CIP 数据核字(2016)第 166846 号

制度创新与我国经济发展方式转变

ZHIDU CHUANGXIN YU WOGUO JINGJI FAZHAN FANGSHI ZHUANBIAN

李 中 著

人民出版社 出版发行

(100706 北京市东城区隆福寺街 99 号)

北京中科印刷有限公司印刷 新华书店经销

2016 年 10 月第 1 版 2016 年 10 月北京第 1 次印刷
开本:710 毫米×1000 毫米 1/16 印张:13.75
字数:200 千字

ISBN 978－7－01－016472－4 定价:39.00 元

邮购地址 100706 北京市东城区隆福寺街 99 号

人民东方图书销售中心 电话 (010)65250042 65289539